Klaus Bemmann

Arminius und die Deutschen

Meinen Enkeln
Björn, Jens, Svenja, Niels und Jan
gewidmet

Originalausgabe

Schutzumschlag:
Figur des Hermannsdenkmals Ernst von Bandels
auf der Grotenburg im Teutoburger Wald.
Grafik-Design Müller, Essen, nach einem Foto des Autors.

© Magnus Verlag, Essen
   1. Auflage 2002
   Alle Rechte vorbehalten
   ISBN 3-88400-011-X

# Inhalt

# Arminius ein Fürst zu Sachsen.

Arminius den man nennet Herman/
Ein junger Heldt/ein kühner Mann/
Von Leib und Gemüt wol auffgewachsen/
Geborn vom Hartz/ein Fürst zu Sachsen/
Der hat offt Ritterlich gekriegt/
Stäts obgelegen und gesiegt/
Zu deß Keysers Augusti zeiten/
Wolt Varus wider d Teutschen streiten/
Als von den Römern außgesandt/
Mit grosser Gwalt/wehrhaffter Handt/
Jns Teutschlandt biß an Hessen kümpt/
Wie solchs Arminius vernimpt/
Macht sich balt auff/schlugs alle gar/
Solch groß unüberwindtlich Schar/
Deß Vari Kopff gen Rom ward geschickt/
Darab der Keyser sehr erschrickt/
Daß er für Angst/Sorg/Leyd und Trawrn/
Den Bart räufft/schlug an d Mawren
Da ward geschwächt der Römer Macht.
Dergleichen vormals nie gedacht/
Damit Arminius erlangt/
Daß ihm das gantze Teutschlandt danckt/
Und wurd sein lob bey Alt und Jungen/
Hernach viel hundert Jar gesungen.

*Abb. 1 Tobias Stimmer, „Arminius, ein Fürst der Sachsen", 1543*

# Einleitung

In wenigen Jahren jährt sich zum 2000.mal ein Ereignis, das wie kaum ein anderes den Lauf der Weltgeschichte verändert hat: Die Varusschlacht im Jahre 9 n. Chr., in der drei römische Legionen von den verbündeten germanischen Stämmen Nordwestdeutschlands unter der Führung des Arminius vollständig vernichtet wurden. Es war die größte Niederlage, die das römische Weltreich je hinnehmen mußte. Als die Römer in den Folgejahren unter Aufbietung von acht Legionen unter Führung ihres hervorragenden Feldherrn Germanicus in mehreren Feldzügen versuchten, das verlorene Terrain zwischen Rhein und Elbe zurückzugewinnen, leisteten ihnen die Germanen unter Führung des Arminius so heftige und für die Römer verlustreiche Gegenwehr, daß diese ihr Vorhaben schließlich aufgaben und sich endgültig hinter den Rhein zurückzogen.

Was wäre geschehen, wenn die Römer im Jahre 9 gesiegt und die Elbgrenze gehalten hätten?

Über diese Frage ist viel spekuliert worden. Überwiegend wird die Meinung vertreten, daß dann die Entwicklung Mitteleuropas sowohl politisch als auch kulturell wesentlich anders verlaufen wäre. Politisch insofern, als dann im 3. Jahrhundert weder die Alamannen den Limes – zu dessen Bau dann ohnehin keine Veranlassung bestanden hätte – überrannt noch die Franken den Rhein überschritten hätten, weil diese Stämme bzw. die Menschen, aus denen sich diese Stämme gebildet haben, ja Bestandteil des Römischen Imperiums gewesen wären. Weder das Frankenreich Karls des Großen noch das Deutsche Reich hätte es also gegeben. Kulturell hätte dieser Teil der Germania zwar einen enormen Aufschwung genommen, vergleichbar mit der Entwicklung der linksrheinischen Germania, siehe Trier und Köln, aber als Volkssprache hätte sich vermutlich wie in Gallien und Iberien ein Vulgärlatein gebildet. Unter Außerachtlassung der Germania östlich der Elbe behaupten manche, es wäre dann auch keine deutsche Sprache entstanden und folglich auch keine deutschsprachige Dichtung und Literatur. Ja man spekuliert, daß es dann auch die heutige Weltsprache, das Englisch, nicht gegeben hätte, weil diese im wesentlichen aus der Sprache der Sachsen entstanden ist, jenes germanischen Volksstammes, der in der Nachfolge der Sieger der Varusschlacht in Nordwestdeutschland ansässig war und von dort im 3. u. 4. Jahrhundert in großen Verbänden nach Britannien übersetzte und die Keimzelle des britischen Weltreiches bildete. Jene Sachsen hätten dann nämlich romanisch gesprochen, so wie die Normannen romanisch sprachen, die aus der französischen Normandie kommend im Jahre 1066 England eroberten und durch ihren Einfluß die bis dahin rein germanische englische Sprache mit zahlreichen romanischen Wörtern durchsetzten.

Der Historiker Alexander Demandt geht in seinem ideenreichen Buch „Ungeschehene Geschichte" sogar noch weiter. Er meint, daß dann der im 4. Jahrhundert einsetzende Druck der Ostgermanen, nämlich der Goten, Wandalen und Burgunder, nicht ausgereicht hätte, das Römische Imperium zu stürzen. Die Germanen Mitteleuropas wären integriert worden und hätten wahrscheinlich später sogar Kaiser gestellt, so daß sich die ganzen Bemühungen um eine Wiederbelebung des Kaisertums und der Antike, die sich vom Mittelalter über die vielen Renaissancen, Humanismen und Klassizismen der europäischen Geschichte erstrecken, erübrigt hätten und die Antike bis heute andauern würde.[1]

Indessen sind alle derartigen Spekulationen müßig, weil es bislang noch niemandem gelungen ist, die Zukunft auch nur annähernd zutreffend vorauszusagen. Nur so viel scheint sicher zu sein, daß der endgültige Rückzug der Römer hinter den Rhein als Konsequenz aus den verlustreichen Kämpfen gegen die von Arminius geführten Germanenstämme den Lauf der Weltgeschichte entscheidend verändert hat. Schon Tacitus erkannte ca. 100 Jahre nach der Varusschlacht die weitreichenden Folgen dieses Ereignisses und urteilte in den Annalen II, 88: „Ohne Zweifel ist Arminius der Befreier Germaniens. Er wagte es, Rom in der höchsten Blüte seiner Macht anzugreifen. In Schlachten war er nicht immer glücklich, aber im Kriege unbesiegt."

Diese Beurteilung wurde nach der Wiederentdeckung der Schriften des Tacitus Ende des 15. Jahrhundert von den deutschen Humanisten freudig aufgegriffen. Sie sahen in Arminius den Beginn der deutschen Geschichte, eine deutsche Integrationsfigur, die unabhängig von der politischen Zerrissenheit der deutschen Landschaft ganz wesentlich zur Entstehung eines deutschen Nationalbewußtseins und einer deutschen Identität beitrug.

Seitdem hat sich jede Generation der Deutschen intensiv mit Arminius beschäftigt, und zwar nicht nur Historiker, Dichter, Maler, Bildhauer, Komponisten und Politiker, sondern über den Geschichtsunterricht in den Schulen nahezu alle Volksschichten. Arminius wurde zum deutschen Nationalhelden, dessen Verehrung unter Kaiser Wilhelm II. ihren Höhepunkt erreichte und mit dem Ende des 2. Weltkrieges praktisch aufhörte. So spiegelt die Einstellung der Deutschen zu Arminius die Veränderung des Zeitgeistes.

Heute wird gelegentlich bezweifelt, ob es überhaupt zulässig sei, Arminius als Figur der deutschen Geschichte zu betrachten, denn Deutsche gebe es doch erst seit der Entstehung des Deutschen Reiches im 10. Jahrhundert. Das ist in gewisser Weise richtig. Aber die Menschen, die sich im 10. Jahrhundert Deutsche nannten, hatten ja auch damals bereits eine Geschichte. Die Deutschen, die damals in Norddeutschland zwischen Rhein und Elbe, dem Siedlungsraum der Stämme der Arminiuskoalition, lebten, konnten diese Germanenstämme zu Recht zu ihren Vorfahren zählen, denn zu keiner Zeit ist die Bevölkerung dieses Raumes vollständig ausgetauscht worden. Weder sind diese germanischen Stämme geschlossen ausgewandert – nur ein Bruchteil der Sachsen setzte nach Britannien über – noch sind fremde Völker in größerem Umfang in diesen Raum eingewandert. Zu den Vorfahren auch der heutigen alteingesessenen Bevölkerung dieses Raumes zählen daher ganz sicher die Germanen der Arminiuskoalition.

Wenn man also die deutsche Geschichte nicht erst mit der Entstehung des Namens der Deutschen beginnen läßt, sondern die Geschichte der germanischen Stämme, aus denen die Bevölkerung hervorgegangen ist, die sich dann Deutsche nannte, mit einschließt, so kann man durchaus Arminius und die Geschicke der Germanen seiner Epoche zwischen Rhein, Elbe, Donau und Nordsee zur deutschen Geschichte rechnen. So beginnen denn auch fast alle Darstellungen der deutschen Geschichte mit Arminius und den Auseinandersetzungen zwischen Römern und Germanen zur Zeit des Kaisers Augustus.

Im übrigen ist das Wort deutsch älter als das Deutsche Reich. Mit deutsch bezeichnete man bereits ab dem 7. Jahrhundert die Sprache der Festlands- oder Südgermanen. Es ist das germanische Wort theudisk, althochdeutsch diotisk, das auf das Substantiv thiot = Volk zurückgeht. Theudisk = deutsch war die Sprache des Volkes. Der Gegensatz war walhisk = welsch, romanisch. Und nach dieser Sprache bezeichnete man ab dem 9. Jahrhundert die Germanen Mitteleuropas als Deutsche.

Viele unserer Nachbarn haben mit der Gleichsetzung Germania = Deutschland und Germanen = Deutsche offensichtlich kein Problem. Für die Bewohner der Apenninenhalbinsel heißt das Land nördlich der Alpen nach wie vor Germania und seine Bewohner sind die Germanici oder Tedesci, wobei die letztere Bezeichnung vom germanischen theudisk abgeleitet ist. Die Engländer nennen uns Germans und Deutschland Germany, und auch bei den Griechen und Rumänen heißen wir Germani.

Auch die Deutschen früherer Jahrhunderte bezeichneten ganz selbstverständlich und unbefangen die Germanen, die zur Zeit des Römischen Imperiums in der Germania lebten, als Deutsche oder als „die alten Deutschen". Für sie gab es die Frage nicht, ob Arminius Bestandteil der deutschen Geschichte sei. Das war für sie eine Selbstverständlichkeit.

Arminius und die Deutschen ist also ein hochinteressantes Thema, eine Art Psychogramm einer 2000jährigen leidenschaftlichen Beziehung. Schon allein durch die Allgegenwart des Arminius in der deutschen Geistesgeschichte ist er zu einem wichtigen Teil unserer nationalen Geschichte geworden. Um diese Nachwirkung des Arminius zu verstehen und richtig einordnen zu können, wird nachfolgend zunächst die Welt der Römer einerseits und die Welt der Germanen andererseits in der augusteischen Zeit, das Aufeinanderprallen dieser Welten in den Jahren 12 v. Chr. bis 16 n. Chr. sowie Person und Handlungen des Arminius auf der Grundlage der antiken Quellen und der archäologischen Befunde dargestellt, um anschließend zu schildern, welches Bild bzw. welche unterschiedlichen Bilder sich die Deutschen durch zwei Jahrtausende von Arminius gemacht haben und wie dieses Bild Dichter, Künstler, Politiker, die ganze deutsche geistige Elite im Denken und Handeln beeinflußt hat.

# Die Ausgangslage

Während der Lebenszeit des Arminius (16 v. Chr. – 21 n. Chr.) stand das Imperium Romanum, das römische Weltreich, auf dem Höhepunkt seiner Macht. Es war nicht irgendeine, sondern die alleinige Weltmacht. Sie beherrschte fast die gesamte damals bekannte Welt vom Atlantik bis zum Euphrat und von Nordafrika bis zum Ärmelkanal. Sie war den Völkern, die am Rande dieses Imperiums lebten, nicht nur militärisch, sondern auch kulturell und zivilisatorisch weit überlegen.

Aus winzigen Anfängen hatte sich Rom im Laufe mehrerer Jahrhunderte durch erfolgreiche Kriege und kluge Friedensschlüsse zu dieser Größe entwickelt. Ursprünglich von Königen beherrscht, wandelte sich Rom um 500 v. Chr. zur Republik. Volksversammlung, Senat und die Magistrate – das waren die gewählten Beamten – übten die Staatsgewalt aus, wobei sich im Laufe der Jahrhunderte der Senat zum mächtigsten Staatsorgan entwickelte. Er rekrutierte sich ursprünglich aus dem Geburtsadel, den ältesten und angesehensten römischen Familien, dem Ritterstand, öffnete sich später aber auch für Männer aus dem Volke, Plebejern, die durch Reichtum und Leistung zu Ansehen gekommen waren. Die Zahl der Mitglieder, anfangs nur 100, betrug zur Zeit Cäsars 900.

Die Exekutive lag in den Händen von zwei Konsuln, die gleichrangig waren und jeweils nur für ein Jahr gewählt wurden, um das Entstehen einer Diktatur zu verhindern. Ihnen zur Seite traten später Volkstribunen als Vertreter der Plebejer, die sich im Laufe mehrerer Jahrhunderte die Beteiligung an allen Staatsämtern erkämpft hatten. Dadurch wurden die Klassengegensätze so weit gemildert, daß Rom seinen Feinden geschlossen entgegentreten konnte.

Die Römer hatten die besondere Begabung, den geschlagenen Gegner zu versöhnen. Sie übten keine Vergeltung, sondern ließen sich bei den Verhandlungen von ihrem gesunden Menschenverstand leiten. Dabei glich kein Vertrag dem anderen. Jeder wurde entsprechend den Besonderheiten des Falles nach den Interessen und Eigenheiten des anderen Partners pragmatisch gestaltet, um einerseits den Römern den beherrschenden Einfluß zu verschaffen und andererseits den Nationalstolz des Gegners nicht zu verletzen.[1] Dies gilt jedenfalls für die Aufbauphase des Weltreiches.

Ab dem 2. Jahrhundert v. Chr., als das Selbstvertrauen und die Macht der Römer durch die Niederringung Hannibals ungemein gestärkt waren, begann Rom, genauer gesagt der Senat, der damals von weniger als 20 Familien beschickt wurde, eine rücksichtslose Weltmachtpolitik. Die Länder der besiegten Gegner wurden zu Provinzen gemacht, so Griechenland, Spanien, Nordafrika, Städte dem Erdboden gleichgemacht, so Karthago und Korinth, die Besiegten in die Sklaverei abgeführt. Auch die Einführung der Gladiatorenkämpfe, die zum Nationalsport und Volksvergnügen wurden, offenbarten brutale und sadistische Züge weiter Kreise der Bevölkerung. Gleichzeitig geriet aber die Republik durch die Übernahme großer Gruppen innerhalb und außerhalb Italiens in die römische Führungsschicht, die Bildung riesiger Landgüter infolge billiger Arbeitskräfte durch Kriegsgefangene und Sklaven und die damit einhergehende Verarmung der italischen Bauern und deren Abwanderung in die Städte in eine langandauernde Krise.

Im Jahre 60 v. Chr. übernahm ein Triumvirat, ein Dreimännerbund, bestehend aus Pompejus, Crassus und Caesar, die Führung des Staates. Nach dem Tode von Crassus kam es zum Bürgerkrieg zwischen Pompejus und Caesar, aus dem letzterer als Sieger hervorging. Nach Caesars Ermordung im Jahre 44 v. Chr. kam es zwischen den Thronaspiranten und deren Anhängern zu einem weiteren, noch heftigeren Bürgerkrieg, der sich über anderthalb Jahrzehnte hinzog und einen hohen Blutzoll forderte. Nachdem Octavian in der Seeschlacht von Aktium 31 v. Chr. seinen Widersacher Antonius, den Geliebten der ägyptischen Königin Kleopatra, besiegt hatte, war er der Alleinherrscher des Imperiums. Vier Jahre später erhielt er vom Senat den Ehrennamen Augustus und regierte danach vier Jahrzehnte lang als erster römischer Kaiser mit großer Klugheit und Umsicht das römische Weltreich. Unter seiner Herrschaft stand Rom auf dem Gipfel seiner Macht und Blüte.

Kulturell und zivilisatorisch waren die Römer die Erben der Griechen. Seit dem 3. vorchristlichen Jahrhundert strömten griechische Künstler nach Rom, und schon ein Jahrhundert später dienten griechische Sklaven als Sekretäre, Lehrer und Ärzte. Griechische Kunst und Gelehrsamkeit galten jetzt als schick und elitär. Im Bauwesen übertrafen die Römer ihre griechischen Vorbilder allerdings beträchtlich. Insbesondere Straßen- und Wasserbau, Brücken, Aquädukte, Thermen, Amphitheater, Heiztechnik und Kanalisation waren vorzüglich. Erst die Straßen Napoleons erreichten wieder römische Qualität. Die prachtvollen öffentlichen Bauten des goldenen Rom, seine Tempel, Theater und Thermen, seine Triumphbögen, Tore, Brücken und Aquädukte, Kapitol, Forum und Kolosseum erfreuten seine Bewohner und genossen die Bewunderung der Besucher aus aller Welt. Aber nicht nur in Rom, sondern im ganzen Imperium, überall wo Römer lebten, ob am Rhein oder in Südfrankreich, in Spanien, Nordafrika oder Syrien, entstanden prachtvolle Städte und luxuriöse ländliche Villen, deren eindrucksvolle Reste wir noch heute bestaunen.

In der Bildhauerkunst liebten die Römer griechische Originale und Kopien, schufen aber auch selbst beachtliche Werke. In der Glas- und Mosaikkunst sowie im Silberkunsthandwerk waren sie dagegen unerreicht. Auch in den Natur- und Geisteswissenschaften leisteten die Römer Hervorragendes. Es gab bedeutende Mathematiker, Philosophen, Dichter und Historiker.

Die Religion der Römer zeichnete sich durch eine erstaunliche Toleranz aus. In der Verehrung einer Vielzahl von Göttern als Repräsentanten der überirdischen Mächte unterschied sie sich zunächst nicht wesentlich von der griechischen und anderen indogermanischen Religionen. Jupiter, Gott des Himmels und des Lichts, Beschützer von Recht und Treue, war der höchste Gott. Er entsprach dem griechischen Zeus und dem germanischen Wodan. Juno, Inbegriff des Weiblichen, war Beschützerin von Ehe und Familie. Mars war der Kriegsgott, Merkur Gott des Handels, Neptun Gott des Meeres, Vulcanus Gott des Feuers und der Schmiedekunst. Venus war die Göttin der Liebe und Schönheit, Minerva Göttin der Künste und Wissenschaften und Vesta die Beschützerin des Herdes. Die Römer erbauten ihnen prachtvolle Tempel, in denen sie beteten und opferten. Die Eingeweide der Opfertiere wurden am Altar verbrannt, das Fleisch wurde gebraten und von der Opfergemeinde verzehrt. Für den Kult waren die Priester zuständig, die in einem Kollegium zusammengefaßt waren, an dessen Spitze der Pontifex maximus, der Oberpriester, stand. Dieses Amt wurde ab Augustus vom jeweiligen Kaiser wahrgenommen. Heute bezeichnet man mit Pontifex maximus den Papst.

Die religiöse Toleranz der Römer zeigte sich in der bereitwilligen Aufnahme von Göttern anderer Völker in ihren Kult. Es waren insbesondere Gottheiten des Orients, die – durch Kaufleute, Soldaten und Sklaven eingeführt – bald im ganzen Reich verehrt wurden, allen voran Mithras, der altiranische Lichtgott, und Isis, die ägyptische Göttin der Fruchtbarkeit.

Ehe und Familie bedeuteten den Römern sehr viel. Ehescheidungen waren selten. Laster und ausschweifende Lebensweise, später von römischen Schriftstellern vielfach gegeißelt, wurden erst in der Zeit nach Augustus zum öffentlichen Ärgernis. Die Kinder der freien Bürger wurden von Privatlehrern unterrichtet oder besuchten eine Elementarschule, auf der sie Lesen, Schreiben und Rechnen lernten. Geschrieben wurde auf Holztäfelchen, die mit Wachs überzogen waren. Daneben benutzte man auch Papier, das aus den feinen Fasern der ägyptischen Papyrusstaude gewonnen wurde, und Pergament, das aus geglätteter Tierhaut bestand. Auch Sport wurde eifrig betrieben: Diskuswerfen, Laufen, Springen, Ringen, Schwimmen und Reiten.

Wer sich nach der Elementarschule noch weiterbilden wollte, besuchte eine höhere Schule, in der neben der perfekten Beherrschung der lateinischen und griechischen Sprache Literatur, Geschichte, Geographie, Logik, Physik, Mathematik und Astronomie gelehrt wurden. Den Abschluß der Schulbildung vermittelten Rhetorenschulen, auf denen die Redekunst, deren Beherrschung zur Bekleidung öffentlicher Ämter unerläßlich war, systematisch geübt wurde. Ihren letzten Schliff erhielten die jungen Leute, indem sie hervorragende Staatsmänner zu ihren Sitzungen und Gerichtsverhandlungen begleiteten und dort aufmerksam zuhörten.

Ihr nüchterner, praxisorientierter Sinn befähigte die Römer sowohl zur Schaffung einer gut funktionierenden Verwaltung, die auch in Zeiten des Bürgerkrieges oder unfähiger Kaiser kein Chaos entstehen ließ, als auch zu einem Rechtswesen, das in seinen wichtigsten Grundzügen bis heute in fast allen europäischen Rechtssystemen fortlebt. Beides war zugleich Grundlage für ein blühendes Wirtschaftsleben. In den Städten pulsierte der Handel und blühte das Handwerk. Alle Arten von Händlern und Handwerkern waren vertreten. Auch Import und Seehandel hatten große Bedeutung. In den Häfen gab es große Lagerhäuser, in denen sich die Waren aus allen Provinzen türmten: Getreide, Fleisch, Fisch, Öl, Wein, Ziegel, Marmor, Stoffe, Blei, Zinn, Kupfer und Silber.

Unerläßlich für das gute Funktionieren der Wirtschaft war ein geregeltes Geld- und Münzwesen. Zur Zeit des Kaisers Augustus gab es Gold-, Silber- und Kupfermünzen. Der Aureus, die Goldmünze, war 25 Denare (Silbermünzen) wert. Das Verhältnis der Kupfermünze, des As, zum Denar bestimmte sich nach Gewicht. 1 kg Asse entsprach 6 Denaren. Da ein As ca. 10 g wog, ergaben ca. 16 Asse einen Denar.

Die kupfernen Asse waren das Geld der Soldaten. Der Legionär erhielt in augusteischer Zeit einen jährlichen Sold von 225 Denaren, der in 3 Raten zu je 75 Denaren alle 4 Monate ausgezahlt wurde, was bedeutete, daß er täglich etwa 10 Asse zur Verfügung hatte.[2] Da sich die Legionäre durch Zahlungen an ihren Kompaniechef, den Centurio, Urlaub erkaufen und von harten Diensten wie Schanzarbeiten, Heranholen von Bau- und Brennholz, freikaufen konnten, führten sie stets Geld mit sich, das im Gürtel aufbewahrt wurde. Dies erklärt, warum in den römischen Lagern und auch auf dem Schlachtfeld von Kalkriese so viele Münzen gefunden wurden. So fand man allein im Lager Haltern 2 Gold-, 293 Silber- und 2561 Kupfermünzen.[3]

Wesentlichen Anteil am lang andauernden Erfolg der Römer hatte ihre straff organisierte, schlagkräftige Armee, die sich durch eiserne Disziplin auszeichnete. Sie wurde auch in Friedenszeiten hart trainiert, so daß die Legionäre ständig in guter Kondition waren und in allen Situationen des Krieges, vom Lagerbau bis zum Nahkampf, automatisch richtig handelten. Disziplin und Kampfmoral wurden durch ein differenziertes System von Strafe und Auszeichnung, Abschreckung und Belohnung gewährleistet. Die

15

Strafen reichten von der Prügel, die vom Centurio mit der vitis, einem Rebstock, verabreicht wurde, bis zur Dezimierung, bei der jeder zehnte Mann durch das Los bestimmt und hingerichtet wurde. Die Dezimierung erfolgte bei grobem Versagen vor dem Feind, Meuterei oder kollektiver Fahnenflucht.[4]

Die Streitkräfte waren ursprünglich als Volksheer organisiert, wurden jedoch nach den Niederlagen gegen die Kimbern und Teutonen unter dem Konsulat des Marius in eine Berufsarmee umgewandelt. Zur Zeit des Kaisers Augustus bestand das Landheer aus 28 Legionen, die außerhalb Italiens in den Provinzen stationiert waren, um jeglichen Umsturzversuchen vorzubeugen. In Italien stand lediglich die Prätorianergarde, die etwa die Stärke einer Legion hatte, ferner die Leibgarde des Kaisers, die zu Augustus Zeiten ausschließlich aus Germanen bestand. Die germanische Gefolgschaftstreue, von der noch zu sprechen sein wird, war Garant für absolute Zuverlässigkeit.

Die Legion war der Kernverband des römischen Heeres. Sie ist einer neuzeitlichen Division vergleichbar. Sie bestand aus ca. 6000 Mann schwerer Infanterie und 120 Reitern. Alle mußten römische Bürger sein. Die Legion gliederte sich in 10 Kohorten, die Kohorte in 3 Manipel und diese in je 2 Centurien, so daß die Legion 60 Centurien umfaßte. Die Centurie, einer neuzeitlichen Kompanie vergleichbar, hatte eine Stärke von 80-100 Mann. Je 8 Mann bildeten eine Zeltgemeinschaft, die kleinste Einheit der Legion. Diese Männer kochten, schliefen, marschierten und kämpften zusammen. Zum Tragen des schweren Gepäcks, bestehend aus dem ledernen Zelt und der Handmühle, Schanzpfählen und -körben, Axt, Spaten, Säge, Rasenstecher und anderem Werkzeug, stand ihnen ein Maultier zur Verfügung. Das übrige Gepäck, nämlich Verpflegung für einen halben Monat, Mantelsack, Kochgeschirr, Feldflasche und eine Ledertasche mit Kleingeräten, trug jeder Legionär während des Marsches an einer Stange über der linken Schulter, so daß er es rasch ablegen konnte, um kampfbereit zu sein. Einschließlich Kleidung, Waffen und Rüstung hatte jeder Legionär während eines Marsches, der oft tage- oder wochenlang andauerte, mindestens 48 kg zu tragen.[5] Er mußte also in bester körperlicher Verfassung und gut trainiert sein, um dies durchzustehen.

Die Legionäre waren gleichzeitig Pioniere. Außer Lager, Schanzen und Befestigungen bauten sie Straßen, Brücken, Wasserleitungen und in Friedenszeiten auch Tempel, Theater, Verwaltungsgebäude und ähnliches. Den größten Teil der Infrastruktur in den Provinzen verdankt Rom seiner Armee.

Eine besondere Abteilung bildete die Artillerie. Es gab catapultae, Pfeilgeschütze, die Pfeile bis zu 400 m weit fast horizontal schleuderten, und ballistae, die Steine bis zu 160 Pfund das Stück in einem Winkel von 45 Grad etwa 700 weit werfen konnten. Vermutlich hatte jede Legion 60 Geschütze mit 11 Mann Bedienung je Geschütz.[6]

Zu den Mannschaften kamen mindestens 100 Offiziere: der Legat, einem General vergleichbar, 6 Tribunen, 60 Centurionen und der Legionsstab. Die Offiziere besaßen je zwei Reitpferde. Einschließlich der Legionsreiterei und der Zugpferde für die Geschütze brauchte also jede Legion ca. 650 Pferde.

Das war aber nur die Kampftruppe. Hinzukam der Troß, der zur Versorgung der Truppe unbedingt notwendig war. Soweit das Gepäck nicht von den Legionären und ihren Mulis getragen wurde, wie das schwere Kriegsgerät und Ersatz an Waffen und Ausrüstung, wurde dies auf Wagen mitgeführt. Die Offiziere führten oft einen kompletten Hausrat mit – man denke an den Hildesheimer Silberschatz – sowie zahlreiche Diener, Sklaven und Frauen. Darüberhinaus folgte dem Heer meistens eine große Schar von Kaufleuten, Marketendern und Huren. Nach Eroberungsfeldzügen kamen noch die Beute und die Kriegsgefangenen hinzu. Welches Ausmaß dieser Troß annehmen konnte, zeigt der Bericht des Livius,[7] wonach in der Schlacht von Arausio 80.000 Soldaten und vom Troß 40.000 Knechte getötet wurden.

Kaiser Augustus verstärkte die Legionen durch je 4000 Mann Hilfstruppen, die sog. Auxiliareinheiten, die zu cohortes (leichte Infanterie) und alae (Reitertruppen) zusammengefaßt wurden. Sie bestanden aus Kontingenten unterworfener Völkerschaften, die sich vertraglich zur Stellung dieser Truppen verpflichten mußten. Sie waren mit ihren landesüblichen Waffen ausgerüstet und kämpften auf ihre landesübliche Weise. Berühmt waren z.B. die balearischen Steinschleuderer und die kretischen Bogenschützen. Auch die von Drusus und Tiberius unterworfenen Germanenstämme mußten solche Hilfstruppen stellen. Die Stärke der Kohorten und Alen schwankte zwischen 500 und 1000 Mann. Diese Hilfstruppen bildeten eine beachtliche Verstärkung des römischen Heeres. So waren am pannonischen Feldzug der Jahre 6-8 n. Chr. neben 15 Legionen 70 Kohorten Hilfstruppen und am Chattenfeldzug des Germanicus im Jahre 15 n. Chr. neben 8 Legionen 30 Kohorten Hilfstruppen beteiligt.

Die Bewaffnung der Legionäre bestand aus Panzer, Helm und Schild als Schutzwaffen und Wurfspeer, Schwert und Dolch als Angriffswaffen. Der Panzer war ein ärmelloses Kettenhemd, das etwa bis zur Mitte der Oberschenkel reichte.[8] Der Helm war aus Bronze, oft mit Helmbusch verziert, hatte Backenlaschen und einen schmalen Nackenschutz. Der gewölbte, hölzerne, bunt bemalte Langschild, der vom Kinn bis fast zu den Knöcheln reichte, war mit Leder überzogen, mit einem Metallrand eingefaßt und mittig aufgesetztem, eisernem Buckel versehen, hinter dem die Handfessel lag. Er widerstand Pfeilschüssen und Schwerthieben gleichermaßen[9] und diente im Nahkampf nicht nur als Deckung, sondern auch zum Stoßen des Gegners, der dadurch zurückgedrängt und aus dem Gleichgewicht gebracht wurde. Der hölzerne, gut 2 m lange Wurfspeer, das pilum, war von großer Durchschlagskraft. Er hatte eine lange, eiserne Spitze, die sich beim Eindringen in den getroffenen Gegenstand umbog. Der Speer konnte daher nur schwer wieder herausgezogen werden und war zum Gegenwurf unbrauchbar. Das zweischneidige Kurzschwert diente hauptsächlich zum Stechen. Es wurde in einer hölzernen, metallbeschlagenen Scheide an der rechten Seite getragen. Der Dolch war eine Reservewaffe für den äußersten Notfall.[10]

Die Reiter führten einen Rundschild, ein Langschwert und einen leichten Wurfspeer, der mit einem Schwungriemen versehen war, an dem er nach dem Wurf zurückgezogen werden konnte.

Die Manipel führten Feldzeichen. Das waren Lanzen mit geschmückter Spitze, an denen eine Tafel mit der Bezeichnung der Einheit sowie metallene Bilder, Kränze und Medaillons, offenbar der Einheit verliehene militärische Auszeichnungen,[11] befestigt waren. Der Signifer, der Träger des Feldzeichens, war ein besonders verdienter Soldat. Er trug ein Wolfs-, Bären- oder Löwenfell, das mit dem Kopf auf seinem Helm lag, den Rücken herabfiel und mit den Vorderpranken auf seiner Brust gekreuzt war. Die Feldzeichen dienten in der Schlacht der Orientierung. Außerdem genossen sie religiöse Verehrung. Das heiligste Feldzeichen der Legion war der goldene Adler, der mit erhobenen Flügeln auf einer Stange saß. Sein Verlust an den Feind war die größte Schmach der Legion.

Befand sich das Heer auf dem Marsch, so bildeten Reiter und Leichtbewaffnete, meist Auxiliareinheiten, Vorhut und Nachhut. Dazwischen marschierten die Legionen. Der Troß wurde entweder geteilt, wobei jeder Legion ihr Gepäck nachgeführt wurde, oder der gesamte Troß wurde in die Mitte genommen. War ein feindlicher Angriff zu befürchten, so marschierte das Heer in Schlachtordnung ohne Troß. Die Aufklärung über Gelände und Feind geschah durch ortskundige Späher und Streifscharen. Ein gewöhnlicher Tagesmarsch betrug 25 km. Flüsse wurden an Furten oder mittels Schiffs- oder Pfahlbrücken überquert.

Am Abend eines jeden Marschtages wurde ein Lager angelegt, dessen Platz durch eine Vorausabteilung ausgewählt und abgesteckt wurde. Sofort nach ihrem Eintreffen begannen die Legionäre mit der Schanzarbeit. Sie hoben einen V-förmigen Graben aus, dessen Breite und Tiefe je nach den Geländeverhältnissen und der Gefahrensituation variierte, aber mindestens 1 m tief und 1,5 m breit war. Mit der Erde des Aushubs wurde auf der Innenseite des Grabens ein Wall errichtet, dessen schräge Außenseite man mit Rasensoden befestigte. Auf der abgeflachten Kuppe wurde mit Hilfe der mitgeführten Schanzpfähle eine Palisade errichtet. Der Grundriß des Lagers war immer gleich. Es war ein Rechteck mit je einem Tor in der Mitte jeder Seite, die durch zwei sich kreuzende Straßen verbunden waren. Die Größe des Lagers richtete sich nach dem Umfang von Heer und Troß. Die Tatsache, daß im Kriege am Ende eines jeden Marschtages grundsätzlich ein befestigtes Lager errichtet wurde, gleichgültig ob feindliche Truppen in der Nähe waren oder nicht, stärkte die Disziplin und Kampfkraft der Legionen und war eines ihrer großen Erfolgsgeheimnisse.[12] Sie hat diese Armee letztlich vor vielen bösen Überraschungen bewahrt.

Beim Aufbruch in die Schlacht ließ man das Gepäck im Lager zurück. Der Kampf wurde mit Kriegsgeschrei und einem Hagel der

Speere eröffnet. Dann rückten die Legionäre in dicht geschlossener und tief gestaffelter Schlachtreihe mit gezückten Schwertern und vorgehaltenen Schilden gegen die feindlichen Reihen vor, die oft schon durch den Speerhagel in Verwirrung waren.

Die Soldaten, Legionäre wie Auxiliarsoldaten, mußten ledig sein und durften während ihrer Dienstzeit, die durchschnittlich 28 Jahre dauerte, nicht heiraten. Die Beweglichkeit der Armee sollte nicht durch familiäre Bindungen eingeschränkt werden. Außerdem wollte der Staat sich nicht mit der Versorgung von Angehörigen gefallener Soldaten belasten. Trotz seiner Härte, Gefahren und Entbehrungen war der Militärdienst jedoch nicht unbeliebt, weil er die Möglichkeit zu sozialem Aufstieg bot. Die Centurionen rekrutierten sich zum größten Teil aus einfachen Legionären. Stiegen sie bis zum primipilus, dem ranghöchsten Centurio einer Legion auf, so fanden sie nach ihrer Entlassung aus der Armee automatisch Aufnahme in den Ritterstand, und der Weg in höchste Führungspositionen des Reiches stand ihnen offen. Ein Auxiliarsoldat erhielt nach seiner ehrenvollen Entlassung für sich und seine Nachkommen das römische Bürgerrecht.

Seit den punischen Kriegen besaß Rom auch eine kampfstarke Kriegsflotte. Auch in den Feldzügen gegen die Germanen spielte die Flotte eine wichtige Rolle, und zwar vor allem als Mittel zum Truppentransport. Sowohl Drusus als auch Germanicus drangen mit jeweils 1000 Schiffen über die Nordsee kommend in die Flüsse Ems, Weser und Elbe ein.

Die Hauptstärke der römischen Militärmacht bestand in ihrer eisernen Disziplin, wodurch sie den weniger disziplinierten keltischen und germanischen Heerscharen, die oft durch ihre Beutegier den Kampf vorzeitig abbrachen und dadurch einen möglichen Sieg verschenkten, regelmäßig überlegen war.

Im übrigen war die römische Armee der Kaiserzeit die größte stehende Streitmacht, die bis zum Beginn des 19. Jahrhunderts existiert hat, und die größte Berufsarmee aller Zeiten.[13] Zur Zeit des Augustus umfaßte sie mindestens 300.000 Mann. Sie eroberte und sicherte Roms Weltherrschaft für ein halbes Jahrtausend.

## Die Welt der Germanen

Wer heutzutage über die Germanen sprechen will, sieht sich vor Probleme gestellt, die es vor wenigen Jahrzehnten noch nicht gab, denn nach Meinung einer Mehrheit der heutigen Historiker müssen wir alles vergessen, was wir bisher über die Germanen gewußt haben. Liest man z. B. das Reallexikon der Germanischen Altertumskunde, Studienausgabe „Die Germanen" von 1998, so erfährt man, daß es ein Volk der Germanen überhaupt nicht gegeben habe. Das Wort Germanen sei lediglich eine Sammelbezeichnung für Völker in Mitteleuropa zwischen Kelten und Skythen, die weder eine gemeinsame Kultur noch eine gemeinsame Sprache und erst recht kein Zusammengehörigkeitsgefühl gehabt hätten. Auch alles, was wir bisher über die Stammesverfassung, die Gemeinfreien, Sippe, Gefolgschaft und Treue der Germanen wußten, sei unzutreffend und sollten wir so rasch wie möglich vergessen, denn das gesamte bisherige Germanenbild sei eine Erfindung des 19. Jahrhunderts.

Nun gibt es allerdings keinen Wissenschaftler, der diese Extremposition in allen Punkten vertritt. Vielmehr ist die Zunft in sich sehr zerstritten. Sucht man nach unstreitigen Gemeinsamkeiten, so bleibt aber fast nichts übrig. Das Mißliche und Unerfreuliche an dieser Situation ist, daß nach der Zerstörung des bisherigen Germanenbildes kein neues an seine Stelle gesetzt wird. Niemand sieht sich in der Lage, zu erklären, was denn nun nach seiner Überzeugung zutreffend sei. Durch die unterschiedliche Herangehensweise der verschiedenen Einzelwissenschaften, Historik, Linguistik und Archäologie, gibt es noch nicht einmal einen allgemeingültigen Germanenbegriff.[1] Man könnte daher den gesamten Inhalt des Reallexikons in dem Ausspruch von Goethes Faust zusammenfassen: „Und sehe, daß wir nichts wissen können!"

Wie konnte es dazu kommen? Verwundert reibt sich der Laie die Augen, denn fünf Jahrhunderte hindurch, seit der Wiederentdeckung der Schriften der antiken Autoren, insbesondere der Germania des Tacitus, hatten die Historiker ein gleichbleibendes Germanenbild vermittelt, das auf den Nachrichten dieser antiken Autoren beruhte. Danach gab es in Mitteleuropa ein Volk der Germanen, aus dem das deutsche Volk nahtlos hervorgegangen war, so

daß die Germanen bedenkenlos als „die alten Deutschen" bezeichnet wurden. Die Germania des Tacitus galt als absolut zuverlässiger
Bericht über den Urzustand unseres Volkes. Sie bildete die Basis
der deutschen Altertumskunde. „Durch eines Römers unsterbliche
Schrift war ein Morgenrot in die Geschichte Deutschlands gestellt
worden, um das uns andere Völker zu beneiden haben", schrieb
1835 Jacob Grimm in der Vorrede zum ersten Band seiner „Deutschen Mythologie", und noch 1920 meinte Eduard Norden in seinem Werk „Die germanische Urgeschichte in Tacitus Germania",
die Germania habe „eine gütige Fee unserem Volke als Patenge-
schenk in die Wiege seiner vaterländischen Geschichte gelegt."[2]

Doch seit einigen Jahrzehnten ist die Germania, ebenso wie
andere antike Schriften, die zum überkommenen Germanenbild
beigetragen haben, einer intensiven Quellenkritik unterzogen worden. Welche Quellen hat Tacitus benutzt? Welche Absichten verfolgte er mit seinem Werk? Gibt es Belege für die Verwendung von
Wandermotiven, sog. Topoi? Diese Quellenkritik führte dazu, daß
heute die Zuverlässigkeit fast aller Mitteilungen in Tacitus Germania angezweifelt wird. Da uns aber andere Quellen – abgesehen von
der Archäologie – nicht zur Verfügung stehen, kann niemand sagen,
was denn statt der angezweifelten Mitteilungen des Tacitus die
wahren Zustände und Vorgänge gewesen sind.

Wie soll man also heute die Welt der Germanen darstellen? Um
die Schwierigkeiten etwas einzugrenzen, soll sich die nachfolgende
Darstellung auf die Zustände beschränken, die zu Lebzeiten des
Arminius, also im 1. Jahrhundert herrschten, denn während der
Völkerwanderung oder gar der Wikingerzeit hatten sich die Verhältnisse bereits in vielen Bereichen gewandelt. Für die Lebenszeit
des Arminius ist aber nach wie vor die Germania die Hauptquelle.
Sie soll daher als Leitfaden der Darstellung dienen, wobei Kritik,
Infragestellung oder Ergänzung einzelner Erscheinungsformen des
germanischen Lebens an betreffender Stelle erörtert oder zumindest vermerkt werden soll.

Wer waren die Germanen und woher kamen sie? Waren sie ein
Volk mit gemeinsamer Kultur und gemeinsamer Sprache? Waren
sie eine Abstammungsgemeinschaft? Fühlten sie sich zusammengehörig?

Auf die Frage nach dem Ursprung der Germanen geben die verschiedenen Wissenschaftsdisziplinen unterschiedliche Antworten. Die Sprachwissenschaftler meinen, daß sich die germanische Sprache um die Mitte des 1. Jahrtausends v. Chr. mit der sog. „ersten Lautverschiebung" herausgebildet habe[3] und bezeichnen Norddeutschland zwischen Weser, Oder und den Mittelgebirgen als ältesten germanischen Sprachraum. Die frühere Meinung, daß Südskandinavien die Urheimat der Germanen sei, worauf die These von der nordischen Herkunft der Germanen gestützt wurde, gilt heute als überholt.[4]

Die Archäologen waren noch bis vor wenigen Jahrzehnten der Überzeugung, daß sog. Kulturgruppen, die durch gleiches Fundmaterial geographisch fest umrissen zu bestimmen waren, unbedingt mit Völker- und Stammesgebieten zusammenfielen. Auch diese Auffassung ist heute überholt. An Beispielen ließ sich zeigen, daß sich Stammesgebiet und Kulturprovinz nicht immer deckten. Archäologisch läßt sich daher die Herkunft der Germanen nicht sicher bestimmen. Auch über die Fragen von Abstammungsgemeinschaft, Zusammengehörigkeitsgefühl und politische Organisation kann die Archäologie keine gültigen Aussagen machen.[5]

Historisch nehmen die Germanen erstmals durch Caesars Bericht über sein Zusammentreffen mit den Heerscharen des Ariovist Gestalt an. Seine Beschreibung der Germanen in „De Bello Gallico" aus dem Jahre 52 v. Chr. steht am Beginn einer intensiven Beschäftigung der Römer mit ihren Nachbarn nördlich der Alpen, die mit Tacitus Germania, erschienen im Jahre 98 n. Chr., ihren literarischen Höhepunkt erreichte. Danach umfaßte der Siedlungsraum der Germanen im ersten nachchristlichen Jahrhundert im wesentlichen das Gebiet, das die Römer als Germania magna bezeichneten, nämlich den Raum zwischen Rhein, Weichsel, Donau, Nord- und Ostsee. Daneben gab es linksrheinische und skandinavische Germanenstämme.

Ob mit dem Namen Germanen ein Volk bezeichnet wurde oder ob es nur der Sammelname für eine Vielzahl von Völkern war, hängt wesentlich davon ab, was man unter einem Volk versteht. Wenn man darunter eine Ethnie im wissenschaftlichen Sinne versteht,[6] also eine Menschengruppe, die kulturell, sozial, historisch und genetisch eine Einheit bildet, so waren die Germanen nach Meinung der Römer, insbesondere nach der Darstellung des Tacitus, ein Volk. Tacitus beschreibt in 27 Kapiteln sehr detailliert die Kultur der Germanen und beschließt diese Darstellung mit den Worten: „Dieses haben wir im allgemeinen von sämtlicher Germanen Ursprung und Sitten erfahren." In den folgenden Kapiteln beschreibt er dann die einzelnen Stämme und deren Besonderheiten, wobei er ebenfalls erstaunliche Detailkenntnis beweist. Dabei kennzeichnet er an der Ostgrenze des germanischen Siedlungsraumes bestimmte Stämme als nichtgermanisch, weil sie nicht die germanische Sprache sprechen (Kap. 43 u. 46), woraus folgt, daß es nach seiner Kenntnis eine einheitliche germanische Sprache gab. Darüber hinaus berichtet er von ihrem Glauben an eine gemeinsame Abstammung: „In alten Liedern, der einzigen Art ihrer geschichtlichen Überlieferung, preisen die Germanen Tuisto, einen erdgeborenen Gott. Ihm weisen sie einen Sohn Mannus als Ahnherrn und Stammvater ihres Volkes zu",[7] und er äußert die Überzeugung, daß sie sich „keineswegs mit anderen Völkern vermischt" hätten. So seien sie „ein reiner und nur sich selbst gleicher Menschenschlag geblieben. Deshalb ist auch die äußere Erscheinung, trotz der so großen Menschenzahl, bei allen die gleiche: trotzige blaue Augen, rotblondes Haar und hoher Wuchs".[8]

All dies ist heute sehr umstritten. Da das Bild vom unvermischten, reinrassigen Volk der Germanen den NS-Ideologen zur Stützung ihrer These von der „nordischen Herrenrasse" diente und diese wiederum entsetzliche rassistische Exzesse zur Folge hatte, war eine sachliche Diskussion dieser Fragen lange Zeit schwierig. Heute herrscht die Meinung vor, daß alle historischen Völker Mischvölker sind und die Vorstellung von gemeinsamer Abstammung ein Mythos ist.[9] Die Beschreibung des einheitlichen Aussehens der Germanen gilt als Topos, als Wandermotiv, das in fast allen Barbarenbeschreibungen der griechischen und römischen Schriftsteller auftaucht. Schon Herodot beschrieb die Skythen als blauäugig und rothaarig.[10]

Wenn man allerdings unter Abstammungsgemeinschaft nicht die Abstammung von einem gemeinsamen Ahnherrn, sondern nur enge Verwandtschaft versteht, läßt sich anhand eines einfachen

Rechenbeispiels zeigen, daß jede Kulturgruppe, die über viele Generationen eine Siedlungsgemeinschaft bildete, zwangsläufig zu einer Art Großfamilie oder Abstammungsgemeinschaft wurde. Da jeder Mensch Vater und Mutter hat, verdoppelt sich mit jeder Generation die Zahl seiner Vorfahren. Da man etwa 30 Jahre pro Generation rechnet, entfallen auf 1000 Jahre etwa 33 Generationen. Jeder von uns hatte also im Jahre 1000 2 hoch 33 Vorfahren, das sind über 8 ½ Milliarden, genau 8.589.934.592. Und zur Zeit des Arminius hatte jeder von uns 2 hoch 66 Vorfahren. Das ist eine Zahl, die schon nicht mehr vorstellbar ist, jedenfalls Milliarden Milliarden. Da heute die gesamte Weltbevölkerung nur aus ca. 5 Milliarden Menschen besteht, lebten vor 2000 Jahren niemals Milliarden Milliarden Menschen auf unserem Planeten, sondern lt. Brockhaus 200-400 Millionen und in der Germania magna zwischen Rhein, Weichsel, Donau, Nord- u. Ostsee etwa 2-4 Millionen.

Hieraus folgt zweierlei. Erstens: Es hat Inzucht riesigen Ausmaßes stattgefunden, so daß im Stammbaum jedes einzelnen Menschen dieselben Personen in der 33. Ahnengeneration tausend- und millionenfach und in der 66. Ahnengeneration sogar milliardenfach auftauchen. Zweitens: Die Angehörigen eines Kulturkreises, die über viele Generationen in demselben Siedlungsraum lebten, haben alle dieselben Ahnen, bilden also eine Abstammungsgemeinschaft. Da zwischen den einzelnen germanischen Stämmen eine ständige Fluktuation stattfand, ja die Stämme selbst bis zur Herausbildung der Großstämme im 3. Jahrhundert in ständigem Wandel begriffen waren,[11] muß man auf Grund dieser Rechnung wohl davon ausgehen, daß die in der Germania magna lebenden Germanen eine große Abstammungsgemeinschaft bildeten.

Wenn man diese Gedanken, nämlich die Erkenntnis des riesigen Ausmaßes der Inzucht innerhalb der einzelnen Kulturkreise, weiterverfolgt, versteht man auch ohne weiteres, wie es ursprünglich in den einzelnen Regionen unserer Erde zu dieser auffälligen Typengleichheit von Menschen kommen konnte, die wir als Rassen bezeichnen. Die Menschheitsgeschichte begann ja nicht erst vor 2000 Jahren, sondern den Neuzeitmenschen, den wir auch Cromagnon-Menschen nennen nach einer Höhle im heutigen Frankreich, wo man erstmals Überreste von ihm fand, gibt es seit ca. 40.000 Jahren. Wenn wir diese 40.000 Jahre in Generationen umrechnen und weiter bedenken, daß sich die Gruppen der einzelnen Kulturkreise fast ausschließlich unter sich fortpflanzten, wird uns das ungeheure Ausmaß der Inzucht bewußt, und ist es ganz selbstverständlich, daß alle Mitglieder einer solchen Gruppe wie Geschwister, ja fast wie eineiige Zwillinge aussehen mußten, wie wir das heute noch bei manchen afrikanischen und asiatischen Naturvölkern beobachten können.[12]

Heutzutage in Europa oder überhaupt bei den Industrienationen von Rassen zu sprechen, ist allerdings völlig abwegig. Auch die Germanen waren keineswegs reinrassig, falls es so etwas überhaupt gibt. Sie hatten in Süddeutschland die Kelten verdrängt und sich mit Sicherheit teilweise mit ihnen vermischt, sie hatten Kriegsgefangene gemacht und bei sich aufgenommen, und auch durch Kriegszüge und Besatzungen innerhalb Germaniens war es zu Vermischungen gekommen. Indessen sind diese Beimischungen im großen Genpool eingeschmolzen worden, so daß der Gesamtverband immer eine Abstammungsgemeinschaft blieb.

Dieses Rechenbeispiel ist zugleich geeignet, den ideologisch stark belasteten Streit um die Frage, ob die Deutschen von den Germanen abstammen, zu versachlichen. Zumindest für den Raum zwischen Rhein, Elbe, Donau und Nordsee kann man feststellen, daß hier in den letzten 2000 Jahren kein Bevölkerungsaustausch stattgefunden hat. Und Einwanderungen von Personen fremder Völker waren, wenn man einmal von den letzten 30 Jahren absieht, im Verhältnis zur Gesamtbevölkerung immer sehr gering. Daher stellen die Germanen zwangsläufig den größten Teil der Vorfahren der alteingesessenen Bevölkerung dieses Raumes.

Zweifel an der gemeinsamen germanischen Sprache, von der Tacitus berichtet, können für das 1. Jahrhundert nur vermutet, aber nicht begründet werden, weil es aus dieser Zeit keine zusammenhängenden germanischen Sprachzeugnisse gibt. Den ersten längeren zusammenhängenden Text in germanischer Sprache liefert die gotische Bibelübersetzung aus dem 4. Jahrhundert. Die Wissenschaft geht daher mehrheitlich davon aus, daß es in der Germania magna in augusteischer Zeit eine gemeinsame germanische Sprache gab. Sollten regionale Unterschiede bestanden haben, so hätten diese die gegenseitige Verstehbarkeit jedenfalls nicht beeinträchtigt.[13]

Und wie steht es mit dem Zusammengehörigkeitsgefühl? In der Germania magna siedelten zahlreiche größere und kleinere Stämme, die teilweise völlig selbständig handelten, teilweise in wechselnden Koalitionen miteinander verbunden waren oder auch Kriege gegeneinander führten. Die Koalitionen unter Arminius einerseits und Marbod andererseits sind hierfür ein beredtes Beispiel. Gesamtgermanische Institutionen oder Autoritäten gab es nicht. Das allein ist jedoch noch kein Beweis für das Fehlen eines Zusammengehörigkeitsgefühls, denn auch im späteren Deutschen Reich gab es Zeiten, in denen die Kleinstaaten völlig selbständig agierten und sich gegenseitig mit Krieg überzogen, zuletzt 1866. Dennoch wird niemand ernsthaft bestreiten, daß die große Mehrheit der Deutschen sich seit jeher zusammengehörig fühlte.

Der Name Germanen gibt für das Vorhandensein oder Fehlen eines Zusammengehörigkeitsgefühls ebenfalls wenig her. Die Mitteilung des Tacitus über die Entstehung des Germanennamens ist mißverständlich und seine Deutung daher in der Wissenschaft bis heute umstritten.[14] Tacitus berichtet,[15] daß der Stamm der Tungrer, der als erster den Rhein überschritten habe, ursprünglich Germanen geheißen habe. Dieser Name sei dann allmählich für das ganze Volk üblich geworden, indem alle zuerst „a victore ob metu" – vom Sieger aus Furcht? – so benannt worden seien, dann aber sich auch selbst so bezeichnet hätten, nachdem der Name einmal aufgekommen war. Der Passus „vom Sieger aus Furcht" ergibt keinen Sinn. Liegt hier eventuell ein Schreibfehler vor? Muß es nicht richtigerweise „nach dem Sieger" oder „aus Furcht vor dem Sieger" heißen? Ist nun der Name eine Fremd- oder Selbstbezeichnung? Ist die Übernahme des Namens durch alle Germanen Ausdruck eines Zusammengehörigkeitsgefühls? Diese Fragen lassen unterschiedliche Antworten zu.

Hingegen gibt es andere Tatsachen, die eindeutig für das Vorhandensein eines Zusammengehörigkeitsgefühls sprechen. Das ist einmal die Abstammungssage, nach der sie alle von dem Gottessohn Mann = Mensch, lateinisch Mannus, abstammten, und wahrscheinlich nannten sie sich selbst einfach „Menschen", wie andere Naturvölker dies auch taten.[16] Auch ihre Stammesnamen Jüten, Goten, Heruler und Alemannen bedeuteten nichts anderes als

„Menschen" oder „die eigentlichen Menschen". Zum anderen ist es ihre Bezeichnung „wendisch und welsch" für alle Nichtgermanen, denn das Bedürfnis zur Abgrenzung von anderen setzt das Bewußtsein der Zusammengehörigkeit voraus. Und auch die Bezeichnung „wendisch und welsch" ist uralt. Der Ausdruck „Welsche", mit dem sie alle nichtgermanischen Nachbarn im Süden und Westen bezeichneten, zunächst die Kelten, dann die Römer und später auch die Italiener und Franzosen, geht nämlich auf den keltischen Stammesnamen Volcae zurück, und die Volcae lösten sich bereits um 300 v. Chr. aus der Nachbarschaft der Germanen.[17] Damals verließen sie ihr Siedlungsgebiet am oberen Main. Der Ausdruck „Wenden", mit dem die Germanen alle nichtgermanischen Nachbarn im Osten, nämlich Slawen und Balten, bezeichneten, geht auf die Veneter zurück, die ursprünglich an der unteren Weichsel siedelten, aber auch schon vor 200 v. Chr. von dort abzogen und so die Nachbarschaft der Germanen verließen.[18] Der einzelne Germane fühlte sich daher nicht nur als Angehöriger seines Stammes, sondern auch als Germane.[19]

Letztlich ist es eine Frage der Definition, ob man die Gesamtheit der in der Germania magna lebenden Germanen als Volk oder als eine Vielzahl verwandter Völker mit gemeinsamer Kultur und Sprache und dem Bewußtsein der Zusammengehörigkeit bezeichnet.

Die Germanen waren Bauern und Krieger. Ackerbau und Viehzucht bildeten ihre Existenzgrundlage. Weizen, Roggen, Gerste, Hafer, Rüben, Erbsen, Bohnen, Flachs und Hanf säten, pflanzten und ernteten sie auf ihren Feldern. Pferde, Rinder, Schweine, Schafe, Ziegen, Gänse, Enten und Hühner züchteten sie als Haustiere. Es gab auch ein hochentwickeltes Handwerk, insbesondere der Zimmerleute und Schmiede. Die meisten handwerklichen Tätigkeiten wie Spinnen, Weben, Mahlen von Getreide, zimmermannsgerechte Bearbeitung von Holz, Drechseln, Verarbeitung von Leder, Knochen und Metallen, Flechten von Binsen und Weidenzweigen und das Formen und Brennen von Tongefäßen wurden allerdings nebenher im bäuerlichen Haushalt ausgeübt. Auch Handel wurde getrieben, sogar als Fernhandel mit den Mittelmeerländern, allerdings überwiegend als Tauschhandel. Das Geld lernten die Germanen erst durch die Römer kennen.

Die Germanen siedelten nicht in Städten, sondern am liebsten verstreut. Der Einzelhof und kleine Hofgruppen, Weiler genannt, mitunter auch regelrechte Dörfer waren die gängige Siedlungsform. Im 1. Jahrhundert lagen die Gehöfte durchweg leicht verstreut in der Ackerflur.[20] Ihre Häuser waren aus Holz und ähnelten in Grundriß und Bauweise dem niederdeutschen Hallenhaus, auch Niedersachsenhaus genannt, jenem Fachwerkbauernhaus, das noch heute in ganz Norddeutschland weit verbreitet ist. Es gab ein- bis vierschiffige Wohnstallhäuser.[21] In der Regel bildete das Innere eine große Halle, in deren vorderem Teil das Vieh aufgestallt war, während im hinteren Teil die Menschen wohnten. In der Mitte befand sich die Herdstelle, um die man frei herumgehen konnte und die den Mittelpunkt des häuslichen Lebens bildete. Von ihr aus konnte man das gesamte Haus überblicken und kontrollieren, insgesamt eine betriebswirtschaftlich hervorragende Lösung. Allerdings war das germanische Haus kein Ständerhaus, wie die heutigen Fachwerkbauten, bei denen die tragenden Stützpfosten auf Fundamentsteinen oder untermauerten Holzschwellen stehen, sondern es war ein Pfostenhaus, was besagt, daß die Stützpfosten in den Erdboden eingegraben waren. Infolge des natürlichen Fäulnisprozesses war die Lebensdauer dieser Pfosten sehr begrenzt, so daß die Bauten etwa alle 30 Jahre umgesetzt wurden.[22] Als Nebengebäude dienten Pfostenspeicher und Grubenhäuser.

Die Germanen kannten weder Staat noch Verwaltung und darin unterschied sich ihre Gesellschaft grundlegend von der der Römer. Ihr Zusammenleben wurde geprägt durch ungeschriebene, aber streng beachtete Gesetze, die sich in vielen Generationen bewährt hatten. Diese Gesetze, die man ebensogut als Sitte und Brauch bezeichnen kann, wurden gewissermaßen mit der Muttermilch aufgenommen und daher als Selbstverständlichkeit empfunden. Sie garantierten daher auch ohne Staat und Verwaltung eine festgefügte Ordnung.

Kern dieser Ordnung war die Familie und Sippe. Sie war die Grundlage der germanischen Ethik. Ihrem Wohl und ihrer Ehre galt das ganze Denken, Fühlen und Streben des Germanen.[23] Die Sippe war stets wichtiger als der einzelne, denn der einzelne war unlöslich mit dem Schicksal seiner Sippe verbunden. Hohes Ansehen, Ruhm und Ehre der Sippe verliehen auch jedem einzelnen Sippenmitglied ohne weiteres einen hohen Wert in der Gemeinschaft. Umgekehrt minderten die Schande und das Versagen eines einzelnen das Ansehen der gesamten Sippe.

Diese Einschätzung erstreckte sich auch auf die Verstorbenen. Die Sippe umschloß Tote und Lebende in einer unverbrüchlichen und unauflöslichen Gemeinschaft. Hohes Ansehen oder die Schande eines längst Verstorbenen warfen auch noch ihren Glanz oder Schatten auf die Nachgeborenen. Die Toten waren den Lebenden allgegenwärtig. Und so wurde die Sippe als eine Einheit empfunden, die viele Generationen aus Vergangenheit, Gegenwart und Zukunft umfaßte.[24]

Wenn Grönbech in seinem grundlegenden Werk über die Kultur der Germanen programmatisch feststellte: „Die Seele des Menschen ist die Seele der Sippe",[25] so gilt dies heute als eine ethische Überhöhung der Sippe, die der Realität nicht entsprach. Allerdings wird die Sippe als Solidaritäts- und Rechtsgemeinschaft weiterhin allgemein anerkannt.[26] So war der einzelne auch in all seinen Lebensaktivitäten in erster Linie Mitglied seiner Sippe. Diese vertrat ihn in allen wichtigen Angelegenheiten, sei es bei Vertragsschlüssen, in Rechtsstreitigkeiten oder bei der Eheschließung. Aus diesem Eingebundensein in die Familie und Sippe, in die man hineingeboren wurde, und die Gewißheit, im Schoße der Sippe Geborgenheit, Kraft und jede Unterstützung zu finden, erklärt sich ganz selbstverständlich der Wunsch jedes einzelnen, Ansehen, Wohlstand und Erfolg der Sippe zu erhöhen.

Die Sippe lebte vermutlich eng beisammen. Sie bildete je nach Größe eine Hof- oder Dorfgemeinschaft. Zur Sippe zählten alle Verwandten väterlicher- und mütterlicherseits. Eine feste Grenze oder ein strenges System gab es nicht. Die Sippe war eine lebendige Einheit, bald weiter, bald enger.[27]

Innerhalb der Sippe herrschte unbedingter Friede. Er beruhte nicht auf einem bewußten Friedenswillen, sondern war eine Selbstverständlichkeit, mit der jeder aufwuchs. Es war einfach undenkbar, daß Verwandte die Hand gegeneinander hoben. Jeder Zwist unter Verwandten mußte friedlich gelöst werden. Selbstverständlich gab es Sympathien und Antipathien innerhalb der Sippe. Diese hatten

30

aber zurückzustehen, denn der einzelne galt nur etwas durch seine Sippe. Darum war die Geschlossenheit der Sippe durch die unbedingte Wahrung des inneren Friedens eine lebenswichtige Notwendigkeit. Deshalb genügte es auch nicht, daß die Verwandten nur einander schonten. Vielmehr mußte der Friede aktiv sein. Jeder mußte die Sache des Verwandten als eigene verfechten. Dieses Bewußtsein war so stark, daß später, als die Germanen den christlichen Glauben angenommen hatten, durch Gesetz bestimmt werden mußte, daß man sich Verwandten nicht verpflichtet zu fühlen brauchte.[28]

Der Friede schuf Geborgenheit in der Sippe, unbeschränktes Vertrauen und Treue. Darin lag auch Liebe. Geschah es doch einmal, daß Verwandte die Waffen gegeneinander hoben, so war dies ein großes Unglück. Es war die Schändung des Heiligsten, der Tod der Sippe.[29] Im Hildebrandslied, einem althochdeutschen Heldenlied aus der Völkerwanderungszeit, hat die Tragik eines solchen Konfliktes ihren dichterischen Ausdruck gefunden: Hildebrand, ein alter Haudegen, war 30 Jahre lang als bester Kämpe seines Königs Dietrich von Bern, des historischen Ostgotenkönigs Theoderich, in der Fremde gewesen. Jetzt kehrt er heim und trifft auf seinen Sohn Hadubrand, der ein Kleinkind war, als der Vater ging. Beide kennen sich nicht. Vor ihren Heeren stehend, fragen sie mit lautem Zuruf, wer der andere sei. Der Vater erkennt den Sohn, doch der Sohn glaubt ihm nicht, schilt ihn einen Betrüger. Der Vater ist verzweifelt. Wider seinen Willen kommt es zum Zweikampf, und der unglückliche Vater tötet den eigenen Sohn.

Eine ähnliche Tragik ereignete sich in der Familie des Arminius, dem es nicht gelang zu verhindern, daß sein eigener Bruder und später auch sein Onkel in feindlichen Heeren gegen ihn kämpften, und der schließlich von den eigenen Verwandten ermordet wurde. Dieses Beispiel wird daher oft als Beleg dafür angeführt, daß es mit der hohen Wertschätzung der Familie bei den Germanen nicht weit her gewesen sein könne.[30] Doch man sollte bedenken, daß es kein einziges Sittengesetz gibt, in welcher Gesellschaft auch immer, gegen das nicht hin und wieder verstoßen wird, insbesondere wenn massive Machtinteressen eine Rolle spielen wie im Falle des Arminius.

Sehr wichtig für das Verständnis germanischen Denkens ist die Bedeutung der Ehre. Die Ehre war das Rückgrat seines Menschentums, das Zentrale im Wesen des germanischen Mannes.[31] Ohne Ehre konnte keiner leben. Wer seine Ehre verloren hatte, war kein Mensch mehr. Deshalb mußte die verletzte Ehre möglichst rasch durch Rache wiederhergestellt werden. Rache hatte also nichts mit Recht zu tun.

Der Vollzug der Rache war Aufgabe der gesamten Sippe, denn durch die Verletzung der Ehre des einzelnen galt zugleich die Ehre der Sippe als verletzt. Da die Rache nicht Strafe, sondern Wiederherstellung der Ehre war, brauchte sie sich nicht notwendigerweise allein gegen den Täter zu richten, vielmehr wurde sie an der Sippe des Täters vollzogen, und zwar möglichst an ihrem besten Mann.[32]

Ursprünglich gab es nur eine Rache, die Rache in Blut. Das änderte sich auch nach Übernahme des Christentums zunächst nicht. Die mittelalterlichen Gesetze im christlichen Norwegen erkannten das Recht zur Rache weiterhin an. Die Überzeugung von ihrer unbedingten Notwendigkeit saß so tief, daß es noch Jahrhunderte brauchte, bis der Gesetzgeber ihre Abschaffung durchsetzen konnte. Bei den Friesen stand die Blutrache noch im 13. Jahrhundert in voller Blüte. Dort ließ man die Leiche so lange im Hause liegen, bis die Rache vollzogen war, damit der Tote die Hinterbliebenen ständig an ihre Pflicht zur Rache mahne.[33]

Ebenfalls eine wichtige Rolle im Bewußtsein der Germanen spielte das Heil. Heil war etwas, das man nicht durch eigenes Tun erlangen konnte. Man konnte es allenfalls von den Göttern erbitten. Dennoch war es mehr als Glück. Es war einfach die Tatsache, daß jemandem alles gelang, wobei dieses Gelingen auch als Ergebnis der Tüchtigkeit angesehen wurde. Zwar konnte man durch noch so große Tüchtigkeit das Heil nicht erzwingen, dennoch wurde Heil im allgemeinen nur dem Tüchtigen zuteil.

Es gab Ernteheil, Fischheil, Fahrwindheil, Wetterheil und vor allem Siegesheil. Die Germanen folgten nur einem Anführer, der das Siegesheil besaß. Fiel er, so flohen sie kopflos. Ein König, den das Heil verlassen hatte, wurde abgesetzt. Und da das Heil der ganzen Sippe anhaftete, also erblich war, durfte der Nachfolger nicht der bisherigen Königssippe angehören, sondern es wurde ein ganz neues Königsgeschlecht gewählt.[34]

Heil und Ehre lagen dicht beieinander, ja bedingten einander. Heil ohne Ehre war nicht denkbar, und wo viel Ehre war, mußte auch viel Heil sein.[35] Wie in der Ehre war der Germane auch im Heil untrennbar mit seiner Familie und Sippe verbunden. Das Heil der Sippe begünstigte auch den einzelnen, und das Heil des einzelnen mehrte und erhöhte das Heil der Sippe.

Geburt, Heirat und Tod waren wichtige Ereignisse im Leben der Sippe.

Nach der Geburt wurde das Kind von der Hebamme aufgehoben – daraus erklärt sich das Wort Heb-Amme – und wurde zunächst dem Vater gereicht. Nahm dieser das Kind an, so war es vollgültiges Mitglied der Sippe. Ein mißgestaltetes oder schwaches Kind konnte der Vater zurückweisen. Es wurde dann ausgesetzt. Das galt keineswegs als Verbrechen oder auch nur als verwerfliche Tat, denn es diente der Erhaltung der Lebenskraft der Sippe, und bis zur Aufnahme in die Sippe war das Kind völlig rechtlos. Das Aussetzen war ein so fester Bestandteil der germanischen Lebensordnung, daß der christliche Gesetzgeber sie – ebenso wie die Blutrache – nach der Bekehrung zum Christentum zunächst weiter gestattete.

Erst nach neun Nächten – die Germanen zählten nach Nächten und nicht nach Tagen – erhielt das Kind seinen Namen. Er wurde vom Vater sorgfältig gewählt, denn er mußte sowohl zur Sippe als auch zum Kind passen. Familiennamen gab es bei den Germanen bekanntlich noch nicht. Sie entstanden in Deutschland erst in der Zeit vom 12. bis 14. Jahrhundert. Aber jede germanische Sippe hatte einen oder zwei Wortstämme als eigenes unveränderliches Kennzeichen, in dem sie ihre individuelle Besonderheit, ihre Ehre und ihr Heil ausgedrückt sah. Jedes einzelne Sippenmitglied trug diesen Wortstamm, aus dem durch Anfügung eines Zusatzes wie bald= stark, rik=mächtig oder bert=strahlend der eigentliche Personenname gebildet wurde.[36] So finden wir bei den Merowingern die Namen Childerik, Chlodwig, Chlothilde, Chlodemir, Childebert, Charibert, Chilperich, bei der Königssippe der Ostgoten Amalaberga, Amalafrida, Amalasuintha, bei der Königssippe der Westgoten Theudis, Theudegisel, Theudehathus, Theudomir, Theudericus, Theudimundus, bei dem Fürstengeschlecht von Kent Eormenrik, Eormenred, Eorconbert, Eorcongote, Eormenhild.

Sehr gern wurde dem Kind der Name des Großvaters gegeben. Namen berühmter Vorfahren kehrten in fast jeder Generation wieder, denn man wünschte und hoffte, daß dem Kinde mit dem Namen auch das Heil des Verstorbenen zuteil werde.

Zahlreiche gesunde und kräftige Kinder waren der Stolz ihrer Eltern. Sie galten als Reichtum der Familie. Zum Erstaunen der Römer erwies sich die germanische Familie auch bei der Begegnung mit den vielfältigen Verlockungen und der sexuellen Unbekümmertheit der römischen Hochzivilisation als unantastbar. So schreibt Tacitus über die germanische Ehe: „Die Ehen werden dort ernst genommen, und wohl keine ihrer Sitten verdient größeres Lob. Die Frau lebt in wohlbehüteter Schamhaftigkeit, durch keine lüsternen Schauspiele und verführerischen Gelage verdorben. Eine Ehebrecherin findet keinen Mann wieder und wenn sie noch so schön, so jung und so reich wäre. Niemand lacht dort über Laster, und man nennt es nicht Zeitgeist, zu verführen und sich verführen zu lassen. Gute Sitten vermögen dort mehr als anderswo gute Gesetze."

Dieses Lob der germanischen Ehe gilt als Beleg dafür, daß Tacitus mit seiner Germania u. a. die Absicht verfolgt habe, der lasterhaften römischen Gesellschaft seiner Zeit einen Spiegel vorzuhalten und sie an die verklärten Ursprünge Roms zu erinnern. Diese Absicht mag vorgelegen haben, ist aber für sich noch kein Beweis, daß die Mitteilungen des Tacitus nicht den Tatsachen entsprachen. Sie mögen geschönt sein, waren aber im Grundsatz sicherlich nicht falsch. Zu Recht ist in diesem Zusammenhang darauf hingewiesen worden,[37] daß Tacitus auch von den Lastern der Germanen spricht, nämlich von ihrer Faulheit, Streit-, Trunk- und Spielsucht, so in den Kapiteln 15, 22, 23 und 24 der Germania, und daß er an der Zwietracht und Selbstzerfleischung der Germanen seine Freude hatte (Kapitel 33). So berichtet er in Kapitel 22: „Tag und Nacht durchzutrinken ist für niemand eine Schande. Streitigkeiten, wie sie unter Trunkenen häufig vorkommen, enden nur selten mit bloßen Schimpfereien, öfters mit Totschlag und Verwundungen." Und weiter in Kapitel 24: „Dem Würfelspiel huldigen sie merkwürdigerweise in voller Nüchternheit, als wenn es sich um ein ernsthaftes Geschäft handelte. Dabei sind sie in bezug auf Gewinn oder Verlust von einer so blinden Leidenschaft besessen, daß sie, wenn sie alles andere verspielt haben, mit dem letzten, entscheidenden Wurf um ihre Freiheit und um ihren eigenen Leib kämpfen. Wer verliert, geht willig in die Knechtschaft."

Der Mann war das Haupt der Familie. Ehefrau und Kinder unterstanden seiner Munt, d.h. seinem Schutz und seiner Gewalt. Dennoch galt die Frau im Vergleich zum Manne keineswegs als minderwertig. Im Gegenteil: Die Germanen glaubten, daß den Frauen etwas Heiliges und Seherisches innewohne. Deshalb achteten sie auf ihre Meinung und folgten oft ihrem Rat.

Das eigentliche Aufgabenfeld der Frau war die Familie, und zwar in der gleichen Weise wie das in Deutschland noch bis Anfang des 20. Jahrhunderts der Fall war. Ihr oblag die Betreuung und Versorgung aller Familienmitglieder, sie schaltete in Küche, Haus und Hof, und ihr unterstanden auch die Knechte und Mägde. Da der Mann durch Krieg, Jagd, Thingversammlungen und ähnliche Gemeinschaftspflichten oft abwesend war, trug die Frau die Verantwortung und die Lasten für Familie, Haus und Hof ganz allein.

Bei den Germanen gab es noch keine ständische Gliederung der Gesellschaft etwa in der Art, wie sie im Hochmittelalter in der Unterteilung in Adel, Bürger und Bauern bestand. Allerdings gab es eine kleine Oberschicht von besonders angesehenen Familien, deren Mitglieder von Geburt dazu bestimmt waren, die Führungskräfte des Gemeinwesens zu stellen. Diese Schicht war aber keineswegs nach unten abgeschlossen, sondern es gab soziale Auf- und Abstiege ohne Standesschranken. Wenn man sich dessen bewußt bleibt, kann man diese Schicht durchaus als Geburtsadel bezeichnen. In ihrer eigenen Sprache hießen die Angehörigen dieser Schicht Edelinge.

Daneben gab es auch Unfreie. Sie rekrutierten sich aus Kriegsgefangenen und deren Nachkommen. Sie wirtschafteten oft als Pächter selbständig und waren ihrem Herrn nur abgabepflichtig. Die rechtliche und tatsächliche Situation der Freigelassenen unterschied sich nur wenig von derjenigen der Unfreien, denn da sie keiner Sippe angehörten, mußten sie sich unter die Munt eines Freien stellen.

Die germanischen Stämme waren keine konstanten Gebilde, sondern befanden sich im Laufe der Jahrhunderte in einem steten Wandel. Da sich der germanische Siedlungsraum bis zum Ende der Völkerwanderungszeit ständig erweiterte, waren immer irgendwelche Stämme auf Wanderschaft. Diese bestanden im Kern aus kleinen traditionstragenden Kreisen, um die sich die kriegs- und aberteuerlustige Mannschaft vieler Stämme scharte. Unterwegs schlossen sich dann weitere kleinere und größere Gruppen an. So entstanden ganze Wanderlawinen.[38]

Bei Seßhaftigkeit des Stammes war das Siedlungsgebiet in Gaue eingeteilt, deren Zahl sich nach der Größe des Stammes richtete. So umfaßte das Land der Semnonen, die vermutlich im heutigen Brandenburg siedelten, laut Tacitus 100 Gaue. Die Gaue setzten sich ihrerseits aus mehreren Dorfgemeinschaften bzw. Sippen zusammen.

Nach der Darstellung des Tacitus war das politische Leben der Germanen als unmittelbare Demokratie organisiert. Danach traf eine Vollversammlung aller Freien und Waffenfähigen, Thing genannt, alle Entscheidungen von gemeinsamem Interesse. Bei großen, volkreichen Stämmen wird dies allerdings kaum durchführbar gewesen sein. Vermutlich wird bei diesen die unmittelbare Demokratie nur auf Gauebene praktiziert worden sein, während auf Stammesebene eine Vertreterversammlung, also eine Art Parlament, an die Stelle der Vollversammlung aller Freien und Waffenfähigen trat, wie dies noch im 8. Jahrhundert bei den Sachsen der Fall war. Es gab aber auch schon im 1. Jahrhundert Stämme, die von einem König geführt wurden, wie das Beispiel des Marbod zeigt.

Die Vollversammlung trat regelmäßig zu feststehenden Terminen zusammen, meistens bei Vollmond oder Neumond, weil diese Zeiten als heilbringend galten. Die Beratungen zogen sich oft tagelang hin. Den Vorsitz führte ein Edeling, der nach Alter, Kriegsruhm und Beredsamkeit das höchste Ansehen genoß. Beifall wurde durch Aneinanderschlagen der Waffen gezollt, Mißfallen durch Murren kundgegeben.

Auf dem Thing wurde der Fürst oder König gewählt, wurde über Krieg und Frieden entschieden und wurde in Zeiten der Gefahr der Herzog gewählt, der die Führung des Heeres übernahm. „Bei der Wahl von Königen ist die adlige Abkunft, bei den Herzögen die persönliche Tapferkeit ausschlaggebend. Die Könige besitzen keine unbegrenzte oder willkürliche Macht, und die Herzöge, mehr durch ihr Vorbild als durch ihre Befehlsgewalt Führer, verdanken ihre Stellung der Bewunderung, die sie erregen, wenn sie entschlossen sind, sich hervortun und in vorderster Linie kämpfen."[39] Hier wurden auch die heranwachsenden Jünglinge durch Überreichung von Schild und Speer, meist durch den Vater, für waffenfähig und damit für volljährig erklärt, und es wurden rechtliche Streitigkeiten entschieden. Da Streitigkeiten zwischen einzelnen, Familien und Sippen unmittelbar durch Selbsthilfe bzw. Rache geregelt wurden, beschäftigte sich das Thing in der Hauptsache mit Verstößen gegen die Gemeinschaft: mit Landesverrat, Störung des Thingfriedens, Unzucht und Untreue. Wurde der Angeklagte für schuldig befunden, so lautete das Urteil auf Tod, wobei der Vollzug der Strafe sich nach der Art des Verbrechens richtete. Verräter und Überläufer knüpfte man an Bäumen auf, Kriegsdienstverweigerer und Versager im Kriege sowie Sittlichkeitsverbrecher versenkte man im Moor, wo sich ihre Leichen zur Freude der Archäologen so gut konservierten, daß wir durch sie interessante und zuverlässige Belege für Aussehen und Kleidung der Menschen jener Zeit erhielten.

Alle wichtigen Fragen wurden von den mächtigen Adelsfamilien vorberaten. Sie waren auch sonst tonangebend. Wer Macht und Ansehen genoß, das richtete sich aber nicht in erster Linie nach dem wirtschaftlichen Reichtum, sondern danach, wer die größte, stärkste und entschlossenste Gefolgschaft hatte. „Die meisten und entschlossensten Gefolgsleute zu besitzen, das verleiht Ansehen, das verleiht Macht. Stets von einer großen Schar erlesener junger Leute umgeben zu sein, ist im Frieden eine Ehre und im Kriege ein Schutz. Und nicht nur im eigenen Stamme, auch bei den Nachbarn ist bekannt und berühmt, wer sich durch ein zahlreiches und tapferes Gefolge hervortut. Um seine Freundschaft wirbt man durch Gesandte, ihn zeichnet man durch Ehrengaben aus, und sehr oft läßt allein schon sein Ruf einen Krieg gar nicht zum Ausbruch kommen.

Erlauchter Adel und hohe Verdienste der Väter sichern auch noch ganz jungen Leuten die Wertschätzung eines Gefolgsherrn. Sie werden dann in die anderen, stärkeren und längst erprobten Mannen eingereiht, und es ist keine Schande, in einem solchen Gefolge" – dem auch Freigelassene angehörten – „gesehen zu werden.

In der Schlacht ist es eine Schmach für den Gefolgsherrn, sich an Tapferkeit übertreffen zu lassen, und eine Schmach für die Gefolgschaft, es dem Herrn an Tapferkeit nicht gleichzutun. Fürs ganze

Leben aber lädt Schimpf und Schande auf sich, wer seinem Gefolgsherrn nicht in den Tod folgt. Ihn zu schirmen, ihn zu schützen,
auch die eigenen Heldentaten ihm zum Ruhme anzurechnen, ist des
Gefolgsmannes vornehmste und heiligste Pflicht. Die Gefolgsher-
ren kämpfen um den Sieg, die Gefolgsmannen für ihren Herrn."[40]

Begriff und Bedeutung der Gefolgschaft sind in der Wissenschaft sehr umstritten. „Die Bandbreite der Erscheinungen, die der
Gefolgschaftsbegriff abdecken kann, ist wohl weit größer, als die
verfassungsgeschichtliche Forschung annahm: Gefolgschaft auf
Lebenszeit oder für bestimmte Unternehmen, feierliche Initiation
oder formloser Anschluß, freie oder abhängige Gefolgsleute, rein
herrschaftlich strukturierte oder durch gegenseitige Verpflichtung
der Gefolgsleute quasi genossenschaftlich begründete Gefolgschaf-
ten".[41]

Umstritten ist auch der Begriff der „germanischen Treue", weil
er lange Zeit als Grundzug des germanisch-deutschen Volkscharak-
ters glorifiziert wurde. Tatsächlich spielte die Treue aber im germanischen Leben eine große Rolle, sei es als Sippentreue, Gefolgschaftstreue oder Bündnistreue. Sie wurde sich selbst und den
Getreuen abgefordert und wurde als Tugend hochgeachtet. Sie
selbst hielten sich für das treueste Volk. So wird berichtet, daß z. Zt.
des Kaisers Nero (54-68 n. Chr.) friesische Fürsten, die als Gesandte
in Rom weilten, rühmend hervorhoben, niemand übertreffe die
Germanen an Tapferkeit und Treue. Daraufhin setzten sie sich im
Theater des Pompeius eigenmächtig auf die Plätze, die, wie man
ihnen sagte, den Gesandten der Völker vorbehalten waren, die sich
durch Tapferkeit und besondere Treue auszeichneten.[42]

In der germanischen und mittelalterlichen Dichtung finden sich
viele Belege für die hohe Wertschätzung der Treue. Auch im Nibelungenlied wird die Treue bis in den Tod, ja über den Tod hinaus, als
große Tugend besungen, einerseits die Treue Kriemhilds zu Siegfried und andererseits die Treue Hagens und seiner Mitstreiter zu
ihrem König Gunther. Sie ist als Nibelungentreue noch heute ein
fester Begriff, wenn auch mit negativem Beiklang.

Diese blinde Treue erklärt, warum sich die römischen Kaiser auf
ihre germanische Leibwache auch in Zeiten, in denen Rom gegen
die Germanen Krieg führte, unbedingt verlassen konnten, und

warum germanische Heerscharen ihrem fremden Gefolgsherrn auch dann folgten, wenn es gegen die eigenen Brüder ging. So konnte Germanicus Bataver und Chauken gegen Arminius ins Feld führen und Attila die Ostgoten gegen die Westgoten.

So wie die Familie im Frieden die Grundlage des Lebens und der Ethik war, so war sie es auch im Kriege. Nach Familien, Sippen und Gauen geordnet, zogen die Germanen in den Kampf. Und nichts stärkte ihre Kampfmoral mehr als das Bewußtsein, Schulter an Schulter mit Vater, Bruder oder Sohn und unter den Augen der Frauen und Mütter zu kämpfen. „Am meisten spornt es sie zur Tapferkeit an, daß nicht blindes Ungefähr und willkürliche Zusammenrottung, sondern Familien und Sippen ihre Reitergeschwader und Schlachtteile bilden. Auch befinden sich ihre Lieben in unmittelbarer Nähe, so daß die Kämpfer von dorther," nämlich von der hinter der Front aufgefahrenen Wagenburg, „die gellenden Zurufe ihrer Frauen und das Wimmern ihrer Kinder hören können. Die Frauen betrachtet ein jeder als die heiligsten Zeugen, und auf ihre Anerkennung legt er den höchsten Wert. Zur Mutter, zur Gattin kommen sie mit ihren Wunden, und ohne Zagen zählen und untersuchen diese die Schläge und Stiche; auch bringen sie den Kämpfenden Speise und feuern sie an. Manche Schlachtreihe, die schon ins Wanken geraten war und zurückflutete, brachten die Frauen, wie es heißt, wieder zum Stehen: Sie bestürmten die Krieger unablässig mit Bitten, wiesen auf die unmittelbar drohende Gefangenschaft hin und hielten ihnen ihre entblößte Brust entgegen, um sie an ihre Ehegemeinschaft und die Kinder zu erinnern, die sie an ihrer Brust genährt hatten."[43] Offenbar bildeten die Frauen den Troß, der die Verpflegung sowie Ersatz an Waffen und Ausrüstung mitführte.

Ihre Heere waren in Hundertschaften und Tausendschaften gegliedert. Jeder Gau hatte eine Hundertschaft zu stellen. Das Fußvolk kämpfte in Keilformationen, dem sog. Eberkopf, wobei an den Spitzen der Keile die besten und erprobtesten Kämpfer standen. Berühmt und gefürchtet war auch ihre Reiterei, die daher besonders gern von den Römern in Dienst genommen wurde. Die Hose als praktische Reitkleidung gehörte daher – im Unterschied zu Römern und Kelten – zur Kleidung des germanischen Mannes.

Typisch für sein äußeres Erscheinungsbild war ferner die Haartracht. Das lange Haupthaar wurde über dem rechten Ohr zu einem kunstvollen Knoten, dem sog. Swebenknoten, gebunden.

Ihre Bewaffnung bestand aus Speeren, die mit einer sehr scharfen Eisenspitze versehen waren und die sie auf Grund ihrer großen Körperkraft sehr weit werfen konnten. Die Germanen waren im Schnitt 20 cm größer als die Römer und dementsprechend kräftiger. Schwerter waren Mangelware und gehörten daher nicht zur Standardausrüstung. Das gleiche gilt für Panzer und Helme. Ihre Schilde bestanden aus Weidengeflecht oder dünnen Brettern, die mit einer Tierhaut überzogen, am Rand mit Bronze oder Eisen eingefaßt und mit einem spitz auslaufenden Buckel versehen waren und die sie bunt bemalten. „Der Verlust des Schildes ist in den Augen der Germanen eine Schmach ohnegleichen. Wer auf diese Weise ehrlos wird, darf weder an Opfern noch am Thing teilnehmen, und schon mancher, der im Kriege mit dem Leben davonkam, hat seiner Schande mit dem Strick ein Ende gemacht."[44]

Seit alters her wurden Tierbilder als Feldzeichen mit in den Kampf geführt. Häufig waren es Drachen oder drachenähnliche Zeichen, wie sie auch die Schiffsschnäbel der Wikinger zierten, aber auch Adler, Pferde, Eber und Raben sind bekannt. In Friedenszeiten wurden die Heeresstandarten in den heiligen Hainen aufbewahrt, die den Göttern geweiht waren. Dort wurden sie von Priestern behütet und bewacht.

Vor der Schlacht stimmten die Germanen Gesänge an, mit denen sie ihre Helden priesen und versuchten, sich selbst Mut und den Feinden Furcht und Schrecken einzuflößen. Dabei kam es ihnen hauptsächlich auf Rauheit des Tones und auf dumpfdröhnenden Widerhall an. Deshalb hielten sie ihre Schilde vor den Mund, so daß der Ton widerhallte und der Gesang zu großer Fülle und Wucht anschwoll. Noch aus der Völkerwanderungszeit wird dieser Brauch berichtet.

Alte Lieder waren auch die einzige Art ihrer geschichtlichen Überlieferung, denn die Schrift als Kommunikationsmittel kannten sie nicht. Es gab zwar ein Runen-Alphabet, bestehend aus 24 Schriftzeichen, doch diese Runen, deren Erfindung sie ihrem Gott Wodan zuschrieben, wurden nur zu sakralen Zwecken verwendet.

Karl der Große, der trotz seiner christlichen Gesinnung fest in alt-germanischen Traditionen wurzelte, sich germanisch kleidete und germanisch sprach, ordnete an, alle diese Lieder der Vorfahren zu sammeln und aufzuschreiben. Doch leider überdauerte diese Sammlung nur wenige Jahrzehnte. Ludwig der Fromme, Sohn und Nachfolger Karls des Großen, war ein frömmelnder, weltabgewandter Mann, der ernsthaft erwog, dem Thron zu entsagen und ins Kloster zu gehen. Er stand ganz unter dem Einfluß kirchlicher Würdenträger, und diese überredeten ihn, die Sammlung heidnischer Lieder zu vernichten, ein für unsere Geschichte und Kultur unersetzlicher Verlust.

Die Religion der Germanen[45] ähnelte in ihrer Göttervielfalt derjenigen der Römer und Griechen und anderer indogermanischer Völker. Indessen lag bei den Germanen das Schwergewicht auf der Verehrung der Götter in ihrer Gesamtheit. So ist das germanische Wort god ein Pluraletantum, also ein nur in der Mehrzahl vorkommendes Wort und bedeutet „die göttlichen Mächte".[46] Nach ihrer Vorstellung berieten sich die Götter regelmäßig in einer Art Thing und regierten nach diesen Ratschlüssen die Welt. Sie bildeten eine große Familie und nannten sich die Asen. Ursprünglich hatte es noch ein zweites Göttergeschlecht gegeben, die Wanen. Zwischen Asen und Wanen war in grauer Vorzeit ein Krieg entbrannt, der durch den Austausch von Geiseln beendet wurde. Die Asen erhielten Njörd und seine Kinder Frei und Freia als Geiseln, die allerdings bald so sehr in die Familie der Asen integriert wurden, daß man sie schließlich auch als Asen betrachtete.

Ihr höchster Gott Wodan entsprach nur teilweise dem römischen Jupiter und dem griechischen Zeus. Er war eine vielschichtige, geheimnisvolle Gestalt, denn er war nicht nur der Kriegsgott, der das Schlachtenglück lenkte, sondern auch der Gott der Dichtkunst und der Runen, der Gott der Weisheit und der Gott der Ekstase und Magie. Er war der einzige Gott, dem Menschenopfer dargebracht wurden. Sie wurden erhängt oder mit dem Speer durchbohrt, denn der Speer war sein Herrschaftssymbol. Manchmal weihte man ihm das gesamte feindliche Heer, indem vor Beginn des Kampfes ein Speer über die feindlichen Schlachtreihen geschleudert wurde. Nach errungenem Sieg wurde ihm dann in einer Art religiösem Blutrausch das gesamte Heer geopfert, die Kriegsgefangenen wurden erhängt, die Pferde geschlachtet, die eroberten Waffen und Rüstungen zertrümmert.

Wodans Gemahlin war Frija, die Beschützerin der Ehe, Göttin der hingebungsvollen Mutter- und Gattenliebe, der fürsorglichen Hausfrau. Der kraftstrotzende Donar, der sich ständig auf Kriegspfad gegen die Riesen, die Mächte der Unterwelt und Feinde der Götter und Menschen, befand, war der große Beschützer in allen Nöten des Lebens. Die Bedeutung des Gottes Tiwaz oder Ziu wandelte sich im Laufe der Jahrhunderte vom ursprünglich höchsten Gott über den Kriegsgott zum Gott der Rechts in historischer Zeit. Die Wanengötter Njörd, Frei und Freia waren die Fruchtbarkeitsgötter.

Die Germanen verehrten ihre Götter nicht in Tempeln. Sie suchten und fanden die Annäherung an das Göttliche dort, wo sich die Schöpfung in ihrer Reinheit, ruhevollen Kraft und unendlichen Weite am stärksten offenbarte. Dies waren große Wälder, die Gipfel bestimmter Berge, Quellen oder auch Grabhügel berühmter Ahnen. Diese Heiligtümer dienten zugleich als Thingplätze, denn jede Thingversammlung begann mit einem Kultfest, mit Gebeten, Opfern, Liedern und Tänzen.

Die gesamte Organisation der Kultfeste lag in den Händen von Priestern und Priesterinnen. Sie überwachten auch die während der Kultfeste und Thingversammlungen gebotene unbedingte Friedenspflicht, und sie allein durften Strafen über Missetäter vollstrecken. Sie waren ganz allgemein die Hüter der Tradition. Sie kannten die Geschichte ihres Volkes bis in die graue Vorzeit, sie kannten die ungeschriebenen, jahrhundertealten Gesetze, wußten alles über die Götter und die Weltordnung und gaben diese Kenntnisse auf den Thingversammlungen und Kultfesten an die Teilnehmer weiter.[47]

# Der Konflikt

*Die Eroberung Germaniens*

Zwei unterschiedlichere Welten als die der Römer und der Germanen kann man sich kaum vorstellen. Auf der einen Seite die absolute Weltmacht mit einer hoch entwickelten Zivilisation und Kultur, einem straff organisierten Staat mit schier unerschöpflichen Ressourcen und einer großen, schlagkräftigen Armee mit eiserner Disziplin und bester Ausrüstung, und auf der anderen Seite ein einfaches Bauernvolk, zwar selbstbewußt und als Krieger wild und todesmutig, aber durch seinen ausgeprägten Individualismus und Freiheitswillen zu konsequenter Zusammenarbeit und Disziplin weder willens noch fähig und von einer Staatsbildung weit entfernt. Sollte es zwischen diesen beiden Welten zum Konflikt kommen, schien von vornherein klar zu sein, wer der Sieger sein würde und wer untergehen müsse. Da die Weltmacht Rom ihren Herrschaftsbereich ständig erweiterte, andererseits die Germanen ihren Siedlungsraum immer weiter ausdehnten und beide Völker Kampf und Krieg nicht scheuten, war indessen der Konflikt zwischen ihnen unausweichlich.

Als Caesar während der Eroberung Galliens (58-51 v. Chr.) auf germanische Völkerschaften und Heerscharen stieß, war dies nicht die erste Begegnung zwischen Römern und Germanen. Schon zwei Generationen vorher hatten die Kimbern und Teutonen auf ihren Wanderungen durch halb Europa die Römer in Angst und Schrecken versetzt, der als furor teutonicus noch heute ein Begriff ist. Da den Römern damals der Name Germanen noch unbekannt war, hielten sie die Kimbern und Teutonen für eine Art Kelten, obwohl sie erkannten, daß diese ganz anders waren und anders sprachen als diejenigen Kelten, mit denen sie es bislang zu tun gehabt hatten.

Der Zug der Kimbern und Teutonen, die um 120 v. Chr. von ihren Wohnsitzen in Jütland aufbrachen, mutet wie ein Vorbote der germanischen Völkerwanderung an, die ein halbes Jahrtausend spä-

ter das Römische Weltreich zum Einsturz brachte. Auch der Zug
der Kimbern und Teutonen war eine Wanderlawine, in der diese
beiden Stämme lediglich den Kern bildeten, dem sich kriegs- und
abenteuerlustige Scharen derjenigen Stämme und Völker anschlos-
sen, deren Wohnsitze sie durchzogen, so daß sie gegen Ende ihrer
Wanderung auf mehr als 500.000 Menschen angewachsen waren.[1]

Sie zogen zunächst elbaufwärts durch Böhmen über die Donau
bis nach Pannonien, wandten sich dann westwärts und schlugen im
Jahre 113 v. Chr. bei Noreia, einem Ort im kärtnerisch-steirischen
Raum, ein römisches Heer, bestehend aus zwei Legionen zu je 6000
Mann. Zur Erleichterung der Römer fielen sie danach nicht nach
Italien ein, sondern wandten sich nordwärts, überquerten den
Rhein und durchzogen Gallien rhoneabwärts. Hier stellten sich
ihnen erneut römische Heere entgegen, die jedoch in mehreren
Schlachten vernichtend geschlagen wurden. Nach der Niederlage
von Arausio im Jahre 105 v. Chr. waren die Römer entsetzt über die
Vernichtungswut der Sieger. „Die Feinde, die eine unermeßliche
Beute gemacht hatten, vernichteten infolge eines ungewöhnlichen
Schwures alles, was in ihre Hände gefallen war: Die Gewänder
wurden zerrissen und in den Kot getreten, das Gold und Silber in
den Strom geworfen, die Panzer der Männer zerhauen, der
Schmuck der Pferde vernichtet, die Pferde selbst in den Strudeln
des Stromes ertränkt, die Menschen mit Stricken um den Hals an
Bäumen aufgehängt, so daß der Sieger keine Beute erhielt, der
Besiegte kein Erbarmen erfuhr."[2]

Was die Römer damals noch nicht wußten, war die Tatsache, daß
die Germanen vor der Schlacht für den Fall ihres Sieges das feindliche Heer ihrem Gott Wodan geweiht hatten. „Ein Gelübde, durch
das Mann und Roß, überhaupt alles Lebende, der Vernichtung
anheimgegeben wird."[3]

Doch zum Glück der Römer nutzten die Germanen auch diesen
großen Sieg nicht aus. Statt durch das von Truppen entblößte Italien auf Rom zu marschieren, wandten sich die Kimbern nach
Westen und zogen über die Pyrenäen nach Spanien, während die
Teutonen Gallien verheerten. Nach der Rückkehr der Kimbern trafen sich beide Heerhaufen zwischen Loire und Seine, wo sie offenbar beschlossen, nunmehr Italien in einer Zangenbewegung anzu-

greifen. Während die Teutonen erneut rhoneabwärts marschierten, überschritten die Kimbern – vermutlich über den Brenner – die Alpen.

Zwischenzeitlich hatte sich das in höchste Alarmbereitschaft versetzte Rom zu einem radikalen Schritt entschlossen. Statt eines neuen unfähigen Feldherrn der Nobilität bestellte man im Jahre 104 v. Chr. einen Mann aus dem Volke, den bewährten Feldherrn Gajus Marius, zum Konsul und wählte ihn, der Verfassung zuwider, in den drei folgenden Jahren erneut. Dieser tatkräftige, hochqualifizierte Mann schuf durch eine radikale Neuorganisation des Heeres eine schlagkräftige Armee, mit der er im Jahre 102 v. Chr. den Teutonen bei Aquae Sextiae (Aix-en-Provence) entgegentrat und sie vernichtend schlug. Sodann wandte er sich zurück nach Oberitalien, wo inzwischen die Kimbern die Poebene erreicht hatten. Auf die Forderung kimbrischer Unterhändler, ihnen und ihren teutonischen Brüdern Land zur Verfügung zu stellen, antwortete er voll Hohn, ihre Brüder, die Teutonen, hätten schon Land zu ewigem Besitz erhalten. Daraufhin verlangten die Kimbern, Marius möge Ort und Zeit der Schlacht bestimmen. Marius tat ihnen diesen Gefallen und vernichtete auch die Kimbern in der Schlacht von Vercellae im Jahre 101 v. Chr. fast vollständig, wobei sich allerdings die besonderen Witterungsbedingungen sehr zu seinen Gunsten auswirkten.[4]

Bis heute rätselt man, was der Grund für die Wanderung der Kimbern und Teutonen und der vielen nachfolgenden germanischen Völkerbewegungen war. Denn seit dieser Zeit drängten germanische Stämme viele Jahrhunderte lang, ausgehend von ihren ursprünglichen Wohnsitzen in Südskandinavien, Jütland und Norddeutschland, ständig nach Westen, Süden und Osten. Dieses Völkergeschiebe war die Ursache für das Vordringen der Sueben nach Gallien, für die Markomannenkriege und für die Wanderung der Goten nach Südrußland, um nur einige Beispiele zu nennen. War es Überbevölkerung? Waren es Hungersnöte infolge schlechter Ernten oder einer Klimaverschlechterung? Oder war es einfach nur Abenteuerlust und Ruhmsucht? Auslöser für den Aufbruch der Goten, Vandalen und Burgunder nach Westen war sicherlich der im Jahre 375 einsetzende Hunnensturm. Aber die Langobarden zogen nach Italien, als Attila schon über 100 Jahre tot war und die Hunnen längst aus Europa abgezogen waren. Vielleicht war es ja nur der Appetit auf das Land, wo Milch und Honig fließen, wo das ganze Jahr die Sonne scheint, wo unermeßliche Beute lockte und wo man besser und komfortabler leben konnte als irgendwo sonst.

Denn selbstverständlich wußte man schon vor dem Zug der Kimbern und Teutonen voneinander. Handelsbeziehungen, z. B. zum Tausch von Bernstein, bestanden schon seit der Bronzezeit. Durch reisende Kaufleute erhielt man zu allen Zeiten Nachrichten über fremde Länder und Völker und fand ein immer mehr oder weniger intensiver Kulturaustausch statt. So ist sehr interessant, daß die germanische Runenschrift, die etwa um die Zeit der Wanderungen der Kimbern und Teutonen entstand, nach dem Vorbild eines südeuropäischen, wahrscheinlich nordetruskischen Alphabets erfunden wurde. Eine reizvolle Hypothese ist, daß Überlebende der Schlachten von Aquae Sextiae und Vercellae die Initiatoren dieser Schrift waren. Denn mit Sicherheit hat es Überlebende gegeben, die heimgekehrt sind.[5] Als der römische Feldherr Tiberius im Jahre 5 n. Chr. eine Flottenexpedition entlang der Nordseeküste unternahm, verhandelte er auch mit den Kimbern in Jütland, bei denen die Erinnerung an die mehr als 100 Jahre zurückliegenden Kämpfe ihrer Vorfahren mit den Römern noch lebendig war. Sie schickten daraufhin eine Gesandtschaft nach Rom, die mit dem Kaiser über den Abschluß eines Friedensvertrages verhandeln und ihm als Geschenk „den heiligsten Kessel" überbringen sollte, den die Kimbern besaßen. Er könnte dem Kessel von Gundestrup, der sich heute im Nationalmuseum in Kopenhagen befindet, geähnelt haben.

Indessen begann das gegenseitige intensive Kennenlernen von Römern und Germanen, das sich nicht nur auf reisende Kaufleute und wenige Führungskräfte beschränkte, sondern alle Bevölkerungsschichten erfaßte, einen regen Kulturaustausch und den Übertritt vieler Germanen in römische Dienste zur Folge hatte, erst mit der Begegnung zwischen Caesar und Ariovist 58 v. Chr. in Gallien, der Unterwerfung der linksrheinischen germanischen Stämme durch Caesar und das Vorschieben der Grenze des Römischen Imperiums an den Rhein.

Um das Jahr 72 v. Chr. überschritt der Suebenkönig Ariovist mit etwa 15.000 Kriegern den Rhein. Die keltischen Sequaner, die von den in Burgund lebenden keltischen Häduern bedrängt wurden, hatten ihn zu Hilfe gerufen. Ariovist besiegte die Häduer, ließ sich von den Sequanern als Lohn für seine Waffenhilfe ein Drittel ihres Landes und bald darauf ein weiteres Drittel übereignen und machte keinerlei Anstalten, das Land wieder zu verlassen, sondern erhielt im Gegenteil weiteren Zuzug aus der Heimat. Sein rasch anwachsendes Heer rekrutierte sich aus einer Vielzahl germanischer Stämme, neben Sueben auch Markomannen, Haruden, Triboker, Vangionen, Nemeter und Sedusier. Caesar nennt ihn daher rex Germanorum, König der Germanen. Die Aufforderung Caesars, Gallien wieder zu verlassen, wies Ariovist brüsk zurück. Er sei schließlich auf Bitten der Gallier in dieses Land gekommen, er und seine Germanen hätten daher ein besseres Recht an diesem Land als Caesar und die Römer. Als schließlich beide Heerführer, Caesar und Ariovist, begleitet von je 10 bewaffneten Reitern, zu einer Unterredung zusammentrafen, zeigte sich, wie gut der Germane über die römischen Verhältnisse, insbesondere über die Querelen im Senat, unterrichtet war. Er wies nämlich darauf hin, daß er vielen Edlen und Vornehmen des römischen Volkes einen Gefallen täte, wenn er Caesar töten würde. Die Unterredung endete ohne Ergebnis. Wenige Tage später kam es in der Nähe des heutigen Besancon zwischen beiden Heeren zur Entscheidungsschlacht, in der die Germanen eine vernichtende Niederlage erlitten. Nur ein kleiner Teil ihres Heeres, darunter auch der verwundete Ariovist, konnte sich auf das rechte Rheinufer retten. Über das Ende des Ariovist ist nichts bekannt.

Caesar unterwarf nun im Zuge der Eroberung Galliens auch die linksrheinisch siedelnden Germanenstämme, nämlich die Tungrer, Nervier, Treverer, Wangionen, Nemeter und Triboker. Im Jahre 55 v. Chr. mußte er dann erneut dem Vormarsch rechtsrheinischer Germanenstämme entgegentreten. Die Usipeter und Tenkterer, die von den Sueben aus ihren rechtsrheinischen Stammsitzen verdrängt worden waren, überschritten den Rhein in der Gegend von Nymwegen und baten Caesar um Landzuweisung. Dieser setzte ihre sämtlichen Anführer und Ältesten, als diese sich zu Verhandlungen im Lager der Römer aufhielten, gefangen und richtete dann unter den führerlosen Germanen ein schreckliches Blutbad an. 400.000 Menschen sollen dabei hingeschlachtet worden sein.[6] Diese ruchlose Tat empörte sogar anständige Römer, so daß Cato im Senat forderte, Caesar an die Germanen auszuliefern. Caesar zeigte sich jedoch unbeeindruckt. Er schlug in nur 10 Tagen eine hölzerne Brücke über den Rhein und führte sein Heer zu einer Machtdemonstration ins Landesinnere Germaniens. Das gleiche wiederholte er zwei Jahre später. Der Eindruck, den diese Ereignisse bei den Germanen hinterließen, war tief, und ihr Respekt vor den römischen Legionen groß. Noch größer war ihre Bewunderung für die Feldherrnkunst und die rücksichtslose Entschlossenheit Caesars, so daß sie fortan dem jeweils mächtigsten Mann der Alten Welt seinen Namen gaben: Caesar = Kaiser.

Der Rhein war nun die Grenze zwischen dem Römischen Imperium und dem freien Germanien. Doch über diesen Strom hinweg entwickelten sich in den folgenden Jahrzehnten intensive Beziehungen, was sicherlich damit zusammenhing, daß die linksrheinischen Germanen jetzt zwar romanisiert wurden, den Kontakt zu ihren rechtsrheinischen Landsleuten jedoch aufrechterhielten. Viele Germanen traten in den römischen Militärdienst ein und erfreuten sich dort wegen ihrer Tapferkeit und Treue großer Wertschätzung, so daß die Leibwache des Kaisers Augustus ausschließlich aus Germanen bestand. Der Adel schickte seine jungen Leute zur Ausbildung nach Rom, Gesandte und Händler lernten die römischen Städte, römische Technik und römische Zivilisation kennen, so daß fortan die Germanen, insbesondere ihre Führungsschicht, sehr konkrete Kenntnisse über die Römer und deren Imperium besaßen.

Umgekehrt hatte Caesar seine Landsleute durch seine Schrift „De bello Gallico", ein sieben Bücher umfassender Bericht über die Eroberung Galliens, mit den Germanen und ihrer völlig andersartigen Lebensweise bekannt gemacht, so daß seitdem die römische Öffentlichkeit, ihre Schriftsteller und Historiker ein besonderes Interesse an den Germanen zeigten. In prophetischer Weitsicht ließ der römische Dichter Vergil (70-19 v. Chr.) bei Caesars Tod den germanischen Himmel vom Getöse der Waffen erzittern.[7]

48

Doch zunächst ging es am Rhein relativ friedlich zu. Allerdings herrschte im Inneren Germaniens große Unruhe. Die elbgermanischen Stämme, die damals mit dem Sammelnamen Sueben bezeichnet wurden,[8] drängten in den letzten vorchristlichen Jahrzehnten ständig über die Elbe nach Westen, machten den dort ansässigen westgermanischen Stämmen ihr Land streitig und drückten sie dadurch gewissermaßen gegen den Rhein.[9] Im Jahre 38 v. Chr. gestattete daher der römische Feldherr Agrippa dem germanischen Stamm der Ubier die Übersiedlung vom rechten auf das linke Rheinufer. Sie gründeten dort die Stadt Köln. Doch der ständige Druck auf die Rheingrenze hielt an, so daß es immer wieder zu kleineren Zwischenfällen, im Jahre 25 v. Chr. auch zu einem römischen Vorstoß über den Rhein kam, bis schließlich im Jahre 16 v. Chr. die Situation eskalierte. Die Tenkterer, Sugambrer und Usipeter, die zwischen den Mündungen der Lippe und des Mains siedelten, überschritten unter Führung des Sugambrers Maelo den Rhein und zogen plündernd durch Gallien. Als die Römer ihm die 5. Legion unter Führung des Legaten Lollius entgegensandten, schlugen sie diese vernichtend, so daß ihnen sogar der Adler in die Hände fiel.

Dieses Ereignis war der Auslöser für eine neue Strategie der Römer gegenüber den Germanen.[10] Sie beschlossen, Germanien bis zur Elbe zu erobern und zu unterwerfen. Ob sie schon jetzt beabsichtigten, die Grenze des Römischen Reiches bis zur Linie Elbe-Sudeten-March vorzuschieben und Germanien zur römischen Provinz zu machen, wie die ältere Forschung meint,[11] oder ob diese Absicht erst den Feldzügen des Tiberius 4-6 n. Chr. zugrunde lag, läßt sich nicht beweisen.

Zur Vorbereitung dieses großen Eroberungskrieges beauftragte Kaiser Augustus seine Stiefsöhne Tiberius und Drusus, zunächst das Alpenvorland bis zur Donau zu erobern. Dieser Feldzug wurde im Jahre 15 v. Chr. erfolgreich durchgeführt, und das eroberte Gebiet wurde in die Provinzen Raetia und Noricum gegliedert und dem Römischen Imperium einverleibt. Sodann begab sich Kaiser Augustus persönlich nach Gallien und an den Rhein, um die Offensive gegen die Germanen vorzubereiten. Innerhalb von drei Jahren wurden allein 50 Kastelle längs des Rheins errichtet, unter ihnen Xanten und Mainz, wurde ein Föderatenvertrag mit den im Rheindelta siedelnden Batavern geschlossen und mit deren Hilfe ein schiffbarer Kanal vom Rhein zur Zuidersee gebaut, die sog. fossa Drusi. Die Bataver waren ursprünglich ein Teil der Chatten gewesen. Als sie nach inneren Zwistigkeiten vertrieben wurden, ließen sie sich im Rheindelta nieder.[12]

Das Oberkommando über die römische Rheinarmee erhielt Drusus, der nicht nur ein hervorragender und umsichtiger Feldherr war, sondern auch Charisma hatte. Seine Charakterisierung durch antike Autoren faßt Mommsen so zusammen: „Ein Bild männlicher Schönheit und von gewinnender Anmut im Verkehr, ein tapferer Soldat und ein tüchtiger Feldherr, dazu ein erklärter Lobredner der alten republikanischen Ordnung und in jeder Hinsicht der populärste Prinz des kaiserlichen Hauses."[13]

Als dann die Germanen im Jahre 12 v. Chr. unbeeindruckt von den römischen Kriegsvorbereitungen erneut versuchten, den Rhein zu überschreiten, eröffnete Drusus seinerseits die Offensive. Die verbündeten germanischen Stämme hatten bereits im voraus die Beute, die sie in Gallien zu machen gedachten, unter sich aufgeteilt. So sollten die Sugambrer die Gefangenen, die Cherusker die Pferde und die Sueben alles Gold und Silber erhalten. Doch es kam anders. Die römischen Legionen warfen die Germanen über den Strom zurück und brandschatzten nun ihrerseits das Land der Sugambrer. Dann schiffte Drusus sein Heer, dessen Stärke man auf 4-5 Legionen schätzt, ein, führte die Flotte durch den neuerbauten Kanal in die Nordsee, erstürmte die Insel Burchanis (Borkum), fuhr sodann die Ems aufwärts, besiegte die Friesen und Brukterer, kehrte dann aufs Meer zurück und fuhr in die Wesermündung, wo er erneut an Land ging und die Chauken unterwarf. Mit den unterworfenen Stämmen schloß er Verträge, durch die sie zu militärischer Hilfeleistung verpflichtet wurden. Diese Verträge bestanden auch sogleich ihre erste Bewährungsprobe, denn als die römische Flotte auf ihrer Rückfahrt durch die Nordsee in schwere See geriet und aufs Wattenmeer gedrückt wurde, leisteten die Friesen Hilfe und gaben den Legionen sicheres Geleit.

Im folgenden Jahr 11 v. Chr. begann die Landoffensive. Drusus überschritt mit seiner gesamten Streitmacht den Rhein, besiegte die Sugambrer, Chatten und Cherusker und wandte sich dann erneut gegen die Chauken, die offenbar die angegriffenen Nachbarn unterstützt hatten. Doch auf dem Rückmarsch gerieten die Römer in große Bedrängnis. Bei Arbalo, dessen Lage leider unbekannt ist, wurden sie in einem Engpaß von den Germanen umzingelt und angegriffen. Nur die Disziplin der Legionen einerseits und die ungezügelte Beutegier der Germanen andererseits verhinderte die Vernichtung der Römer. So gelang es letzteren, die drohende Niederlage in einen Sieg zu verwandeln. Sie zogen sich danach auch keineswegs hinter den Rhein zurück, sondern blieben in dem neuerrichteten Lager Oberraden an der Lippe, das für zwei Legionen Platz bot, und in einem zweiten Lager im Gebiet der Chatten, den Winter über in Germanien.

Im folgenden Jahr 10 v. Chr. marschierten die Legionen gegen die Chatten (Hessen), die sich erneut gegen die Römer erhoben hatten. In zweijährigen erbitterten Kämpfen wurden die Chatten besiegt und unterworfen. In dieser Zeit setzte sich der volkreiche Stamm der Markomannen, der östlich der Chatten im oberen Maingebiet siedelte, nach Böhmen ab, wohl in der richtigen Einschätzung, daß andernfalls sie das nächste Ziel und Opfer der römischen Eroberungspolitik seien.[14] Ihr König Marbod war in Rom ausgebildet worden und kannte die Stärke der römischen Weltmacht. Er betrieb daher während der gesamten Dauer des römisch-germanischen Krieges eine konsequente Beschwichtigungspolitik, die jedoch sowohl für ihn persönlich als auch für die bedrohten Germanenstämme unklug und verhängnisvoll war, wie wir noch sehen werden. So konnte Drusus im Jahre 9 v. Chr. ohne großen Widerstand bis zur Elbe vordringen, die er jedoch, offenbar einer kaiserlichen Weisung folgend, nicht überschritt. Auf dem gegenüberliegenden Elbufer erwartete ihn ein Heer der Semnonen, und eine germanische Priesterin soll ihm zugerufen haben: „Wohin in aller Welt willst du, unersättlicher Drusus? Es ist dir nicht beschieden, alles hier zu schauen. Kehr um! Denn das Ende deiner Taten und deines Lebens ist da."[15] Tatsächlich stürzte Drusus auf dem Rückmarsch von der Elbe zum Rhein vom Pferd und brach sich ein Bein. Als diese Nachricht Kaiser Augustus erreichte, sandte er Tiberius zu dem verunglückten jüngeren Bruder. Nur von einem Germanen begleitet ritt dieser innerhalb von 24 Stunden 200 Meilen tief ins rechtsrheinische Germanien,[16] wo er den Bruder noch lebend antraf. Doch wenige Tage später starb Drusus.

Dem Tod des Drusus folgte jedoch kein militärischer Rückschlag für die Römer. Vielmehr führte Tiberius, der von Kaiser Augustus zum Nachfolger des Drusus bestimmt wurde, die Eroberung Germaniens mit großer Härte und Konsequenz zu Ende. Alle germanischen Stämme zwischen Rhein und Elbe mußten die römische Herrschaft förmlich anerkennen. Und die Sugambrer, die bis zum Schluß Widerstand leisteten, wurden kurzerhand auf das linke Rheinufer in die Nähe des Lagers Xanten umgesiedelt.[17] Rund 40.000 Menschen wurden ihrer Heimat entrissen, mußten ihre Höfe, Dörfer und Heiligtümer verlassen. Die übrigen am rechten Rheinufer siedelnden Stämme wurden ins Landesinnere zurückgedrängt, so daß östlich des Rheins ein siedlungsfreier Raum entstand. Längs der Lippe wurden weitere Militärlager errichtet und durch das Sumpfgebiet zwischen Rhein und Ems wurde ein Damm gebaut, die sog. pontes longi, die „Langen Brücken", die vermutlich von Xanten bis in die Gegend der heutigen Stadt Rheine führten.

Nach diesen Gewaltaktionen herrschte für einige Jahre Ruhe zwischen Rhein und Elbe. Germanien – und damit ist in den Okkupationsjahren immer nur das Gebiet zwischen Rhein und Elbe gemeint –[18] galt nun als fester Bestandteil des Römischen Imperiums. Die antiken Schriftsteller Florus, Velleius Paterculus und Aufidius Bassus berichten übereinstimmend, daß jetzt absoluter Friede geherrscht und Germanien sich im Zustand einer beinahe tributpflichtigen Provinz befunden habe. In der Tat ist aus den folgenden Jahren nur eine einzige militärische Aktion überliefert. Der römische Statthalter von Illyrien, L. Domitius Ahenobarbus, stieß von der Donau aus bis zur Elbe vor, überschritt diese – vermutlich in Böhmen – und errichtete auf dem östlichen Elbufer einen Augustusaltar, an dem der römische Kaiser Augustus wie ein Gott verehrt werden sollte. Sodann wies er den Hermunduren Siedlungsplätze im ehemaligen Stammesgebiet der Markomannen an, ohne das letztere sich widersetzten.

Doch der Friede hielt nur wenige Jahre. Unmittelbar nach der Zeitenwende kam es zu Aufständen der Cherusker und Chauken, die ihre Nachbarstämme mitrissen, so daß sich binnen kurzer Zeit ganz Germanien in Aufruhr befand. Velleius Paterculus spricht von einem „gewaltigen Krieg".[19] Der damalige römische Statthalter Vincius wurde mit der Situation nicht fertig, so daß Augustus erneut Tiberius nach Germanien schickte. Diesem gelang es in den Jahren 4-6 n. Chr., die Germanen in mehreren Feldzügen niederzuwerfen. Zunächst wurden die Cherusker und Brukterer besiegt, dann die Chauken, schließlich die Langobarden an der Elbe. Auch wurde erneut die Flotte eingesetzt. Sie fuhr die Nordseeküste hinauf bis zu den Kimbern, wendete dann und fuhr elbaufwärts, wo sie sich mit dem Landheer vereinigte.

Diesmal beließen es die Römer nicht bei der militärischen Niederwerfung des Feindes, sondern jetzt sollte Germanien eine reguläre römische Provinz werden.[20] Zu diesem Zweck wurde Quintilius Varus, bisher Statthalter in Syrien, zum Statthalter Germaniens bestellt. Varus begann sofort, die römische Zivilverwaltung mit rigoroser Steuereintreibung, Rechtsprechung nach römischem Recht und in lateinischer Sprache, mit willkürlichen Leibesu. Todesstrafen einzurichten und durchzusetzen.

Doch damit nicht genug. Auch der süddeutsche Raum zwischen Main, March und Donau sollte Teil des Römischen Imperiums werden. Dazu mußten die Markomannen unter ihrem König Marbod besiegt und unterworfen werden. Marbod hatte sich zwar in allen Germanenkriegen neutral verhalten und den Römern Freundschaft signalisiert, aber er war mit vielen ostelbischen Germanenstämmen bis hin zu den Goten an der unteren Weichsel verbündet und repräsentierte daher eine Macht, die für Rom eine Bedrohung darstellen konnte. Diese Macht sollte beseitigt werden.

Der Feldzug, der im Jahre 6 n. Chr. begann, war von Tiberius wie gewohnt sorgfältig vorbereitet und genial geplant worden. Mit insgesamt 12 Legionen, das war die doppelte Stärke der Marbod zur Verfügung stehenden Streitmacht von ca. 70.000 Mann zu Fuß und 4000 Reitern, rückten die Römer in einer großen Zangenbewegung gegen Böhmen vor. Die Rhein-Legionen marschierten mainaufwärts, wobei sie u. a. das dort vor wenigen Jahren entdeckte Lager Marktbreit errichteten. Die illyrischen Legionen überschritten bei Carnuntum, unweit der Mündung der March, die Donau und rückten von Süden aus vor. Das Schicksal der Markomannen schien besiegelt. Da rettete sie ein unerwartetes Ereignis. In Pannonien brach ein gewaltiger Aufstand los, der Augustus veranlaßte, sofort den Markomannenfeldzug abzubrechen und Tiberius mit den 12 Legionen nach Pannonien zu beordern. Der Pannonienaufstand nahm tatsächlich bedrohliche Ausmaße an und die Römer benötigten drei Jahre, um ihn niederzuwerfen.

Marbod nutzte diese große Chance jedoch nicht. Statt sich mit den Pannoniern zu verbünden und den abziehenden römischen Legionen in den Rücken zu fallen, setzte er seine Beschwichtigungspolitik fort und schloß mit den Römern einen Freundschaftsvertrag.

## Die Varusschlacht

Im Jahre 9 n. Chr. trat ein Mann ins Rampenlicht der Geschichte, dessen Namen bald alle Römer und Germanen kannten: Arminius. Wer war dieser Mann?

Leider berichten die antiken Autoren nur sehr wenig über Lebensdaten, Charakter und Fähigkeiten des Arminius, so daß das meiste aus seinen Handlungen erschlossen werden muß. Geboren wurde er mit hoher Wahrscheinlichkeit im Jahre 16 v. Chr., dem Jahr des Sieges der verbündeten Brukterer und Tenkterer über die Armee des Lollius, also des Ereignisses, das zum Anlaß für die Eroberung Germaniens wurde. Das Geburtsjahr folgert man aus der Mitteilung des Tacitus,[1] daß Arminius 37 Jahre gelebt habe, davon 12 im Besitze der Macht. Da seine Macht durch den Sieg über die Römer im Jahre 9 n. Chr. begründet wurde, gilt das Jahr 21 als sein Todesjahr. Er fiel „durch die Hinterlist seiner Verwandten", wurde also ermordet. Da Tacitus an gleicher Stelle berichtet, daß im Jahre 19 n. Chr. der Chattenfürst Adgandestrius den Römern angeboten habe, Arminius zu ermorden, falls man ihm zur Ausführung der Tat Gift schicke, gibt es auch die Meinung,[2] Arminius sei bereits im Jahre 19 n. Chr. ermordet worden und demzufolge schon im Jahre 18 v. Chr. geboren. Dies würde aber bedeuten, daß er bereits seit dem Jahre 7 n. Chr. im Besitz der Macht gewesen sei. Hierfür gibt es jedoch keinerlei Anhaltspunkt. Alle dafür angeführten Gründe sind reine Vermutungen.[3]

Arminius war also im Jahre 9 n. Chr. 25 Jahre alt, nach heutigen Begriffen unglaublich jung für das Unternehmen, das er erfolgreich organisierte und führte. Aber für seine Zeit war dies nicht ungewöhnlich. Sein direkter Gegenspieler, der römische Feldherr Germanicus, war sogar noch ein Jahr jünger, und dessen Vater Drusus war auch erst 26 Jahre alt, als er im Jahre 12 v. Chr. mit dem römischen Oberbefehl für den Krieg gegen die Germanen betraut wurde.

Arminius war ein Sohn des Cheruskerfürsten Sigimer.[4] Dieser Fürst war nicht der Alleinherrscher der Cherusker, sondern einer von mehreren herausragenden adeligen Führern, denn die westgermanischen Stämme kannten, wie dargetan,[5] keine monarchische Spitze, sondern waren demokratisch organisiert, wobei die angesehensten Adelsfamilien den Ton angaben und die Anführer stellten. Bei den Cheruskern kennen wir mindestens drei solche tonangebenden Persönlichkeiten, hinter denen jeweils eine starke Gefolgschaft stand, nämlich Arminius, sein Onkel Inguiomerus, der ein Bruder seines Vaters Sigimer war, und Segestes. Segestes hatte ebenfalls einen Bruder Sigimer oder Segimer. Dieser ist jedoch keinesfalls mit dem Vater des Arminius identisch, denn der Bruder des Segestes war ein Römerfreund,[6] der Vater des Arminius hingegen einer der Anführer des Aufstandes.[7] Außerdem: Wäre der Vater des Arminius ein Bruder des Segestes gewesen, so hätte Arminius mit Thusnelda, der Tochter des Segestes, seine Cousine geheiratet, was germanischen Sittengesetzen widersprochen hätte, denn man wählte den Ehepartner grundsätzlich aus einer fremden Sippe. Schließlich: Wäre Segestes ein Onkel des Arminius gewesen, so hätte dies Tacitus, der mehrfach über Segestes berichtet, mit Sicherheit erwähnt.

Man nimmt an, daß der Vater des Arminius zwischen 9 u. 16 n. Chr. gestorben ist, weil er im Jahre 9 noch als einer der Anführer des Aufstandes erwähnt wird, aber im Jahre 16 Arminius in dem Streitgespräch mit seinem Bruder Flavus nur von der Mutter spricht, nicht vom Vater. Angesichts des Respektes, den die Germanen dem Alter entgegenbrachten, berührt es allerdings merkwürdig, daß im Jahre 9 der Vater dem Sohn die Führung des Aufstandes überließ. Dies läßt sich nur so erklären, daß entweder der Vater im Jahre 9 bereits krank war oder aber dem Arminius, der als Führer

des bundesgenössischen Aufgebots der Cherusker über die zahl-
reichste und kampferprobteste Anhängerschaft verfügte, diese Stellung zwangsläufig zukam.

Arminius hatte noch einen jüngeren Bruder: Flavus, was Blonder bedeutet. Beide traten schon sehr jung in römische Dienste,
erhielten eine militärische Ausbildung und militärische Führungs-
posten, ferner das römische Bürgerrecht und die Würde eines Ritters. Für Arminius gilt dies als sicher.[8]

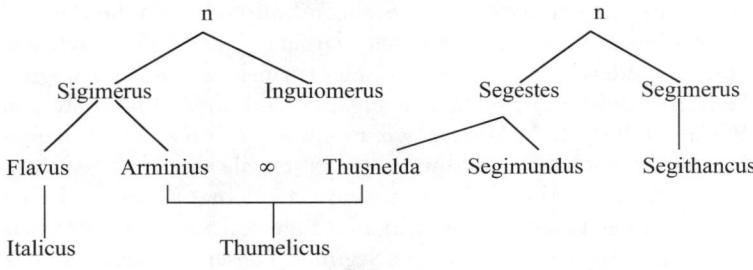

*Die Verwandtschaft des Arminius*

Velleius Paterculus, ein römischer Reiteroberst und Kriegskamerad
des Arminius, schildert dessen Persönlichkeit wie folgt: „Da
benutzte ein junger Mann von vornehmer Abkunft, persönlicher
Tapferkeit, rascher Auffassungsgabe und einer genialen Klugheit,
die jenseits der Begabung eines Barbaren liegt, die Stumpfheit des
Feldherrn zur Ausführung seines Frevels. Er hieß Arminius, war
der Sohn des Sigimer, eines Fürsten aus diesem Stamme. Schon sein
Gesichtsausdruck und seine Augen verrieten das Feuer seines Geistes. Er war ein ständiger Begleiter auf unserem früheren Feldzuge
gewesen und hatte sogar nach dem Recht des römischen Staates die
Würde eines Ritters erlangt. Treffend erkannte er, daß niemand
schneller überwältigt wird als der, der nichts Schlimmes ahnt, und
daß meistens der Anfang des Unglücks die Sorglosigkeit ist. Daher
machte er anfangs nur wenige, dann mehrere zu Vertrauten seines
Planes. Er behauptet und überzeugt sie, daß die Römer überwältigt
werden könnten, er läßt seinen Entschlüssen alsbald die Tat folgen
und setzt den Zeitpunkt für den Überfall fest."[9]

Umstritten ist, auf welchem Feldzug Velleius Paterculus und
Arminius Kriegskameraden waren. Angesichts des jugendlichen
Alters des Arminius kommt eigentlich nur der Pannonien-Feldzug
von 6-8 n. Chr. in Frage.[10] Möglicherweise hat Arminius dort eine
cheruskische Auxiliareinheit geführt. Ob aber zu jener Zeit eine
ständige cheruskische Ala oder Kohorte existierte, die auch außerhalb Germaniens zum Einsatz kam, ist sehr umstritten. Während
Timpe dies als möglich ansieht,[11] halten andere Historiker dies für
eher unwahrscheinlich.[12] Die Cherusker waren bereits von Drusus
(11 v. Chr.) und Tiberius (8 v. Chr.) unterworfen worden und mußten sich vielleicht schon damals zur Stellung von Hilfstruppen verpflichten. Nach dem großen Germanenaufstand kurz nach der Zeitenwende wurden sie im Jahre 4 n. Chr. erneut von Tiberius besiegt,
und spätestens jetzt mußten sie den Römern Hilfstruppen zur Verfügung stellen, wie dies auch von den Friesen, Batavern und Chauken erwiesen ist. Ob dies lediglich eine starke Gefolgschaft in lan-
desüblicher Ausrüstung und Kampfesweise oder eine straff organisierte und regelrecht ausgebildete Ala oder Kohorte war, muß offen
bleiben, weil nicht beweisbar.

In jedem Falle kehrte Arminius zwischen 7 und 9 n. Chr. in die
Heimat zurück. Dort fand er die Verhältnisse – offenbar zu seinem
Entsetzen – radikal verändert vor. Die Umwandlung des eroberten
Germaniens zwischen Rhein und Elbe in eine reguläre römische
Provinz war in vollem Gange, und der neue römische Statthalter
Quintilius Varus betrieb dieses Geschäft mit unerbittlicher, brutaler
Härte und Rücksichtslosigkeit, mit willkürlichen Züchtigungen
und Hinrichtungen, ohne jedes Empfinden für die Gefühle der
stolzen und freiheitsliebenden, jetzt brutal unterdrückten Bevölke-
rung. Die Situation wird von den antiken Autoren fast übereinstimmend beschrieben.

Dio: „Sie (die Germanen) gewöhnten sich an ihre Märkte und
hatten friedliche Zusammenkünfte. Aber den Geist der Väter, ihren
angeborenen Charakter, ihre selbstherrliche Lebensweise und ihre
Freiheit auf Grund ihrer Wehrhaftigkeit hatten sie nicht vergessen.
Daher empörten sie sich, solange sie nur allmählich und gewissermaßen schrittweise mit (der nötigen) Vorsicht (seitens der Römer)
ihre Eigenart verlernten, auch nicht über die Veränderung ihres

Lebens. Als aber Quintilius Varus die Statthalterschaft in Germanien übernahm und, während er die Verhältnisse bei ihnen auf Grund seiner Amtsgewalt zu regeln suchte, danach trachtete, sie auf einmal zu anderen Menschen zu machen und ihnen Vorschriften gab, als ob sie schon geknechtet wären, und nun gar Geldzahlungen von ihnen wie von Untertanen eintreiben wollte, war ihre Geduld zu Ende."[13]

Velleius Paterculus: „Als er (Varus) das Heer in Germanien befehligte, bildete er sich die Meinung, daß die Bewohner Menschen seien, die außer der Stimme und den Gliedern nichts von Menschen an sich hätten, und daß sie, die durch das Schwert nicht unterworfen werden konnten, durch das Recht gefügig gemacht werden könnten. Mit diesem Vorsatz drang er mitten in Germanien ein und verlor – wie unter Menschen, die sich der Süßigkeit des Friedens freuen – die Zeit für den Sommerfeldzug mit Rechtsprechungen und förmlichen Verhandlungen als Gerichtsherr."[14]

Florus: „Denn die Germanen waren mehr besiegt als unterworfen und beargwöhnten mehr unsere Sitten als unsere Waffen unter dem Befehl des Feldherrn Drusus. Nach seinem Tode begannen sie die Willkür und den Hochmut des Quintilius Varus ebensosehr zu hassen wie sein grausames Regiment."[15]

In dieser Situation gab es mit Sicherheit Diskussionen und Überlegungen innerhalb der germanischen Führungskreise, und zwar nicht nur bei den Cheruskern, sondern bei allen betroffenen Stämmen, ob und wie man die Verhältnisse verändern könne. Wie immer in vergleichbaren Situationen standen sich zwei Extrempositionen gegenüber, zwischen denen eine dritte zu vermitteln versuchte. Die eine Position, durch Segestes repräsentiert, waren die Realisten. Sie werden argumentiert haben, daß es absolut aussichtslos sei, die Weltmacht Rom für Dauer aus Germanien zu vertreiben, die Erfahrung aus den letzten 25 Jahren lehre, daß jeder derartige Versuch nur hohe Verluste an Menschen und materiellen Werten und noch größere Repressalien zur Folge haben werde. Den Germanen möge der eine oder andere Überraschungserfolg gelingen, aber auf Dauer sei Rom unüberwindlich.

Die entgegengesetzte Position vertraten die Idealisten, Revolutionäre und Feuerköpfe, die das Unmögliche möglich machen und

lieber untergehen wollten, als die gegenwärtigen Zustände auf
Dauer zu ertragen, etwa nach dem Schlachtruf der Stedinger Bauern „lewer dot as Slav!" (lieber tot als Sklave). Sie wurden repräsentiert durch Arminius. Aus der klugen, kontrollierten Handlungs-
weise des Arminius in den folgenden Auseinandersetzungen mit
den Römern kann man aber schließen, daß er bei aller Leidenschaft
und allem Ungestüm stets einen klaren, kühlen Kopf bewahrte. Er
wird mit seinen Erfahrungen aus dem pannonischen Feldzug argumentiert haben, wo die Bevölkerung drei Jahre lang 15 römischen
Legionen und 70 Kohorten Hilfstruppen hartnäckigen Widerstand
geleistet hatte. Er wird darauf hingewiesen haben, daß die Römer
bei kluger Kriegsführung unter Ausnutzung des unwegsamen,
wald- und sumpfreichen heimatlichen Geländes durchaus über-
windbar seien.

Dazwischen wird es vermutlich eine vermittelnde, abwartende,
unschlüssige, zaudernde Position gegeben haben, deren Repräsen-
tant Inguiomerus gewesen sein könnte. Bekannte Römerfreunde,
die sich durch Liebedienerei und Unterwürfigkeit persönliche Vorteile erhofften, wird man dagegen erst gar nicht angesprochen
haben. Mögliche Verräter wurden rechtzeitig festgenommen und
gefangengesetzt, so der Angrivarierfürst Boioculus.

All diese Überlegungen und Beratungen mußten streng geheim
bleiben, andererseits aber möglichst viele Stämme einschließen, um
die Erfolgsaussichten des Vorhabens zu erhöhen. Möglicherweise
wurde sogar Marbod angesprochen. Die Übersendung des Varus-
kopfes nach der siegreichen Schlacht im Teutoburger Wald läßt
einen solchen Rückschluß zu.

Arminius entwickelte einen konkreten Plan. Danach sollte das
römische Heer zunächst zahlenmäßig geschwächt werden, indem
Varus ersucht wurde, kleinere Kommandos auf verschiedene
Posten im Lande zu verteilen. Dort sollten sie am Tage X niederge-
macht werden. Das Gros der römischen Streitmacht sollte auf dem
Marsch angegriffen werden, weil es dann am verwundbarsten war.
Dazu sollte es in unübersichtliches Gelände gelockt werden, damit
einerseits die vereinigten Kampfverbände der Germanen sich von
mehreren Seiten unbemerkt nähern, andererseits die römischen
Legionen sich nicht entfalten und in Schlachtordnung formieren

konnten. Hierzu schien der Engpaß von Kalkriese, wo sich der am Nordhang des Wiehengebirges in Ost-West-Richtung verlaufende Helweg durch bewaldetes Bergland im Süden und ausgedehnte Sümpfe im Norden zu einem schmalen Durchlaß verengt, bestens geeignet.

Mit diesem Plan setzte sich Arminius letztlich durch. Er war nicht nur ein kluger Kopf, sondern hatte zweifellos auch Charisma. Das klingt nicht nur im Bericht des Velleius Paterculus an, wenn er sagt, „schon sein Gesichtsausdruck und seine Augen verrieten das Feuer seines Geistes", sondern kann man allein schon aus der Tatsache schließen, daß es ihm als 25-jährigem gelingt, die kriegs- und lebenserfahrenen, hoch angesehenen Führer der verbündeten Stämme, die vermutlich zum größten Teil älter waren als er, zu überzeugen und mitzureißen.

Die heimliche Organisation dieser Erhebung unter den Augen nicht nur des Statthalters Quintilius Varus, sondern der gesamten römischen Besatzungs- und Militärmacht war eine Meisterleistung, denn an der Verschwörung waren fast alle Stämme zwischen Rhein und Elbe beteiligt. Mit Gewißheit waren es außer den Cheruskern die Brukterer, Marser, Angrivarier, Chauken und Chatten. Da diese Stämme teilweise 100 km und mehr von den späteren Kampfplätzen entfernt siedelten, die Germanen das römische Heer aber bereits am zweiten Marschtag angriffen, mußten die Streitkräfte schon vor dem Abmarsch der Römer heimlich in ihre vorgesehenen Bereitschaftsräume geführt werden. Arminius hatte den Zeitpunkt des Überfalls im voraus genau bestimmt,[16] und zwar auf einen Tag im September.[17] Er muß daher auch auf den Abmarschtermin der Römer entscheidenden Einfluß gehabt haben, offenbar dadurch, daß er die Nachricht vom (fingierten) Aufstand entfernt wohnender Stämme zu einem genau berechneten Zeitpunkt übermittelte.

Doch am Vorabend des Losschlagens drohte das ganze Vorhaben durch Verrat zu scheitern. Varus und das römische Heer, bestehend aus der 17., 18. u. 19. Legion, 3 Reiterregimentern (Alen) und 6 Auxiliarkohorten, befanden sich im Sommerlager an der Weser. Die germanischen Anführer der unterworfenen Stämme, darunter auch die Cherusker Arminius, sein Vater Sigimerus sowie Segestes, waren ständig in der Nähe des Varus und oft seine Tischgenossen, so auch am Vorabend des Aufbruchs des Heeres. Bei dieser Gelegenheit verriet Segestes dem Varus die Verschwörung in ihrem ganzen Ausmaß. Er beschwor Varus eindringlich, Arminius und die Mitverschworenen, auch ihn selbst (Segestes), in Ketten zu legen, denn ohne ihre Anführer würden die Germanen den Aufstand nicht wagen. Dann könne er in Ruhe die Richtigkeit dieser Anschuldigung untersuchen. Doch Varus, dem die Rivalität zwischen Arminius und Segestes nicht verborgen geblieben war, vertraute mehr dem Arminius, wohl auf Grund seiner Verdienste im Pannonien-Feldzug, und rügte Segestes, er solle diese verdienten Männer nicht verleumden, zur Beunruhigung bestehe kein Grund.[18] So nahm das Verhängnis der Römer seinen Lauf.

Über den Verlauf der Varusschlacht geben vier antike Quellen von unterschiedlichem Umfang Auskunft. Sie widersprechen teilweise einander, so daß in der Forschung lange Zeit umstritten war, welche Darstellung die größte Glaubwürdigkeit besitzt.

Velleius Paterculus, der als Zeitgenosse und Kriegskamerad des Arminius mit den Schauplätzen des Geschehens und allen handelnden Personen bestens vertraut war, gibt uns nur eine kurze Zusammenfassung. Sein Versprechen, die Katastrophe in einem besonderen Geschichtswerk ausführlich darzustellen, hat er leider nicht eingelöst. Er schreibt: „Die Geschichte der furchtbaren Katastrophe, der schwersten, die Rom nach dem Falle des Crassus bei den Parthern in fremdem Lande erlitten hat, werde ich, wie schon andere vor mir, in einem besonderen Werke versuchen darzustellen, wie sie es verdient. Hier kann ich nur die Hauptsache mit Wehmut berichten. Das beste Heer von allen, das an Manneszucht, Tapferkeit und Kriegserfahrung unter den römischen Truppen das erste war, geriet durch die Stumpfheit seines Führers, die Tücke des Feindes und die Mißgunst des Schicksals in die Falle. Und da den Truppen nicht einmal ungehindert Gelegenheit gegeben wurde, zu kämpfen oder vorzurücken, falls sie es wollten, ja, sogar einzelne schwer bestraft wurden, weil sie römische Waffen gebraucht und römischen Mut gezeigt hatten, ward es, eingeschlossen durch Wälder, Sümpfe und Hinterhalt, bis zur Vernichtung von dem Feinde niedergehauen, den es stets wie das Vieh mit so unbeschränkter Gewalt niedergemetzelt hatte, daß über dessen Leben oder Tod bald der Zorn, bald die Gnade entschied. Der Feldherr hatte mehr Mut zum Sterben als zum Kämpfen, denn nach dem Vorbilde seines Vaters und Großvaters stürzte er sich selbst in das Schwert. Während aber von den beiden Lagerkommandanten L. Eggius ein leuchtendes Beispiel gab, gab Ceionius ein ebenso schmähliches: Als der größte Teil des Heeres gefallen war, zog er es vor, zu kapitulieren und, statt in der Schlacht zu fallen, sich hinrichten zu lassen. Ebenso gab Vala Numonius, der Legat des Varus, ein sonst ruhiger und rechtschaffener Mann, ein abscheuliches Beispiel: Er ließ das Fußvolk im Stich, so daß es ohne den Beistand der Reiterei war, und trat mit den Schwadronen die Flucht zum Rhein an. Doch die Rache des Schicksals traf ihn für diese Tat, denn er sollte die von ihm im Stich gelassenen nicht überleben: Den Verräter ereilte unterwegs der Tod. Die Leiche des Varus, die halb verbrannt war, hatte die Roheit des Feindes zerfleischt. Sein Kopf wurde abgehauen und dem Marbod überbracht, von diesem jedoch an den Kaiser gesandt. Er wurde trotzdem durch Beisetzung in dem Grabhügel seines Geschlechtes geehrt."[19]

Zuvor läßt Velleius Paterculus sich äußerst negativ über Varus aus: „Quintilius Varus, aus einer mehr bekannten als vornehmen Familie, war ein Mann von mildem Wesen, ruhigem Charakter, an Körper und Geist wenig regsam, mehr an das Nichtstun im Lager als an wirklichen Kriegsdienst gewöhnt. Wie wenig er übrigens das Geld verachtete, zeigte er in Syrien, dessen Statthalter er gewesen war. Arm kam er in die reiche Provinz und reich ging er aus der armen fort." Und weiter: „Sie (die Germanen) verleiteten den Quintilius zu äußerster Sorglosigkeit, bis zu einem solchen Grade, daß er wähnte, er spreche als Prätor in Rom auf dem Forum Recht und nicht, er kommandiere ein Heer mitten in Germanien!"

Ähnlich abwertend äußert sich Florus. Überhaupt verfolgen alle antiken Autoren die Tendenz, die Schuld an der Katastrophe allein der Sorglosigkeit und Unfähigkeit des Varus, der Heimtücke des Feindes und den ungünstigen Gelände- und Wetterbedingungen zuzuschreiben, dagegen das römische Heer von jedem Vorwurf freizusprechen.[20]

Dieses Urteil ist jedoch unzutreffend.[21] Varus war keineswegs militärisch unfähig. Immerhin gelang es ihm am ersten Kampftag,

das Heer trotz der friedensmäßigen Marschordnung zusammenzuhalten, auch schonte er sich selbst nicht, denn er wurde im Kampf
verwundet.[22] Was den Vorwurf der Heimtücke des Feindes betrifft,
so versteht es sich von selbst, daß ein Aufstand gegen eine
militärisch weit überlegene Besatzungsmacht nicht vorher
angekündigt werden kann, sondern heimlich vorbereitet und überraschend ausgeführt werden muß. Schließlich sind auch die Schilderungen über die Behinderungen des römischen Heeres durch die
Unbilden des Geländes und des Wetters maßlos übertrieben.

Florus gibt uns in seinem um 120 n. Chr. abgefaßten Geschichtswerk den folgenden Schlachtbericht: „Er (Varus) wagte es gar, einen
Gerichtstag zu veranstalten, und er hatte ihn mit wenig Bedacht
angesetzt, als ob er die Wildheit der Barbaren durch die Rutenbündel seiner Lictoren und die Stimme des Heroldes im Zaum halten
könnte. Die Germanen aber, die schon längst darüber knirschten,
daß ihre Schwerter rostig geworden und ihre Pferde steif würden,
sie greifen, als sie die römischen Togen und das Walten ihrer Justiz
sehen, die noch schlimmer war als ihre Waffen, unter Führung des
Arminius zur Wehr. Währenddessen wiegte sich Varus so sehr im
Vertrauen auf ihre friedliche Gesinnung, daß nicht einmal der Verrat ihrer Verschwörung durch Segestes, einen ihrer Fürsten, auf ihn
Eindruck machte! Daher griffen sie ihn, der unbesorgt war und
nichts derartiges ahnte, unversehens an, und als er sie – o Sorglosigkeit! – vor seinen Richterstuhl lud, brachen sie von allen Seiten her-
ein: Das Lager wurde geplündert, drei Legionen vernichtet. Varus
hatte nach dem Verlust des Lagers dasselbe Gefühl und Schicksal
wie Paulus nach dem Tage von Cannae. Nichts blutiger als jenes
Gemetzel in Sümpfen und Wäldern, nichts unerträglicher als der
Hohn der Barbaren, besonders gegen die Advokaten! Dem einen
stachen sie die Augen aus, dem andern hieben sie die Hände ab.
Einem wurde der Mund zugenäht, nachdem man ihm vorher die
Zunge abgeschnitten hatte. Mit ihr in der Hand rief ihm der Barbar
zu: „Endlich hast du aufgehört zu zischen, du Schlange!" Auch die
Leiche des Konsuls selbst, die die Pietät der Soldaten in der Erde
verborgen hatte, wurde ausgegraben. Bis heute haben die Barbaren
die erbeuteten Feldzeichen und zwei Adler im Besitz. Den dritten
riß der Bannerträger, ehe er in die Hand der Feinde fiel, aus der

Erde, barg ihn unter seinem Wehrgehenk, tauchte mit ihm in dem blutigen Sumpf unter und versank."[23]

Diese Darstellung galt schon vor den Ausgrabungen von Kalkriese als unglaubwürdig. „Die schriftstellerische Pointe war Florus wichtiger als die sachliche Berichterstattung. Deshalb spitzte er seine Erzählung gerne zu und brachte die Ereignisse in geraffter Form, ohne es schwer zu nehmen, wenn er dadurch die Überlieferung verfälschte."[24] So ist unvereinbar, daß einerseits die Germanen das Sommerlager des Varus erstürmt und darin alle drei Legionen vernichtet haben sollen, andererseits aber „nichts blutiger als jenes Gemetzel in Sümpfen und Wäldern" war. Auch das Gesagte über die Legionsadler ist falsch. Alle drei Adler gingen verloren und waren zu der Zeit, als Florus seinen Bericht schrieb, längst wieder in römischer Hand. Zwei verlorene Adler holten die Römer in den Feldzügen des Germanicus 15 u. 16 n. Chr. von den Marsern und Brukterern zurück, den dritten 41 n. Chr. von den Chatten. Der heldenhafte Untergang des Signifer, des römischen Bannerträgers, samt Adler im blutigen Sumpf ist also eine Mär. Möglicherweise sind auch die geschilderten Grausamkeiten einzelner Germanen nur eine phantasievolle Ausschmückung seines Berichtes.

Im übrigen ist durch die Ausgrabungen von Kalkriese nunmehr bewiesen, daß die Legionen auf dem Marsch angegriffen und vernichtet wurden, und zwar am Schlußtag in einem Engpaß zwischen Wäldern und Sümpfen.[25]

Die meisten Historiker sind daher der Auffassung,[26] daß die ausführliche Darstellung des Dio, ergänzt durch die Angaben über die Stätten des Kampfgeschehens bei Tacitus, der Wahrheit am nächsten kommt, wobei aber immer zu bedenken ist, daß die Behandlung militärischer Vorgänge nicht Dios Stärke war und daß auch er bestrebt war, die Schuld an der Katastrophe den ungünstigen Gelände- und Wetterbedingungen zuzuschieben, Ruhm und Ehre der Legionen hingegen möglichst unbefleckt zu lassen.

Dio schreibt: „Sie alle (die Germanen) lehnten sich zwar nicht offen auf, denn sie sahen, wieviele Römer am Rhein und wieviele in ihrem eigenen Lande standen. Vielmehr nahmen sie Varus auf, als ob sie all seine Gebote erfüllen würden, und lockten ihn fern vom Rheine fort in das Land der Cherusker und zur Weser. Und indem

sie dort auf das friedlichste und freundschaftlichste mit ihm ver-
kehrten, erweckten sie in ihm den Glauben, daß sie sich auch ohne
militärischen Zwang regieren lassen würden. Er hielt daher auch
seine Legionen – was doch in Feindesland angebracht gewesen
wäre – nicht zusammen, sondern stellte den Germanen, wenn sie
von seinen Truppen zahlreiche Mannschaften erbaten, weil sie
selbst dazu zu schwach wären, wie zur Sicherung gewisser Punkte
oder zur Ergreifung von Räubern und zum Geleit von Zufuhren,
diese bald hierfür, bald dafür zur Verfügung. Es waren aber die
eigentlichen Häupter der Verschwörer und des Kriegsplanes vor
allem Arminius und Sigimerus, die stets bei ihm weilten und oft
seine Tischgenossen waren. Wie er nun guter Dinge war und an
nichts Schlimmes dachte und allen, die das Unheil kommen sahen
und ihn warnten, den Glauben versagte, ja, sie gar noch ausschalt,
daß sie sich ohne Grund beunruhigten und jene Männer verleum-
deten, da empörten sich zuerst auf Grund geheimer Verabredung
einige entfernt wohnende Stämme, damit Varus, wenn er gegen
diese zöge, sie auf dem Marsche, in dem Glauben, durch befreun-
detes Land zu ziehen, um so leichter zu überrumpeln und nicht,
wenn sich plötzlich auf einmal das ganze Land gegen ihn erhöbe,
auf seiner Hut wäre."[27]

Nachdem wir wissen, daß die Römer vom Sommerlager an der
Weser in Richtung Kalkriese marschierten, handelte es sich bei diesen „entfernt wohnenden Stämmen" vermutlich um die Ampsiva-
rier und Chasuarier, die an der mittleren und unteren Ems siedelten. Den Ampsivarierfürst Boiocalus, einen Römerfreund, hatte
Arminius vorsorglich gefangengesetzt.[28]

Dio fährt dann fort: „Und so kam es wirklich. Sie begleiteten
ihn, wie er aufbrach," so daß sie genau wußten, in welcher Marschordnung das Heer vorrückte und welchen Weg es nahm, „dann verließen sie ihn unter dem Vorgeben, das bundesgenössische Aufge-
bot heranzuholen und ihm schleunigst Hilfe bringen zu wollen,
übernahmen ihre Streitkräfte, die irgendwo schon bereit standen,
ließen jeder die in seinem Gau stationierten römischen Soldaten, die
sie früher von Varus erbeten hatten, niedermachen und zogen nun
gegen ihn selbst, der mittlerweile in schwer passierbaren Wäldern
angelangt war." Das war der zweite Marschtag. „Da zeigten sie sich

auf einmal als Feinde statt als Untertanen und richteten unermeßliches Unheil an. Denn das Gebirge war reich an Schluchten und ungleichmäßig gestaltet, die Bäume dicht und übergroß, so daß die Römer, schon ehe die Feinde über sie herfielen, durch Fällen der Bäume, Bahnen von Wegen und Anlage von Brücken, wo es das Gelände erforderte, in arge Bedrängnis gerieten."

Unklar ist bis heute, wo sich das römische Sommerlager befunden hat. Wenn es nördlich der Porta Westfalica beim heutigen Minden lag, hätte das Heer auf dem Helweg, einem alten Verkehrsweg auf der Trasse der heutigen B 65/218, in Richtung Kalkriese – Entfernung ca. 65 km – marschieren können. Dann mußten weder Schluchten passiert noch Brücken geschlagen noch sonstige Hindernisse überwunden werden. Andererseits kann das Lager nicht, wie früher von manchen vermutet wurde, in der Nähe des heutigen Hameln an der Heerstraße von der Lippe zur Elbe gelegen haben, weil das Heer die Entfernung von ca. 110 km bis Kalkriese nicht in vier Tagen – so lange dauerte der Marsch laut Dio – zurückgelegt haben kann. Die normale Marschleistung römischer Legionen betrug 20-25 km pro Tag.[29] Angesichts der geschilderten Unbilden des Geländes und des Wetters war die konkrete Marschleistung vermutlich noch geringer. Wenn die Berichte über das unwegsame Gelände also nicht nur eine erfundene Zutat der antiken Autoren sind, – vielleicht schon erfunden durch die wenigen aus der Schlacht entkommenen römischen Soldaten, um die Niederlage zu entschuldigen, – muß das Sommerlager irgendwo zwischen Minden und Vlotho gelegen haben, so daß die Römer zunächst südlich des Wiehengebirges marschiert sind und erst später durch eine der Schluchten die nördlich dieses Gebirges verlaufende Heerstraße erreichten.

Interessant ist in diesem Zusammenhang eine Bemerkung Strabos,[30] eines Zeitgenossen der Varusschlacht, daß das römische Heer infolge mangelnder Landeskunde – und durch die Heimtücke und Angriffe der aus dem Hinterhalt im unwegsamen Wald- und Sumpfgelände kämpfenden Gegner – davon abgehalten wurde, die an sich nahen Heerstraßen zu erreichen. Solange man indessen weder das Sommerlager noch die Marschlager gefunden hat, kann man über den genauen Marschweg des Varusheeres nur spekulieren.

Dio setzt seinen Bericht wie folgt fort: „Sie (die Römer) führten auch viele Wagen und Saumtiere mit sich, wie mitten im Frieden. Auch zahlreiche Burschen und Weiber und der übrige riesige Troß folgte ihnen. Auch dieser Umstand veranlaßte sie, den Marsch in aufgelöster Ordnung zu machen. Dabei brach ein heftiger Regen und Sturm los und zersprengte die Kolonne noch mehr. Der Erdboden wurde an den Wurzeln und den unteren Stammenden der Bäume schlüpfrig, so daß sie bei fast jedem Schritt ausglitten. Baumkronen stürzten, vom Sturm zerschmettert, hernieder und brachten sie in Verwirrung. Während die Römer in dieser verzweifelten Lage waren, umzingelten die Barbaren sie plötzlich von allen Seiten, indem sie gerade aus dem dichtesten Gebüsch – kannten sie doch Weg und Steg – hervorbrachen. Anfangs schleuderten sie nur aus der Ferne ihre Geschosse, dann aber, wie sich keiner wehrte und viele Römer verwundet wurden, begannen sie das Handgemenge. Denn da die Römer weder in einer bestimmten Ordnung, vielmehr mit den Wagen und dem unbewaffneten Troß bunt durcheinander marschierten, noch sich ohne Schwierigkeiten dicht aneinander schließen konnten, und da ihre einzelnen Trupps schwächer als ihre jeweiligen Angreifer waren, so hatten sie viele Verluste, während sie selbst dem Feinde keinen Schaden zufügten. Dort nun schlugen sie ein Lager auf, nachdem sie einen geeigneten Platz – soweit davon in dem waldigen Gebirge die Rede sein konnte – besetzt hatten."

Die Marschordnung der Römer entsprach demnach derjenigen, die üblich war, wenn mit keinem feindlichen Angriff gerechnet wurde, d.h. jeder Legion wurde ihr Gepäck nachgeführt, so daß der Troß dreigeteilt war.[31] Da die Römer bis zum Aufeinandertreffen mit den entfernt wohnenden, im Aufstand begriffenen Stämmen – wie von Arminius gemeldet – noch viele Tagesmärsche benötigten, war diese Marschordnung weder sorglos noch chaotisch, sondern durchaus korrekt. Immerhin gelang es den angreifenden Germanen nicht, die Marschkolonnen zu durchbrechen und zu trennen, so daß am Abend ein reguläres Lager für das gesamte Heer errichtet werden konnte, was auch Tacitus bestätigt.[32] Folglich kann auch die Angabe, die Römer hätten sich nicht gewehrt, nicht richtig sein.

Den dritten Marschtag, der zugleich der zweite Kampftag war, schildert Dio so: „Darauf brachen sie am anderen Morgen, nachdem sie die Mehrzahl der Wagen und alles übrige, was sie nicht unbedingt brauchten, verbrannt oder zurückgelassen hatten, immerhin in etwas besserer Ordnung auf, so daß sie bis zu einer unbewaldeten Stelle vorrücken konnten. Aber ihr Abzug war nicht ohne blutige Verluste gewesen. Als sie von dort aufgebrochen waren, gelangten sie aufs neue in Wälder. Dabei wehrten sie sich zwar gegen ihre Angreifer, doch hatten sie gerade hierbei bedeutende Verluste, denn wenn sie sich auf engem Raum dicht aneinander schlossen, damit Reiter und Legionäre den Feind vereint angriffen, dann kamen sie oft im Gedränge miteinander, oft auch über die Baumwurzeln zu Fall." An diesem Abend wurde nur noch ein notdürftiges Lager errichtet.

Der vierte Tag brachte dann das Ende. Dio: „So brach der vierte Tag ihres Marsches an. Da überfiel sie aufs neue ein Sturzregen und ein furchtbarer Sturm, so daß sie weder vorwärts marschieren noch festen Fuß fassen konnten, ja, das Wetter machte ihnen sogar den Gebrauch ihrer Waffen unmöglich, denn sie konnten weder ihre Pfeile noch ihre Wurfspieße oder auch nur ihre Schilde, die völlig durchnäßt waren, ordentlich gebrauchen. Den Feinden dagegen, die größtenteils leicht bewaffnet waren und ohne Gefahr die Möglichkeit zum Angriff und zum Zurückweichen hatten, war dies weniger hinderlich." Hier übertreibt Dio die Nachteile der Römer und die Vorteile der Germanen gewaltig, denn bei der Schilderung der Schlacht am Angrivarierwall 16 n. Chr. berichtet Tacitus genau das Gegenteil, daß nämlich die Germanen im Waldkampf im Nachteil seien, weil sie nicht genügend Platz hätten, um ihre langen Speere zu gebrauchen.[33]

Weiter Dio: „Außerdem waren diese weit in der Überzahl, denn es waren auch viele von den übrigen, die vorher Aufklärerdienste geleistet hatten, von anderen Gründen abgesehen, vor allem zum Beutemachen zusammengeströmt, während die Zahl der Römer bereits zusammenschmolz, denn viele von ihnen waren in den vorhergehenden Gefechten gefallen. Daher umzingelten sie mit geringer Mühe die Römer und hieben sie nieder. Da entschlossen sich Varus und die übrigen hohen Offiziere aus Angst, gefangen oder gar von ihren erbitterten Feinden getötet zu werden, zumal sie bereits verwundet waren, zu einer schrecklichen, aber unvermeidlichen Tat: Sie stürzten sich in ihr eigenes Schwert. Als dies bekannt wurde, da gab auch jeder andere, selbst wenn er noch im Vollbesitz seiner Kräfte war, die Gegenwehr auf. Die einen ahmten das Beispiel ihres Feldherrn nach, die anderen warfen sogar die Waffen fort und ließen sich von dem ersten besten niedermachen, denn an Fliehen war nicht zu denken, selbst wenn sie es noch so gern gewollt hätten. So wurde denn von den Barbaren ohne Scheu alles niedergemetzelt, Mann und Roß."

Dies geschah im Engpaß von Kalkriese.[34] Wie Velleius Paterculus berichtet,[35] trat die Reiterei die Flucht nach vorn an und durchbrach den Engpaß, kam indessen nicht weit, sondern wurde ebenfalls von den Germanen überwältigt und niedergemacht. Drei Legionen, drei Alen, sechs Auxiliarkohorten und der gesamte Troß, insgesamt etwa 30.000 Menschen, fanden den Tod. Es gab nur wenige Überlebende. Einige konnten sich zum Rhein durchschlagen. Aber es wurden auch Gefangene gemacht, die später, manche erst nach vielen Jahren, von den Römern befreit oder freigekauft wurden.[36]

Die Beute der Germanen war unermeßlich. Allein mit den Waffen von drei Legionen ließ sich die bis dahin mäßige Bewaffnung der Germanen – viele hatten nur Speere, keine Schwerter – erheblich verbessern, was für die Schlachten der folgenden Jahre bedeutsam war. Daneben bescherte der Troß den Germanen ungeahnten Reichtum, darunter sehr wahrscheinlich auch ein silbernes Tafelgeschirr, das vermutlich zum persönlichen Hausstand eines hohen Offiziers gehört hatte. Es wurde in zwei gleiche Hälften aufgeteilt. Die eine Hälfte entdeckten im Oktober 1868 preußische Soldaten bei der Anlage eines Schießplatzes auf dem Galgenberg südöstlich von Hildesheim. Lange war umstritten, ob dieser sog. Hildesheimer Silberschatz, der sich heute in den Staatlichen Museen Berlin befindet, in seinem ganzen Umfang aus augusteischer Zeit stammt und damit eine Beute aus der Varusschlacht darstellen kann. Heute wird diese Frage durchweg bejaht.[37] Die bereits bei Auffindung geäußerte Vermutung, daß der Schatz als Opfergabe für die Götter in einem germanischen Heiligtum niedergelegt wurde, gilt heute wieder als die wahrscheinlichste Erklärung.

Sechs Jahre später besuchte Germanicus mit seinem riesigen Heer von acht Legionen die Schlachtfelder des Varus. Der Bericht des Tacitus über diesen Besuch deckt sich im wesentlichen mit der Schilderung Dios. Er schreibt:[38] „Nach Voraussendung Caecinas, um die Schluchten des Waldgebirges zu durchspähen und Brücken und Dämme über Sumpfgewässer und trügerische Felder zu bauen, betreten sie die trauerreichen Orte, dem Blick wie der Erinnerung grauenvoll. Das erste Lager des Varus deutete durch den weiten Umfang und durch die Absteckung der Principien die Arbeit dreier Legionen unverkennbar an." Gemeint ist offensichtlich das erste Lager nach Beginn der Kämpfe, das am Ende des zweiten Marschtages errichtet wurde.

„Weiterhin erkannte man am halbeingestürzten Wall, am flachen Graben, daß sich hier der schon zusammengeschmolzene Rest festgesetzt hatte." Hiermit dürfte das nächste Lager am Ende des zweiten Kampftages gemeint sein. Die folgende Schilderung betrifft dann den dritten Kampftag, das Ende in Kalkriese: „Mitten auf der Walstatt sah man die bleichenden Gebeine der Kameraden, je nachdem, wie sie geflohen waren oder Widerstand geleistet hatten, zerstreut oder aufgehäuft. Daneben lagen Trümmer von Waffen und Pferdegerippe. An den Stämmen der Bäume waren Schädel angenagelt. In den benachbarten Waldlichtungen fanden sich Altäre der Barbaren, an denen sie die Tribunen und Centurionen ersten Grades geschlachtet hatten." Die Germanen hatten nach ihrem großen Sieg ganz offensichtlich ihrem Gott Wodan, dem Gott des Krieges und des Sieges, dem sie als einzigem Gott auch Menschenopfer darbrachten, ein Dankopferfest bereitet. Darauf deuten auch die als Opfergabe an den Bäumen befestigten Pferdeschädel hin, denn das Pferd war Wodan heilig.

Weiter berichtet Tacitus: „Dabei erzählten Kameraden, die jenes Blutbad überlebt hatten, weil sie der Schlacht oder der Gefangenschaft entronnen waren: Hier seien die Legaten gefallen, dort die Adler geraubt. Sie zeigten den Ort, wo Varus die erste Wunde empfangen, wo er sich mit der unseligen Rechten in sein eigenes Schwert gestürzt habe, und die Bodenerhöhung, von der Arminius zu seinen Kriegern gesprochen habe, wieviele Galgen für die Gefangenen und welche Gruben da gewesen seien, und wie er

(Arminius) die Feldzeichen und Adler im Übermut verhöhnt habe."

Das anwesende Heer sammelte voll Trauer und Erbitterung die Gebeine der drei Legionen und bestattete sie. Anschließend errichteten sie einen großen Grabhügel, den die Germanen allerdings kurz darauf wieder zerstörten.[39]

Die Ausgrabungen in Kalkriese haben das Ende des Varusheeres eindrucksvoll bestätigt. Nachdem der englische Captain und Hobbyarchäologe Tony Clunn[40] nach zahlreichen römischen Münzen, von denen keine nach 9 n. Chr. geprägt worden ist,[41] auch Schleuderbleie gefunden hatte, begann 1989 unter der Leitung von Wolfgang Schlüter eine planmäßige Ausgrabung, die bis heute andauert und neben Hunderten militärischer Fundstücke auch interessante Erkenntnisse über die Strategie der Germanen gebracht hat.

Der alte Heerweg, der nördlich des Wiehengebirges verläuft und auf dem sich das römische Heer – zumindest am 4. Marschtag – in Richtung Westen vorwärts bewegte, durchläuft bei Kalkriese einen Engpaß. Im Süden ist dem Wiehengebirgskamm der bewaldete Kalkrieser Berg vorgelagert, der die Senke mit dem Heerweg um 120 m überragt, im Norden befindet sich das unbegehbare Große Moor. Der Zwischenraum von ca. 1000 m ist durch staunasse Böden und Quellmulden nur auf schmalen Flugsandzonen passierbar, die an ihrer schmalsten Stelle nur 70-80 m breit sind. Hier hatten die Germanen entlang der Waldkante am Fuße des Kalkrieser Berges eine 400 m lange Rasensodenmauer von 4,5-5 m Sohlenbreite und 2 m Höhe errichtet, unterbrochen von mehreren Durchlässen. Hinter dieser Mauer erwarteten sie die herannahenden Römer, um sie, wenn sie dicht vor der Mauer vorbeizogen, mit einem Speerhagel zu überraschen und zu verwirren und dann, mit Kampfgeschrei aus den Mauerdurchlässen herausstürmend, im Nahkampf zu überwinden. Im Kampfgetümmel ist diese Rasensodenmauer stellenweise eingestürzt, und unter diesen Verstürzen wurden die meisten Funde entdeckt, und zwar – wie man vermutet[42] – nicht nur, weil sich hier die Kampfhandlungen konzentrierten, sondern weil sie für die Beute machenden Germanen, die vom gesamten Schlachtfeld alles Brauchbare mitnahmen, nicht mehr sichtbar waren.

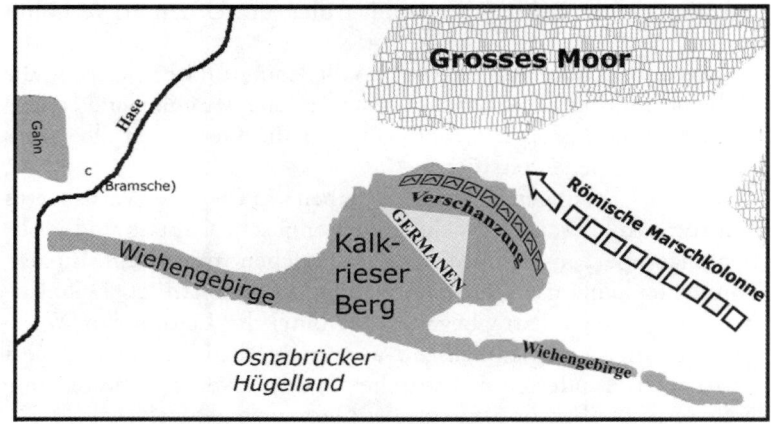

*Der Engpaß von Kalkriese*

Bis Ende 1997 wurden entlang der Heerstraße auf einer Strecke von 6 km 1274 römische Münzen und 1581 Objekte aus dem römisch-militärischen Bereich gefunden, und zwar fast ausschließlich Metallobjekte, weil die Erhaltungsbedingungen für organische Reste hier äußerst schlecht sind. Das Fundspektrum umfaßt alle Bereiche des römischen Heeres, Schutzwaffen wie Angriffswaffen, Fußkämpfer und Reitertruppen, Artillerie, Pioniere, Ärzte und Troß. In Kalkriese ist inzwischen ein Museum errichtet, das diese Funde eindrucksvoll präsentiert. Sie belegen, daß sich das hier besiegte römische Heer sowohl aus Legionstruppen und Reitereinheiten (alae) als auch Auxiliarkohorten, u.a. Schleuderer und Bogenschützen, zusammensetzte, genau wie die antiken Autoren berichtet haben.[43] Die 1000 Mann starke erste Kohorte einer Legion ist zweimal durch Inschriften auf einem Bleilot und zwei Haken der Schließe eines Kettenpanzers belegt. Die Funde beweisen ferner die Anwesenheit nichtkämpfender Abteilungen, die immer zu einem großen Heeresverband gehörten, nämlich Troß, Pioniere, Handwerker, Vermessungstrupps, Schreiber und Ärzte.

Unter den gefundenen Münzen belegt der hohe Anteil an Assen, dem Sold der Soldaten, den sie im Gürtel trugen, daß hier eine reguläre Armee unterging. Viele dieser Asse tragen als Gegenstempel die Buchstaben VAR (Varus). Solche Gegenstempel wurden nur im militärischen Bereich und zwar unmittelbar vor der Ausgabe an die Soldaten verwendet. Da Varus erst 7 n. Chr. nach Germanien kam und aus den Jahren 7-9 n. Chr. keine Kampfhandlungen in Germanien bekannt sind, ist der Engpaß von Kalkriese das Schlachtfeld der Varusschlacht, jedenfalls in ihrer letzten Phase, der totalen Vernichtung der Römer. So erklärt Frank Berger,[44] der Experte für die Münzfunde: „Art, Menge und Verbreitung der Münzen lassen nur den Schluß zu, daß es sich um das letzte Kampffeld der varianischen Legionen handelt, und zwar um den Ort ihres Untergangs am dritten Tag. Gold und Silber hält man bis zuletzt bei sich. Der Fundplatz Kalkriese ist so reich an Edelmetall wie kein anderer." Bislang wurden dort 19 Gold-, 592 Silber- und ca. 500 Kupfermünzen gefunden. Angesichts der Ausdehnung des Schlachtfeldes über eine Strecke von 4 km und des Umfangs der Funde konstatiert Schlüter zu Recht: „Beim derzeitigen Forschungsstand muß jedoch noch offenbleiben, ob in dem Engpaß von Kalkriese-Niewedde nur ein Teil, wenn auch ein großer Teil dieser Kämpfe stattfand oder ob tatsächlich die gesamte Schlacht."[45]

Eine hohe Wahrscheinlichkeit spricht dafür, daß Kalkriese auch die Stelle ist, an der die Legionen des Germanicus sechs Jahre später die Gebeine ihrer toten Kameraden bestatteten, denn man entdeckte in Kalkriese mehrere Gruben, die mit Menschen- und Tierknochen gefüllt waren. Einzelne dazwischen liegende Militaria, wie Lanzenschuh, Helmbuschhalter, Pilumspitze u. a., beweisen den Zusammenhang mit dem Schlachtgeschehen. Anthropologische und zoologische Untersuchungen haben inzwischen ergeben, daß es sich bei den Menschenknochen um die erwachsener Männer handeln dürfte und daß die Tierknochen fast ausschließlich von Maultieren stammen. „Die Beobachtung von Trockenrissen in vielen der Knochen sowie von Verbißspuren durch kleine Nagetiere erhärtet die Vermutung, daß die Knochen für einige Jahre auf der Erdoberfläche gelegen haben und erst nach der Skelettierung vergraben worden sind. Die Entdeckung von – tödlichen – Hiebverletzungen an zwei Schädelteilen bestätigt zusätzlich den Zusammenhang mit der Schlacht."[46]

Im Engpaß von Kalkriese finden wir auch die Angaben der antiken Autoren über das schwierige Gelände bestätigt. Hier sind die Wälder und Sümpfe und ist die enge Passage, in der die Legionen sich nicht entfalten konnten. Wenn dann noch Regen und Sturm hinzukamen, so kann man sich die Verwirrung und Verzweiflung der Römer vorstellen. Auch die Formulierung des Velleius Paterculus „Das beste Heer von allen (…) geriet durch die Tücke des Feindes (…) in die Falle (…) eingeschlossen durch Wälder, Sümpfe und Hinterhalt, wurde es bis zur Vernichtung vom Feinde niedergehauen," findet durch Kalkriese ihre Bestätigung. Denn wie eine zuschnappende Falle hatte Arminius diesen Engpaß ausgesucht und durch den im Wald errichteten, wegbegleitenden Wall, hinter dem seine Truppen die Römer erwarteten, einen Hinterhalt gelegt.

Alle Nachrichten über den Verlauf der Schlacht können nur von den wenigen überlebenden Römern stammen. Für sie waren die Eindrücke des letzten Tages so überwältigend, daß sie in der späteren Schilderung – möglicherweise – unwillkürlich auf den gesamten viertägigen Marsch übertragen wurden, was dann in dem aufgebauschten Bericht Dios seinen Niederschlag fand. So ist es durchaus denkbar, daß das römische Heer vom Sommerlager – angenommen bei Minden – von Anfang an auf der Heerstraße nördlich des Wiehengebirges nach Westen marschierte, zwar unterwegs mehrfach attackiert und geschwächt, aber erst im Engpaß von Kalkriese massiv angegriffen und vernichtet wurde.

Da die Römer diese Heerstraße nicht zum ersten Mal benutzten, war ihrer Führung mit Sicherheit auch die Enge der Passage bei Kalkriese bekannt. „Der Zug zum Rhein … war, was den Marschweg anbelangt, unter strategischen Gesichtspunkten kein Hasadeur-Unternehmen. Wegstrecken, die insbesondere für eine in langer Kolonne marschierenden Armee gefährlich waren, wenn diese dort angegriffen wurde, gab es auch an vielen anderen Stellen."[47]

Nach diesem überwältigenden Sieg erstürmten die Germanen alle römischen Stützpunkte und Kastelle zwischen Rhein und Elbe. Nur das Lager Aliso an der oberen Lippe trotzte erfolgreich den germanischen Angriffen. Die Germanen entschieden sich daraufhin für eine langfristige Belagerung, um die Römer auszuhungern. Diesen gelang es jedoch, in einer stürmischen Nacht auszubrechen und sich zum Rhein durchzuschlagen. Damit hatten die letzten römischen Truppen Germanien verlassen. Germanien war wieder frei.

Der Eindruck dieser Ereignisse auf Rom war ungeheuer. Selbst Kaiser Augustus wurde in Angst und Schrecken versetzt. Er entließ sofort seine germanische Leibwache,[48] hielt stattdessen seine Truppen in Rom Tag und Nacht in Bereitschaft, „damit kein Aufruhr ausbräche, und verlängerte den Statthaltern der Provinzen ihr Kommando, damit die Bundesgenossen von erfahrenen und ihnen vertrauten Männern im Zaum gehalten würden. Er gelobte auch dem Jupiter Optimus Maximus die Veranstaltung großer Festspiele, falls sich die Lage des Staates bessern sollte. Ein solches Gelübde war im kimbrischen und im marsischen Kriege getan worden. Man erzählt, daß der Kaiser derartig bestürzt gewesen sei, daß er monatelang Bart und Haar habe wachsen lassen und zuweilen sein Haupt gegen die Türpfosten gestoßen habe, indem er ausrief: „Quintilius Varus, gib mir die Legionen wieder!" Auch berichtet man, wieviel Jahre lang er den Tag der Niederlage als Tag der Trauer und des Unheils begangen habe."[49]

Arminius war bestrebt, das Bündnis der germanischen Stämme zusammenzuhalten und, wenn möglich, zu erweitern, denn er war sich im klaren darüber, daß Rom diese Niederlage nicht unbeantwortet lassen, sondern zu einem massiven Gegenschlag ausholen werde. Darauf wollte er vorbereitet sein. Deshalb überließ er die wertvollsten Trophäen, die Legionsadler, den verbündeten Stämmen. Je einen erhielten die Brukterer, Marser und Chatten, die sie in ihren heiligen Hainen zu Ehren der Götter aufbewahrten.[50] Das Haupt des Varus sandte er an den Markomannenkönig Marbod, offensichtlich in der Absicht, auch ihn zum Bund gegen Rom zu gewinnen. Doch dieser blieb weiterhin auf Distanz und reichte zum Beweis seiner Bündnistreue zu Rom das Varushaupt weiter an Kaiser Augustus, der es in der Familiengruft der Varusfamilie beisetzen ließ.

Die Befürchtung der Römer, die Germanen würden den Rhein überschreiten, die Gallier aufwiegeln und dann mit diesen vereint in Italien einfallen, war unbegründet. Bei aller Leidenschaft war Arminius Realist. Er kannte das schier unbegrenzte Machtpotential Roms und den hartnäckigen Herrschafts- und Überlebenswillen der Römer sehr gut. Dies war auch nicht sein Ziel. Ihm ging es allein um die Befreiung der germanischen Stämme zwischen Rhein und Elbe von der römischen Fremdherrschaft.[51] Dieses Ziel verfolgte er allerdings mit größter Energie und Leidenschaft.

## Der Befreiungskampf gegen Germanicus

Nachdem die Römer erkannt hatten, daß die von Arminius geführten Germanen keinerlei Anstalten machten, über den Rhein vorzustoßen und die Gallier aufzuwiegeln, um dann gemeinsam nach Italien einzudringen, trafen sie umgehend massive militärische Gegenmaßnahmen.

Es ist umstritten, welche Ziele mit diesen Maßnahmen verfolgt wurden, ob erneut die Grenze des Imperiums zur Elbe vorgeschoben und Germanien endgültig und dauerhaft römische Provinz werden sollte, oder ob lediglich eine Rache- und Strafaktion durchgeführt und zugleich durch Rückeroberung der verlorenen Legionsadler die römische Ehre wiederhergestellt werden sollte. Möglich ist auch, ja sogar wahrscheinlich, daß in Rom hierüber Uneinigkeit bestand, daß Augustus und Germanicus das weitergesteckte Ziel, Tiberius dagegen das beschränktere Ziel, das letztlich einen Verzicht auf Germanien bedeutete, verfolgten.

Die gegenseitigen Beziehungen der maßgeblichen Personen des römischen Kaiserhauses waren durch starke Ressentiments geprägt. Kaiser Augustus hatte nach seiner Scheidung von Skribonia die ebenfalls geschiedene Livia geheiratet, die aus vornehmer Familie stammte und großen Einfluß auf ihn besaß. Ihrer ersten Ehe mit Tiberius Claudius Nero entstammten die Söhne Tiberius und Drusus, für die sie größten Ehrgeiz entwickelte und dabei keinerlei Skrupel kannte. Augustus hatte aus erster Ehe lediglich die Tochter Julia. Gemeinsame Kinder blieben dem Kaiserpaar versagt.

Tiberius, glücklich verheiratet mit Vipsania, – aus dieser Ehe stammte Drusus der Jüngere – wurde von Augustus gezwungen, sich scheiden zu lassen und Julia, die Tochter des Augustus, zu heiraten. Julia hatte zu dieser Zeit bereits zwei Ehen hinter sich. Tiberius war über diese Zwangsehe alles andere als erfreut, und diese Ehe verlief daher – auch noch aus anderen Gründen – unglücklich.

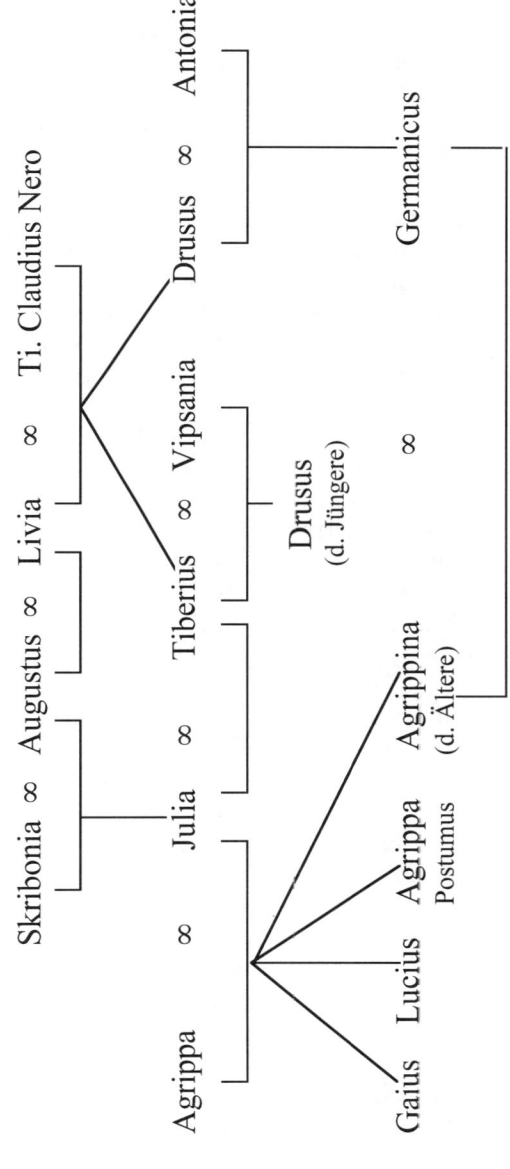

*Verwandtschaftliche Beziehungen im römischen Kaiserhaus*

Tiberius zog sich im Jahre 6 v. Chr. gekränkt auf die Insel Rhodos zurück. Ab diesem Zeitpunkt protegierte Augustus den Germanicus, Sohn des 9 v. Chr. verstorbenen Drusus, besonders nachdem Germanicus eine Enkeltochter des Augustus, Agrippina die Ältere, geheiratet hatte. Als jedoch nach der Zeitenwende in Germanien ein großer Aufstand losbrach, brauchte Augustus erneut den erfahrenen Feldherrn Tiberius, denn Germanicus, 15 v. Chr. geboren, war damals noch ein unerfahrener Jüngling. Tiberius warf den Aufstand in Germanien nieder,[1] und, nachdem zwei der Enkelsöhne des Augustus – aus der zweiten Ehe seiner Tochter Julia – Gaius und Lucius – gestorben waren und der dritte, Agrippa Postumus, auf die Insel Planasia verbannt worden war, – wobei in allen Fällen Livia nachgeholfen haben soll – adoptierte Augustus im Jahre 4 n. Chr. den Tiberius unter der Bedingung, daß dieser seinerseits Germanicus adoptierte. So hoffte Livia ihren leiblichen Abkömmlingen die Thronfolge gesichert zu haben.

Tiberius folgte dem widerwillig. Die Rivalität zwischen ihm und Germanicus war unübersehbar. Sie hielt auch nach dem Tode des Augustus an. Ja, Tiberius verfolgte sogar nach dem Tode des Germanicus, der 19 n. Chr. starb, dessen Witwe, Agrippina die Ältere, seine eigene Stieftochter, mit seinem Haß. Er verbannte sie, Mutter von neun Kindern, auf die Insel Pandateria, wo sie durch Nahrungsverweigerung ihrem Leben ein Ende setzte.

Diese Rivalitäten muß man kennen, um zu verstehen, warum zeitweilig auch politisch gegeneinander gearbeitet wurde. Für die Auffassung, daß Augustus und Germanicus die dauerhafte Rückgewinnung Germaniens anstrebten, spricht bei Augustus sein politisches Testament, das Monumentum Ancyranum, in dem es heißt, „ich habe Germanien bis zum Ozean und Elbstrom unterworfen", und bei Germanicus das Ausmaß und die Intensität seiner Feldzüge 14-16 n. Chr. und seine Selbstdarstellung im Triumphzug 17 n. Chr. Für die Auffassung, daß Tiberius das beschränkte Ziel der Vergeltung und Sicherung der Rheingrenze verfolgte, sprechen seine militärisch begrenzten Operationen 10-11 n. Chr., seine Begründung für die Abberufung des Germanicus im Jahre 17 n. Chr. und die Texte auf den Ehrenbögen für Germanicus, die in der erst kürzlich entdeckten sog. Tabula Siarensis enthalten sind.[2]

Augustus ließ sechs neue Legionen ausheben, die doppelte Zahl der untergegangenen, und erhöhte die Stärke der Rheinarmee auf acht Legionen. Das war einschließlich der dort stationierten Auxiliareinheiten fast ein Drittel der gesamten römischen Streitkräfte. Das Oberkommando übertrug er erneut seinem bewährten Feldherrn Tiberius. Dieser hatte gerade den Pannonienaufstand erfolgreich niedergeworfen, erhielt dafür einen Triumphzug bewilligt, auf dessen Durchführung er jedoch verzichtete, um sofort seine neue Aufgabe am Rhein wahrzunehmen.

Die antiken Autoren rühmen,[3] wie klug, sorgfältig und vorsichtig Tiberius diese Aufgabe in Angriff nahm. Er besprach jede Maßnahme vorab mit seinen Offizieren und hielt auf strengste Disziplin. Im Jahre 10 n. Chr. lag er nur am Rhein auf der Lauer und erkundete die Absichten der Germanen. Im folgenden Jahr überschritt er dann mit seinem Heer den Strom, drang jedoch nicht ins Landesinnere vor, um nicht erneut in eine Falle zu geraten, sondern verwüstete nur die Landstriche längs des Rheins. In diesem Jahr war dem Tiberius, wie bereits im Pannonienfeldzug, Germanicus als Stellvertreter beigegeben. Der aufgeweckte junge Mann erlernte so durch seinen Onkel das Kriegshandwerk und die Feldherrnkunst.[4] Doch Arminius und seine Germanen verhielten sich ebenso klug und vorsichtig. Sie stellten sich den Römern einfach nicht, so daß diese sich im Herbst unverrichteter Dinge auf das linke Rheinufer zurückzogen.

Die beiden folgenden Jahre verliefen ohne nennenswerte Ereignisse. Dann starb im Jahre 14 Kaiser Augustus. Livia hielt den Tod ihres Ehegatten so lange geheim, bis ihr Sohn Tiberius zur Stelle war, damit sie diesen sofort als Thronfolger präsentieren konnte. Die erste Handlung des neuen Kaisers war die Ermordung des Agrippa Postumus, des letzten Enkels seines Vorgängers. Den Oberbefehl über die Rheinlegionen übertrug er seinem Neffen und Adoptivsohn Germanicus.

Als Quelle für die nun folgenden Feldzüge des Germanicus der Jahre 14-16 stehen uns ausschließlich die Annalen des Tacitus zur Verfügung. Da dessen Bericht nicht immer verständlich ist, er mitunter auch Abläufe nur in geraffter Form berichtet oder gar überspringt, gibt es in der Wissenschaft unterschiedliche Meinungen, inwieweit die Schilderungen des Tacitus der Wahrheit entsprechen. Niemand hat jedoch bislang die Begründetheit seiner Zweifel beweisen können. Man sollte sich allerdings bewußt sein, daß Tacitus ein Lobredner des Germanicus und ein starker Kritiker des Tiberius ist.[5]

Die Legionen sahen in dem Thronwechsel eine Chance, ihre Bedingungen zu verbessern. Sie forderten mehr Sold, eine kürzere Dienstzeit, weniger Arbeit usw. Die Meuterei begann bei den in Pannonien stehenden Legionen und ergriff kurz darauf in noch bedrohlicherem Ausmaß die Rheinlegionen. Hier blieb es nicht bei Geschrei und Dienstverweigerung, hier steigerte sich der Aufruhr zu Mord und Totschlag. Viele Centurionen, die Schleifer der Legion, mußten ihr Leben lassen. Germanicus gelang es nur unter großen Mühen, die Meuterei durch Appelle an die Ehre, das Beschwören vergangener Ruhmestaten und die stillschweigende Duldung eines großen Gemetzels, bei dem die angeblich Gutwilligen über die angeblichen Aufwiegler herfielen und sie abstachen, zu beenden.

Um die Legionen endgültig in den Griff zu bekommen und die Soldaten von ihren Schuldgefühlen zu befreien, beschloß Germanicus, sie gegen den Feind zu führen. Mit 4 Legionen, 26 Auxiliarkohorten und 8 Reitergeschwadern überquerte er den Rhein und führte sein Heer auf Schleichwegen in das Gebiet der Marser. Als ihm durch Kundschafter berichtet wurde, daß die Germanen ein großes Opferfest zu Ehren ihrer Götter gefeiert hätten und jetzt ahnungslos im Schlaf lägen, befahl er, die Schlafenden zu überfallen und abzuschlachten. „Das Unternehmen wurde durch die sternenklare Nacht begünstigt, und so kam man zu den Dörfern der Marser. Unsere Truppen umzingelten die Bewohner, die, völlig ahnungslos, noch auf ihren Lagern und neben den Tischen hingestreckt ruhten. Nicht einmal Wachen hatten sie ausgestellt, so sehr war alles in Sorglosigkeit versunken. Niemand von ihnen hatte an Krieg gedacht, und selbst ihr Friede war nichts als Erschlaffung und Lähmung der noch Berauschten. Der Caesar teilte die blutdürstigen Legionen, um dem Gemetzel einen möglichst großen Umfang zu geben, in vier Kolonnen. Er ließ eine Strecke von 50 Meilen mit Feuer und Schwert verwüsten. Weder das Geschlecht noch das

Alter fand Erbarmen. Stätten der Menschen und der Götter wurden ohne Unterschied dem Erdboden gleichgemacht, auch das bei jenen Stämmen hochberühmte Heiligtum, das sie Tamfanae nannten. Unsere Truppen hatten keinerlei Verluste, weil sie die Feinde niedergemetzelt hatten, wie sie noch halb im Schlaf waren und unbewaffnet oder einzeln umherirrten."[6]

Als die Nachbarstämme von diesem widerlichen Blutbad erfuhren, griffen sie empört zu den Waffen. Die Brukterer, Tubanten und Usipeter besetzten die Waldgebirge und griffen die Römer auf ihrem Rückmarsch an. Diesen gelang es jedoch, die Angriffe erfolgreich abzuwehren. „Stolz auf das eben Vollbrachte wurden die Legionen in die Winterquartiere geführt. Was sie vorher gesündigt hatten, war vergessen."[7]

Die Rheinlegionen hätten lieber Germanicus als Nachfolger des Augustus gesehen, denn Tiberius galt als arrogant und grausam. Germanicus glich hingegen mit seiner Offenheit und Volksnähe seinem berühmten Vater Drusus, dessen Andenken beim römischen Volke noch immer in hohen Ehren stand. Germanicus wußte indessen, daß er gegen Tiberius keine Chance hatte, und wies daher entsprechende Anträge entschieden zurück. Nichtsdestoweniger war er außerordentlich ehrgeizig, wollte es seinem berühmten Vater Drusus gleichtun und verfolgte das Ziel, Germanien bis zur Elbe zurückzuerobern und zu unterwerfen.

Im folgenden Jahr 15 begann er den Großangriff. Mit allen acht Legionen, vielen Hilfstruppen und Reitergeschwadern überschritt er den Rhein und zog zunächst durch das Land der Chatten. Das zerstörte, einst von seinem Vater Drusus auf der Höhe des Taunus errichtete Kastell baute er wieder auf, überfiel die überraschte Bevölkerung, machte alle nieder, deren er habhaft wurde, steckte Mattium, den Hauptort der Chatten, in Brand, verwüstete alles Land ringsum und wandte sich dann wieder zum Rhein. Auf dem Rückmarsch erreichten ihn Gesandte des Segestes, der ihn um Hilfe bat, weil er von Gefolgsleuten des Arminius belagert werde. Arminius hatte gegen den Willen des Segestes dessen Tochter Thusnelda geheiratet, die Segestes bereits einem anderen versprochen hatte. Dies war auch der tiefere Grund[8] für den Verrat gewesen, den Segestes am Vorabend der Varusschlacht beging, als er Varus den bevorstehenden Aufstand der Germanen unter Führung des Arminius offenbarte. Jetzt hatte Segestes seine Tochter, die hoch schwanger war, in seine Gewalt gebracht und hielt sie gefangen.

„Segestes hatte den Gesandten seinen Sohn Segimund mitgegeben, doch der Jüngling zauderte wegen seines schlechten Gewissens. Er hatte nämlich in dem Jahre, als Germanien abfiel, zum Priester am Altar der Ubier[9] erwählt, seine Binde zerrissen und war zu den Aufrührern geflohen. Trotzdem überbrachte er, da ihm Hoffnung auf römische Milde gemacht war, die Aufträge seines Vaters. Er wurde freundlich aufgenommen und dann unter Bedeckung auf das gallische Rheinufer gebracht."[10]

Germanicus kehrte also um, überwand die Belagerer und befreite Segestes mit seiner Gefolgschaft und seinen Verwandten. „Auch vornehme Frauen waren darunter, so die Gattin des Arminius, die Tochter des Segestes (Thusnelda), die mehr die Gesinnung ihres Gatten als die ihres Vaters hatte: Keine Träne rann über ihre Wangen, keine Bitte erniedrigte ihren Mund. Sie preßte in dem Bausch ihres Gewandes ihre Hände zusammen und blickte stumm auf ihren schwangeren Leib."[11]

Die Parteiungen für oder gegen Rom gingen also mitten durch die Familien. Segestes hatte sich mit seiner Parteinahme für Rom gegenüber seinen eigenen Kindern nicht durchsetzen können. Die Tochter heiratete gegen seinen Willen den Anführer des Aufstandes, und der Sohn Segimundus, Priester am Heiligtum des Augustus in Köln, zerriß seine Priesterbinde, schloß sich den Truppen des Arminius an und trieb nach dem Sieg in Kalkriese mit der Leiche des Varus seinen Spott.

Segestes, der sich gegenüber Germanicus auf seine Bündnistreue zu den Römern berief und noch einmal in Erinnerung brachte, daß er Varus vor der Verschwörung des Arminius gewarnt habe, wurde Straflosigkeit zugesichert, ebenso seinen Verwandten, dem Segimundus allerdings nur unter großen Bedenken. Segestes wurde ein Wohnsitz in Südfrankreich angewiesen, Thusnelda brachte man nach Rom, wo sie einen Sohn gebar, Thumelicus, der in Ravenna erzogen wurde. Über beider Schicksal ist weiter nichts bekannt, nur daß sie im Triumphzug des Germanicus 17 n. Chr. mitgeführt wurden, ebenso wie die übrigen Verwandten des Segestes. Ob dies den Römerfreund Segestes, der von der Tribüne aus zuschaute, befriedigt oder aber beschämt hat?

Die Empörung der Germanen über diese neue Gewalttat der Römer, die sie als „Neidingstat" empfanden, nämlich als ehrlos, weil gegen wehrlose Frauen und Kinder gerichtet, war groß.[12] „Den Arminius jagte außer seiner angeborenen Heftigkeit der Gedanke an seine fortgeschleppte Gattin und ihren der Knechtschaft preisgegebenen Leib wie von Sinnen bald hier-, bald dorthin. Er flog durch die Gaue der Cherusker, indem er zu den Waffen gegen Segestes und gegen den Caesar aufrief. Dabei sparte er bittere Worte nicht: Das sei ein trefflicher Vater, ein großartiger Feldherr, ein Heer von Helden, die mit ihren Tausenden von Händen ein einziges schwaches Weib fortgeschleppt hätten. Ihm seien drei Legionen und ebenso viele Legaten erlegen, denn er führe nicht Krieg durch Verrat und gegen schwangere Frauen, sondern offen vor aller Augen gegen Männer und Waffen. Noch könnte man in den Hainen Germaniens die römischen Feldzeichen sehen, die er den heimischen Göttern zu Ehren dort aufgehängt habe. Segestes möge nur ruhig auf der geknechteten Seite des Stromes wohnen und seinem Sohne das Priestertum für Menschenvergötterung zurückgeben. Die Germanen würden es niemals verzeihen, daß sie zwischen Rhein und Elbe Rutenbündel und Henkersbeile und römische Zwingherren hätten sehen müssen. Andere Völker wüßten, weil sie die römische Herrschaft nicht kannten, nichts von Hinrichtungen und nichts von Tributen. Wo sie (die Germanen) dagegen dies Zeichen der Knechtschaft abgeworfen hätten und jener berühmte Augustus, den man unter die Götter versetzt habe, hätte abziehen müssen, ohne etwas erreicht zu haben, wie auch jener „erwählte" Tiberius, da sollten sie doch keine Angst haben vor einem unerfahrenen Jüngling (Germanicus) und einem Heer von Meuterern! Wenn sie die Heimat, die Vorfahren und die alten Sitten lieber hätten als Zwingherren und neue römische Kolonien, dann sollten sie Arminius als dem Führer zu Ruhm und Freiheit folgen und nicht dem Segestes zu einer schmachvollen Knechtschaft."[13]

Jetzt schloß sich auch Inguiomerus, der Onkel des Arminius, mit seiner starken Gefolgschaft der Arminius-Koalition an.

Germanicus, der zunächst wieder auf das linke Rheinufer zurückgekehrt war, wurde bewußt, daß seine bisherigen Unternehmungen die Germanen nur noch mehr zusammengeschweißt und in ihrem Romhaß bestärkt hatten. Um ihre Kräfte zu zersplittern, führte er seine Streitmacht in getrennten Abteilungen erneut nach Germanien. Vier Legionen unter Führung von Caecina stießen vom Rhein in das Gebiet der Brukterer vor, die Reiterregimenter ritten durch das Land der Friesen, während Germanicus sich mit weiteren vier Legionen einschiffte und über die Nordsee in die Emsmündung fuhr. Alle drei Heeresteile trafen sich an der oberen Ems, vermutlich in der Gegend der heutigen Stadt Rheine. Die durchzogenen Landstriche wurden verwüstet. Beim Beutemachen im Land der Brukterer fiel ihnen der Adler der 19. Legion in die Hände.

Da sich das Heer jetzt in der Nähe des Varusschlachtfeldes befand, wo die Gebeine der Varus-Legionen unbestattet lagen, beschloß Germanicus, Varus und den drei untergegangenen Legionen die letzte Ehre zu erweisen und ihre Gebeine zu bestatten. Er führte das Heer daher zum Engpaß von Kalkriese und zu den Marschlagern der Varusarmee, wo Legionäre, die jene Schlacht überlebt hatten, die Örtlichkeiten und den Ablauf der Ereignisse schilderten. Dann suchten alle die weit verstreut liegenden Gebeine zusammen und errichteten darüber einen großen Grabhügel.

Arminius, der sich mit seinen germanischen Kampfverbänden immer in der Nähe des römischen Heeres aufhielt, wich vor der Übermacht der acht Legionen in unwegsames Gelände zurück. Germanicus ließ ihn durch seine Reiterei verfolgen. „Arminius, der seinen Scharen befohlen hatte, sich zu sammeln und nahe an die Wälder heranzuziehen, machte plötzlich Front. Dann gab er denen, die er in den Bergwäldern versteckt hatte, das Zeichen zum Hervorbrechen. So wurde die römische Reiterei durch ein neues Heer in Verwirrung gebracht. Außerdem hatten die Hilfstruppen, die ihre Reserve bildeten und ihr zu Hilfe gesandt waren, durch den Anprall der Fliehenden mit fortgerissen, die Verwirrung noch gesteigert. So wurden sie in das Moor gedrängt, das den Siegern bekannt war, den Römern dagegen, die von Weg und Steg keine Ahnung hatten, hätte verderblich werden können, wenn nicht der Caesar die Legionen vorgeführt und zur Schlacht aufgestellt

84

hätte. Daher schraken die Feinde zurück, während das römische Heer wieder Mut faßte. So endete das Treffen unentschieden."[14]

Wenn man berücksichtigt, daß Tacitus trotz aller Versicherungen, er schildere die Geschehnisse objektiv, ein Lobredner des Germanicus war, kann man davon ausgehen, daß die Germanen siegreich blieben, zumal Germanicus jetzt den Rückzug antrat. Er befahl Caecina, mit vier Legionen über „die langen Brücken" (pontes longi), einer von dem vormaligen Statthalter Domitius angelegten Bohlenstraße von der Ems zum Rhein, etwa auf der Linie Rheine-Xanten, zurückzumarschieren. Die Reiterschwadronen sollten entlang der Nordseeküste den Rhein erreichen. Er selbst marschierte mit den restlichen vier Legionen zur Ems und schiffte sich dort wieder ein, um über die Nordsee und den Drususkanal die linksrheinischen Lager zu erreichen.

Arminius folgte den Legionen des Caecina, überholte sie in Eilmärschen und griff sie an, als sie gerade dabei waren, ein Lager zu errichten. „Das Geschrei der Kämpfenden mischte sich mit dem der Schanzenden. Es hatte sich wirklich alles gegen die Römer verschworen: Das Gelände war ein unergründlicher Morast, zu schwankend, um festen Fuß darauf zu fassen, zu schlüpfrig, um darauf vorzurücken, die Leiber unserer Soldaten durch ihre Panzer beschwert. So konnten sie in dem Sumpfgelände nicht einmal ihre Pilen schleudern. Den Cheruskern dagegen war der Kampf in Sumpf und Morast vertraut und ihre Glieder schlank, während ihre mächtigen Lanzen, selbst aus der Ferne geschleudert, schwere Wunden verursachten. Erst die Nacht rettete die schon weichenden Legionen aus dem unglücklichen Kampf. Die Germanen dagegen, die im Gefühl des Erfolges keine Müdigkeit spürten, gönnten sich nicht einmal jetzt Ruhe, sondern leiteten alle Bäche, die auf den umliegenden Höhen entspringen, zu Tale: Das Gelände wurde unter Wasser gesetzt und die Schanzarbeit der Römer verschüttet, doppelte Mühe für unsere Soldaten."[15]

Caecina beschloß, am nächsten Morgen aufzubrechen, um eine Ebene zu erreichen, die einen Aufmarsch in Schlachtlinie ermöglichte. „Die Nacht war aus verschiedenen Gründen unruhig: Die Barbaren erfüllten mit ihren festlichen Gelagen, frohen Gesängen und trotzigem Geschrei die Talgründe und die widerhallenden Berge."[16]

Bei Anbruch des Tages verließ das römische Heer das Lager, um das von Caecina ausersehene freie Feld zu erreichen. Arminius griff nicht sofort an, „aber sowie der römische Troß in dem Morast und den Gräben steckenblieb und die Truppen ringsum in Unordnung geraten waren, die Ordnung der einzelnen Verbände sich löste, und, wie es in solcher Lage zu gehen pflegt, jeder, nur auf seine Rettung bedacht, vorwärts eilte und niemand mehr auf die Befehle der Vorgesetzten hörte, da gab er den Germanen Befehl zum Angriff mit den Worten: „Seht da! Varus und die Legionen, aufs neue durch das gleiche Schicksal wehrlos!" Zugleich durchbrach er mit einer auserlesenen Schar die römischen Marschkolonnen und brachte besonders den Pferden Wunden bei. Diese strauchelten in ihrem Blut auf dem morastigen Boden, warfen ihre Reiter ab und zersprengten die sich Entgegenstellenden oder zertraten die am Boden liegenden Verwundeten. Das ärgste Gedränge war um die Adler, die weder gegen die einschlagenden Geschosse vorgetragen noch in dem schlammigen Boden eingerammt werden konnten. Während Caecina seine Front zu halten suchte, wurde sein Pferd durchbohrt. Er stürzte und wäre umzingelt worden, wenn sich nicht die erste Legion dem Feinde entgegengeworfen hätte. Hier kam uns die Gier der Feinde zustatten, die vom Kampfe abließen, um Beute zu machen, und so konnten sich die Legionen gegen Abend auf freies Feld und festes Gelände herausarbeiten. Aber das bedeutete noch kein Ende der Leiden. Es mußte ein Wall errichtet und Dammerde herbeigeschafft werden, obgleich großenteils die Geräte verlorengegangen waren, mit denen Erde ausgehoben oder Rasen ausgestochen wird. Für die Manipeln fehlten die Zelte, für die Verwundeten das Verbandszeug. Wie die Mannschaften den von Kot und Blut bespritzten Mundvorrat unter sich teilten, jammerten sie über die unheimliche Finsternis und darüber, daß so vielen Tausend Mann nur noch ein Tag beschieden sei."[17]

Als sich in der Nacht ein Pferd losriß und durch die Lagergassen jagte, entstand eine große Panik. Die Römer glaubten, die Germanen seien ins Lager eingebrochen, und rannten zu den Toren, um zu fliehen. Caecina und seine Offiziere konnten die Soldaten nur unter größten Anstrengungen wieder zur Besinnung bringen. Caecina ließ sie auf dem Hauptplatz des Lagers antreten und hielt ihnen eine

Mut machende Rede. Wer jetzt fliehe, werde unweigerlich von den Germanen niedergemacht werden. Die einzige Chance sei, im Lager einen Angriff der Germanen abzuwarten, sie dann durch einen Ausfall aus allen Toren im Rücken anzugreifen und niederzuringen. Dann sei der Weg zum Rhein frei.

Währenddessen hielten die Germanen Kriegsrat. Arminius, klug und realistisch, erfahren in römischer Kriegsführung, die Stärken und Schwächen des römischen Heeres genau kennend, riet abzuwarten, bis die Römer das Lager verlassen, um sie dann auf dem Marsch zu umzingeln und wie die Varus-Legionen niederzukämpfen. Inguiomerus dagegen, ein brachialer Haudrauf, plädierte für die sofortige Erstürmung des Lagers. Dann sei die Beute unversehrt, die Zahl der Gefangenen größer. Das war ein Vorschlag nach dem Geschmack der Mehrheit und so wurde entschieden.

Es kam, wie es kommen mußte. Als bei Tagesanbruch die Germanen das Lager bestürmten und gerade die Krone des Walles erreicht hatten, machten die Römer wie geplant ihren Ausfall und faßten die Germanen mit lautem Geschrei im Rücken. Im unübersichtlichen Kampf Mann gegen Mann gewannen die Römer die Oberhand. „Arminius verließ unversehrt, Inguiomerus dagegen erst nach schwerer Verwundung den Kampfplatz. Die Masse wurde niedergehauen, solange die Wut unserer Soldaten und der Tag anhielten."[18]

Anschließend erreichte Caecina mit dem Rest seiner Legionen den Rhein, ohne erneut von den Germanen angegriffen zu werden. Hätten diese den Rat des Arminius befolgt, wären die Legionen mit großer Wahrscheinlichkeit vernichtet worden.

Als Germanicus mit seinen vier Legionen die Nordseeküste erreicht hatte, ließ er zwei Legionen entlang der Küste marschieren, um die Schiffe zu entlasten, während er selbst mit den restlichen Legionen in See stach. Da erfaßte eine aufkommende Sturmflut die am Strand entlangziehenden Soldaten, die offensichtlich keinerlei Erfahrung mit den Tücken der Nordsee hatten. Viele ertranken, nur ein kleiner Teil konnte sich auf höher gelegenes Gelände retten, wo sie nackt und ohne Lebensmittel die Nacht verbrachten. Am nächsten Tag nahm die Flotte sie auf und brachte sie zurück zum Rhein.

So endete das Jahr 15 mit einem Debakel für die Römer. Man hatte zwar einen Adler zurückgewonnen, viel Land verwüstet, aber große Verluste erlitten, ohne den Gegner entscheidend geschwächt zu haben. Arminius Stellung war hingegen gestärkt, denn er hatte einem römischen Heer von 8 Legionen und 30 Auxiliarkohorten, insgesamt ca. 80.000 Soldaten, erfolgreich widerstanden. Tiberius wünschte daher die Beendigung des Krieges. Er überhäufte Germanicus mit Ehren und erwartete, daß dieser sich füge.[19] Doch Germanicus folgte der kaiserlichen Weisung nicht. Er wollte es unbedingt seinem berühmten Vater gleichtun und als der siegreiche Bezwinger der Germanen, der Germanien erneut bis zur Elbe unterworfen habe, in die Geschichte eingehen.

Im Bewußtsein seines Mißerfolges überlegte er sich indessen für den Feldzug des nächsten Jahres eine neue Strategie. Er hatte erkannt, daß Arminius immer dann angriff, wenn sich das römische Heer auf dem Marsch befand und durch das Gelände gehindert war, in Schlachtlinie aufzumarschieren. Die einzige Chance, die von Arminius geführten Germanen zu besiegen, bestand in offener Feldschlacht in freiem Gelände. Er beschloß daher, die Märsche zu vermeiden, indem er das ganze Heer einschließlich Reiterei, Artillerie und Troß einschiffte und, über die Nordsee kommend, die Flüsse hinauffuhr, um ungeschwächt bis ins Zentrum Germaniens vorzustoßen.

Also gab er den Auftrag, umgehend 1000 Schiffe zu bauen. Doch bevor die Flotte einsatzbereit war, wurde ihm gemeldet, daß die Germanen das Kastell Aliso belagerten, das Germanicus wieder hergerichtet und mit einer Besatzung versehen hatte. Er marschierte mit sechs Legionen dorthin, erhielt jedoch keine Gelegenheit zum Kampf, weil die Germanen, die von seinem Herannahen Kenntnis hatten, sich zurückzogen. Germanicus ließ daraufhin sein Heer sämtliche Befestigungsanlagen längs der Lippe wiederherstellen, ein weiterer Beweis dafür, daß es ihm bei seinen Feldzügen nicht allein um Rache, sondern um die Rückeroberung Germaniens ging.

Zur gleichen Zeit ließ er den Legaten Silius mit einer Kampftruppe einen Einfall ins Land der Chatten machen. Dessen einziger Erfolg bestand darin, daß er Gattin und Tochter des Chattenfürsten Arpius raubte, eine nicht nur beschämende, sondern auch törichte Tat, weil er durch dieses „Neidingswerk" nur die Wut und den Widerstandswillen der Germanen steigerte.

Sodann begann der Hauptfeldzug des Jahres 16. Germanicus führte sein Heer mittels der Flotte von 1000 Schiffen über die Nordsee ins Landesinnere Germaniens. An der Weser traf er auf die Streitmacht des Arminius. Beide Heere trennte der Strom. Arminius trat ans Ufer und verlangte laut rufend seinen Bruder Flavus zu sprechen, den er im Heer des Germanicus wußte. „Er (Flavus) war durch seine Treue gegen uns rühmlich bekannt wie auch dadurch, daß er vor einigen Jahren im Kampfe unter dem Kommando des Tiberius ein Auge verloren hatte. Darauf wurde er mit Genehmigung des Feldherrn von Stertinius geleitet, und als er dann ein Stück weitergegangen war, von Arminius begrüßt. Dieser befahl seinem Gefolge, sich zu entfernen, und forderte, daß dies auch die Bogenschützen täten, die vorn an unserem Ufer aufgestellt waren. Als dies geschehen, fragt er seinen Bruder, woher die Entstellung seines Gesichtes rühre. Als dieser den Ort und die Schlacht nannte, fragte er ihn, was für einen Lohn er dafür empfangen hätte. Flavus erzählte von erhaltenem Sold, einer Halskette, einem Kranz und anderen kriegerischen Auszeichnungen, während Arminius den niedrigen Lohn seiner Knechtschaft verspottete. Darauf begannen sie in verschiedenem Sinne: Der eine sprach von der Größe Roms, der Macht des Caesars, den schweren Strafen für die Besiegten und der Milde gegen den, der sich freiwillig unterwürfe. Auch würden Gattin und Sohn des Bruders keineswegs feindlich behandelt. Der andere sprach von dem heiligen Recht des Vaterlandes, der Freiheit, die sie von den Ahnen ererbt, den heimischen Göttern Germaniens und von ihrer Mutter, die seine Bitten unterstütze. Der Bruder solle doch nicht zum Abtrünnigen und Verräter seiner Verwandten und Freunde oder gar seines Volkes werden, anstatt dessen Anführer zu sein. Allmählich erhitzten sich die Gemüter, und sie wären nicht einmal durch den Strom zwischen ihnen gehindert worden, handgemein zu werden, wenn nicht Stertinius herangesprengt wäre und Flavus, der zornig erregt nach seinem Pferde und Waffen rief, zurückgehalten hätte. Auf dem anderen Ufer sah man Arminius, wie er sich in Drohungen erging und die Schlacht ankündigte."[20]

Am folgenden Tag schickte Germanicus zunächst seine Reiterei über den Strom. Die batavischen Auxiliarkohorten waren hierzu besonders geeignet, weil die Bataver hervorragende Schwimmer waren und mit Waffen und Pferden in geschlossenen Schwadronen die Flüsse zu durchschwimmen pflegten.[21] Die Germanen ließen sie herüberkommen, lockten sie dann durch scheinbare Flucht auf eine von Bergen umgebene Ebene, brachen dann plötzlich aus den Bergwäldern hervor und bereiteten den Batavern eine schwere Niederlage.

Arminius stellte sich jedoch an diesem Tag noch nicht den Legionen zur Entscheidungsschlacht, weil er noch Verstärkungen durch die verbündeten Stämme erwartete. Ein nahegelegener, ihrem Gott Donar geweihter Hain war der Sammelpunkt der germanischen Kampfverbände. Die Römer konnten daher den Strom überqueren und auf dem rechten Weserufer ein Lager aufschlagen.

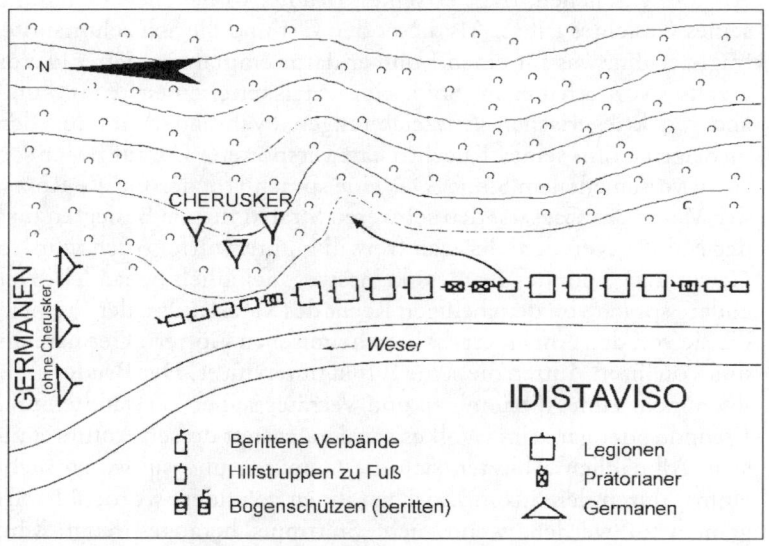

*Der Beginn der Schacht von Idistaviso.*
*Skizze nach Harald von Petrikovits*

Am folgenden Tag trafen die Heere auf einer Ebene, die Idistaviso genannt wurde und wohl in der Nähe der Porta Westfalica zu suchen ist, aufeinander. Sie wurde auf der einen Seite durch die

Weser, auf der anderen durch bewaldete Berge begrenzt, die unregelmäßig in die Ebene vorsprangen. Die verbündeten germanischen Stämme hatten sich in der Ebene zwischen dem Fluß und dem Bergwald in Schlachtordnung aufgestellt, während Arminius und seine Cherusker sich in einem in die Ebene vorspringenden Bergwald verbargen, um die Römer, während sie gegen die in der Ebene aufmarschierten Germanen vorrückten, von oben herab in der Flanke anzugreifen. Doch ein Teil der Cherusker besaß nicht genügend Disziplin. Sie warteten nicht ab, bis der vordere Teil des römischen Heeres an ihnen vorbeigezogen war, sondern brachen bereits aus dem Wald hervor, als die römische Heeresspitze vor ihnen auftauchte. Germanicus schickte daraufhin seine Kavallerie in den Rücken der Cherusker und ließ gleichzeitig die Legionen gegen die in der Ebene in Schlachtordnung aufgestellten Germanen vorrücken und sie angreifen. Diese gerieten ins Wanken und während sie in den Wald flüchteten, trieb die römische Kavallerie die Cherusker aus dem Wald heraus, so daß es ein Durcheinander fliehender Germanen gab. „Arminius wurde erkannt, wie er durch persönliches Eingreifen, lauten Zuruf und durch den Eindruck seiner Verwundung die Schlacht zu halten suchte. Er hatte sich auf unsere Bogenschützen gestürzt, um dort durchzubrechen, aber die Kohorten der Rätier, Vindeliker und Gallier verlegten ihm den Weg. Trotzdem schlug er sich dank der Kraft seines Körpers und der Schnelligkeit seines Rosses durch, das Gesicht mit seinem eigenen Blut beschmiert, um nicht erkannt zu werden. Einige behaupten, daß er von den Chauken, die unter den römischen Hilfsvölkern kämpften, erkannt und durchgelassen sei. Die gleiche Tapferkeit oder die gleiche List ermöglichte dem Inguiomerus die Flucht. Die übrigen wurden allenthalben niedergehauen."[22]

Die Masse der Germanen rettete sich durch Flucht und die Römer feierten den Ausgang der Schlacht als großen Sieg. Sie errichteten auf dem Schlachtfeld einen Hügel, den sie mit erbeuteten Waffen und einer Inschrift mit den Namen der besiegten Germanenstämme schmückten.

Die Germanen waren aber keineswegs vernichtend geschlagen, denn sie überfielen das römische Heer auf seinem Marsch weserabwärts, brachten ihm Verluste bei und stellten sich dann am Angrivarierwall erneut zur Schlacht. Diesen Wall, den die Angrivarier als Grenzscheide zu den Cheruskern errichtet hatten, vermutet man bei Leese an der Weser.[23] Es ist eine enge, feuchte Ebene, im Westen von der Weser, im Norden vom Angrivarierwall und im Osten von Wäldern begrenzt, hinter denen sich ein unbegehbares Moor erstreckt. Arminius postierte seine Fußtruppen hinter dem Wall und versteckte die Reiterei seitlich im Wald, um die Legionen, sobald sie vorbeigezogen wären, im Rücken anzugreifen. Doch die Aufstellung und der Schlachtplan der Germanen wurde den Römern durch Überläufer verraten.

So konnten die Römer gegen die im Wald verborgene germanische Reiterei von Anfang an eine starke Front der Legionen stellen, während die übrige römische Streitmacht den Wall zu erstürmen versuchte. Dieser Angriff wurde jedoch blutig abgeschlagen, so daß die Römer sich zunächst zurückzogen und ihre Artillerie aufmarschieren ließen. Mit ihren Steinschleudern und Pfeilgeschützen schossen sie den Wall sturmreif. Es kam sowohl auf dem Wall als auch im Wald zum Nahkampf. „An Mut standen die Germanen den Römern nicht nach, aber die Eigenart des Kampfes und der Waffen ließ sie unterliegen. Ihre riesige Menge konnte auf dem engen Raum ihre mächtigen Lanzen nicht vorstoßen oder zurückziehen. Für wilden Ansturm, schnellen Anlauf war hier kein Feld, denn sie waren zum Kampf an Ort und Stelle gezwungen. Die Römer dagegen, den Schild an die Brust gepreßt und die Faust am Schwertgriff, durchbohrten die mächtigen Leiber der Barbaren und ihre ungeschützten Gesichter und bahnten sich so einen Weg durch Niedermetzeln der Feinde, während die Tatkraft des Arminius infolge der ständigen Gefahren bereits ermattete oder die frische Verwundung ihn hemmte. Selbst den Inguiomerus, der auf dem Schlachtfelde bald hier, bald dorthin jagte, verließ mehr das Glück als die Tapferkeit. Germanicus aber hatte, um leichter erkannt zu werden, den Helm abgenommen. Er bat seine Truppen, im Kampf nicht nachzulassen, sie brauchten keine Gefangenen, nur die Vernichtung des Volkes mache dem Krieg ein Ende."[24]

Die Römer blieben siegreich. Die Germanen, die zwar die römische Reiterei erfolgreich abwehren konnten, hatten große Verluste. Germanicus errichtete wieder ein Siegesdenkmal, auf dem er sich rühmte, alle Germanen zwischen Rhein und Elbe niedergekämpft zu haben. Dennoch trat er mit seinem Heer den Rückzug zum Rhein an, obwohl Hochsommer war, also kein Grund bestand, schon jetzt die Winterquartiere aufzusuchen.

Dieser Rückmarsch endete allerdings wieder in einem Fiasko. Germanicus ließ das Heer wieder an Bord seiner Flotte von 1000 Schiffen gehen, um nicht erneut auf dem Marsch angegriffen zu werden. Indessen geriet die Flotte in einen Sturm, der so heftig war, daß ein Teil der Schiffe versank. Die anderen wurden zerstreut. „Pferde, Zugtiere, Gepäck, selbst Waffen warf man über Bord, um den Ballast zu erleichtern, während das Wasser durch die Planken drang und die Wellen über Bord schlugen."[25] Germanicus hatte Glück im Unglück. Seine Fregatte wurde ans Ufer der Chauken getrieben, die ihm halfen, so daß er nach Abflauen des Sturmes wieder in See stechen und mit dem verbliebenen Rest seiner Flotte den schützenden Rhein erreichen konnte.

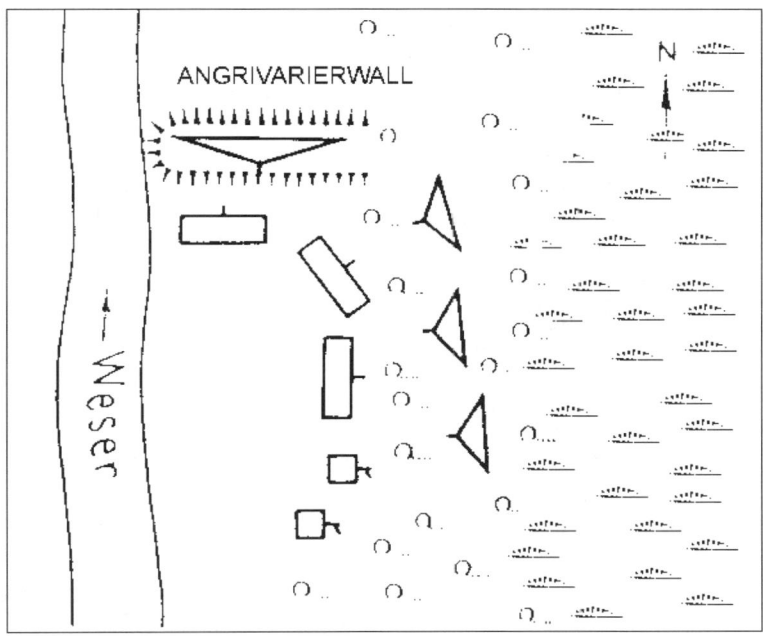

*Skizze nach Harald von Petrikovits*

Der Untergang der römischen Flotte verbreitete sich wie ein Lauf-feuer bei den Germanen, die darin vermutlich den Beistand ihrer Götter sahen, die ihnen so letztlich doch noch den Sieg über die Römer beschert hatten. Dies erkannte auch Germanicus. Um seine Überlegenheit zu demonstrieren, raffte er alle verbliebenen Trup-pen zusammen, fiel mit ihnen in das Land der Marser ein und ver-wüstete es. Ein Überläufer verriet ihm, wo die Marser ihren in der Varusschlacht erbeuteten Legionsadler aufbewahrten. Die Römer holten ihn und zogen sich befriedigt hinter den Rhein zurück.

Was hatte Germanicus erreicht? Es war viel Blut geflossen, auf beiden Seiten, es hatte riesige Verluste und viele Tote gegeben, Schlachten mit wechselndem Ausgang, aber Germanien war weit davon entfernt, von den Römern beherrscht zu werden. Kaiser Tiberius setzte dem Treiben ein Ende. Er berief Germanicus ab und übertrug ihm ein Kommando im Orient. Um ihn nicht zu verletzen, rühmte er seine Siege und bewilligte ihm für das nächste Jahr 17 einen großartigen Triumphzug in Rom. Aber er erinnerte ihn auch an die riesigen Verluste und hielt ihm vor, daß er selbst, der von Augustus neunmal nach Germanien geschickt worden sei, mehr durch Klugheit als durch Gewalt erreicht habe. Man solle jetzt die Germanen ihren inneren Zwistigkeiten überlassen. Als Germanicus nur noch um *ein* weiteres Jahr bat, erklärte Tiberius kategorisch, wenn wirklich noch weiter Krieg geführt werden müsse, dann solle der Ruhm dem jungen Drusus, dem Sohn des Tiberius, zukommen.

Germanicus gehorchte endlich. Als Trostpflaster wurde der ihm bewilligte Triumphzug mit großem Pomp durchgeführt. Unter dem Motto „Sieg über die Cherusker, Chatten, Angrivarier und alle Völ-ker zwischen Rhein und Elbe" wurden erbeutete Waffen, Abbildun-gen von Bergen, Flüssen und Schlachten sowie vornehme Gefangene mitgeführt, unter ihnen, wie erwähnt, auch Thusnelda mit ihrem kleinen Sohn Thumelicus und die Verwandten des Segestes. Ferner wurde eine Münze geprägt, die Germanicus auf dem Triumphwagen darstellt und die Inschrift trägt „Germanicus Caesar. Nach Wiederer-langung der Feldzeichen. Nach völliger Besiegung der Germanen."[26]

Wie indessen die Erfolge des Germanicus von Tiberius und dem Senat in Rom in Wahrheit beurteilt wurden, zeigt die Tabula Siaren-sis, in der nach dem Tode des Germanicus die Texte für drei Ger-

manicus-Gedenkbögen festgelegt wurden. Dort ist nur die Rede
davon, daß er die Germanen besiegt und erneut von Gallien
zurückgetrieben, Rache für die Niederlage des Varus-Heeres
genommen und die damals verlorenen Feldzeichen zurückgewonnen habe. Von einer Eroberung Germaniens vom Rhein bis zur
Elbe ist bezeichnenderweise nicht die Rede. Dies zeigt die prinzipi-
elle Wende der römischen Germanienpolitik, die mit der Abberufung des Germanicus vollzogen wurde.[27] Im übrigen schönt auch
dieser Text die Wahrheit, denn weder waren die Germanen endgültig besiegt noch waren alle Feldzeichen zurückgewonnen. Den dritten Legionsadler hatten noch immer die Chatten in Besitz.

Arminius und seine Germanen erkannten sofort,[28] daß mit der
Abberufung des Germanicus nicht nur der Krieg zuende war, sondern endlich nach achtjährigem Kampf das rechtsrheinische Germanien wieder frei war und sie somit letztlich die Sieger waren.
Anders wäre gar nicht zu verstehen, daß Arminius sofort daran
gehen konnte, durch eine riskante, möglicherweise langwierige
militärische Auseinandersetzung mit dem Marbod-Reich klare Verhältnisse zu schaffen.

Marbod hatte die Germanen zwischen Rhein und Elbe in ihrem
schweren, verlustreichen Kampf gegen die Römer allein gelassen.
Er hatte nach der siegreichen Varusschlacht die Aufforderung des
Arminius, am germanischen Befreiungskampf aktiv teilzunehmen,
abgelehnt. Er hatte im Gegenteil vor den Römern eine Verbeugung
gemacht, indem er den Kopf des Varus an Kaiser Augustus weiter-
schickte. Dabei hätte er aus der Erfahrung des Jahres 6 n. Chr. wissen müssen, daß die Arminius-Koalition auch für seine Freiheit
kämpfte, denn nach einem endgültigen Sieg der Römer über die
Arminius-Koalition hätten diese mit Sicherheit erneut einen
Angriff auf das Marbod-Reich unternommen.

Arminius war jetzt unbestritten der Held und Führer der germanischen Freiheitsbewegung, und er nutzte die Gunst der Stunde, um
alle Stämme des rechtsrheinischen Germanien unter seiner Führung
zu vereinen, sei es aus der richtigen Erkenntnis, daß die Germanen
nur vereint den Römern auf Dauer gewachsen wären, oder sei es aus
Machtstreben. Wir wissen es nicht. Jedenfalls rüstete er gegen Marbod. Dieser bat die Römer um Hilfe. Doch Tiberius verweigerte sie

ihm. Er fühlte sich in seiner Vorhersage, man könne jetzt die Germanen ihren inneren Zwistigkeiten überlassen, bestätigt.

„Die Kraft beider Völker, die Tüchtigkeit ihrer Führer waren ebenbürtig, aber den Marbod machte der Königstitel bei seinen Landsleuten verhaßt, während Arminius als Vorkämpfer für die Freiheit in Gunst stand. Daher entschlossen sich nicht nur die Cherusker und ihre Bundesgenossen, die alten Kampfgefährten des Arminius, zum Kriege, sondern es traten sogar aus dem Reiche des Marbod suebische Völker, wie die Semnonen und Langobarden, auf seine Seite. Durch diese Verstärkung hätte er das Übergewicht gehabt, wenn nicht Inguiomerus mit einer Schar seiner Anhänger zu Marbod übergegangen wäre, und zwar nur darum, weil er es als Oheim bei seinem Alter unter seiner Würde hielt, sich dem jugendlichen Sohne seines Bruders unterzuordnen. Die Heere marschierten auf, beide mit gleichen Aussichten auf Sieg, aber sie verzettelten nicht, wie früher die Germanen, ihre Kraft in planlosen Angriffen oder in zerstreuten Haufen, denn sie hatten bei den jahrelangen Kämpfen gegen uns gelernt, Reih und Glied zu halten, sich durch Reserven zu sichern und den Befehlen ihrer Heerführer zu gehorchen."[29]

Es kam an einem Ort, den wir nicht kennen, zu einer Entscheidungsschlacht. „Niemals standen größere Heermassen gegeneinander."[30] Doch keine Seite konnte einen entscheidenden Sieg erringen. Da jedoch Marbod und sein Heer in der folgenden Nacht heimlich abzogen, war seine Sache verloren. Große Teile seiner Truppen gingen zu Arminius über, und bald darauf wurde Marbod von einer starken gotischen Schar aus seinem Land vertrieben. Er flüchtete über die Donau und bat Tiberius um Asyl. Dieser wies ihm – allerdings ohne Gefolgsleute – einen Wohnsitz in Ravenna an, wo Marbod noch 18 Jahre lebte.

Arminius befand sich jetzt auf dem Höhepunkt seiner Macht. Er war nun der mächtigste Mann im freien Germanien. Doch wie so oft in solchen Situationen, war jetzt auch der Neid am größten. Arminius wurde im Jahre 21, vier Jahre nach seinem Sieg über Marbod, von propinqui, d.h. Verwandten oder Nahestehenden, ermordet. Wer waren seine Mörder? Man wird sie am ehesten unter den Angehörigen seines Schwiegervaters und Erzfeindes Segestes suchen dürfen. Aber auch Getreue seines Onkels Inguiomerus

kommen in Betracht. Nach der Niederlage des Marbod war er vermutlich ebenfalls heimatlos geworden, hatte aber sicherlich in der
Umgebung des Arminius immer noch Verwandte und Vertraute, die
ihm ergeben waren, ebenso wie Segestes. Jedenfalls nahmen nach
diesem Mord die inneren Kämpfe bei den Cheruskern ein solches
Ausmaß an, daß schon eine Generation nach Arminius die führende
Sippe, Tacitus nennt sie die stirps regia, die Königssippe, ausgerottet
und der Stamm fast zur Bedeutungslosigkeit herabgesunken war.
Tacitus berichtet für das Jahr 47: „In demselben Jahr erbat sich das
Volk der Cherusker einen König von Rom, da ihre Edlen bei inne-
ren Fehden umgekommen waren und nur noch ein einziger aus
königlichem Geblüt übrig war, nämlich Italicus, der in Rom lebte.
Sein Vater war Flavus, der Bruder des Arminius, seine Mutter die
Tochter des Chattenfürsten Actumerus, er selbst von schöner
Gestalt und in Gebrauch von Rossen und Waffen nach unserer wie
nach seiner Väter Weise geübt. Der Kaiser versah ihn daher reichlich
mit Geld, gab ihm eine Schar von Begleitern und ermahnte ihn, die
Würde seines Hauses in großem Sinne zu übernehmen."[31] Aber
auch er geriet in die stammesinternen Auseinandersetzungen und
konnte den Niedergang der Cherusker nicht aufhalten.

Tacitus urteilt über Arminius abschließend: „Übrigens hatte
Arminius, der nach dem Abzug der Römer und der Vertreibung des
Marbod nach der Königsherrschaft strebte, den Freiheitssinn seiner
Landsleute gegen sich, und als er, mit Waffengewalt angegriffen, mit
wechselndem Erfolg kämpfte, fiel er durch die Hinterlist seiner
Verwandten. Er ist unzweifelhaft der Befreier Germaniens und ein
Mann, der nicht, wie andere Könige und Heerführer, das römische
Volk in seinen Anfängen, sondern das römische Reich auf der Höhe
seiner Macht herausgefordert hat. In der Schlacht hat er mit wechselndem Glück gekämpft, aber im Kriege ist er unbesiegt. 37 Jahre
hat er gelebt, 12 davon im Besitz der Macht. Noch jetzt (100 n.Chr.)
wird er bei den barbarischen Völkern (den Germanen) besungen."[32]

Von Petrikovits hat den Versuch unternommen, allein aus den
Handlungen des Arminius ein Charakter- und Persönlichkeitsbild
zu erschließen. Er bezeichnet ihn als „hervorragenden militärischen
Führer, sein Geist war schärfer und realistischer, sein Wille diszipli-
nierter als bei den meisten seiner Landsleute."[33] Koestermann

97

bezeichnet ihn als „militärisches Genie", das Germanicus anfangs offensichtlich unterschätzt habe, weil die Niederlage im Jahre 9 nach offizieller römischer Lesart allein der Unfähigkeit des Varus angelastet wurde.[34] Arminius kannte das römische Heer und dessen Taktik aus eigener Erfahrung. Er wußte aus dem pannonischen Krieg, wie verwundbar die Römer durch die Taktik des Guerillakrieges waren. Die Römer durch plötzliche Überfälle in einem Gelände zu bekämpfen, in dem sie durch Berge, Wälder und Sümpfe an der Entfaltung ihrer an Zahl, Ausrüstung und Disziplin überlegenen Streitmacht gehindert waren, war bei Arminius ein fester taktischer Grundsatz, denn er wußte, daß die Germanen der operativ und taktisch überlegenen Legionsinfanterie der Römer in offener Feldschlacht nicht gewachsen waren. Deshalb überfiel er sie entweder auf dem Marsch oder lockte sie durch geschicktes Zurückweichen in das Gelände, in dem er sie stellen wollte, so 15 n. Chr. in der Schlacht, die Arminius den Römern lieferte, nachdem diese das Varusschlachtfeld besucht hatten. In der Schlacht selbst war die verstellte Flucht eine immer wiederkehrende Taktik. Die verfolgenden Römer lösten sich dann aus ihrer festen Formation und waren bei einer plötzlichen Kehrtwendung der Germanen leicht zu überwinden. In den beiden Schlachten des Jahres 16 n. Chr. stellte er sich dem Gegner jeweils an einer Stelle, an der er einen Teil seiner Truppen in einem seitlich verlaufenden Bergwald verstecken konnte, um so den Gegner in der Flanke fassen zu können. Wäre die Ausführung dieser Planung nicht durch Verrat bzw. mangelnde Disziplin vereitelt worden, hätten diese beiden Schlachten mit hoher Wahrscheinlichkeit einen anderen Ausgang genommen.

„Die außenpolitische Konzeption des Arminius war vom kompromißlosen Kampf gegen die Präsenz der Römer in rechtsrheinischem Germanenland bestimmt und im Bemühen, zur Verwirklichung dieses Zieles starke militärische Bündnisse mit anderen Stämmen aufzubauen. ... Zwei Stufen der Bündnispolitik sind zu erkennen: Zunächst ein militärischer Kampfbund gegen Rom, später der Aufbau einer machtpolitischen Hegemonie. Erst in dieser zweiten Phase konnte der militärische Konflikt mit dem anderen germanischen Hegemoniebereich, den Marbod an der Elbe aufgebaut hatte, nicht mehr vermieden werden. Hatte Arminius zunächst das allen verständliche Ziel der germanischen Freiheit verfolgt, so begab er sich mit seiner Außenpolitik nach 16 n.Chr. auf Wege, die als persönliches Machtstreben gedeutet werden konnten. Ob er nun ein größeres staatliches Gebilde deshalb anstrebte, um größere Gemeinschaftsaufgaben zu erfüllen, oder ob ihn die Erfahrung der Macht und seine Aktivität hinrissen, wird der kritische Historiker nach der vorliegenden Überlieferung nicht entscheiden können."[35]

Und wie ist Arminius moralisch zu beurteilen?

Im Gegensatz zu Germanicus, der unbewaffnete, schlafende Männer, Frauen und Kinder in großer Zahl abschlachten ließ, werden über Arminius keine Grausamkeiten oder andere Neidingstaten berichtet. Die Exzesse im Verlaufe der Varusschlacht, von denen Florus berichtet,[36] sind – soweit man diesem Autor überhaupt folgen will – als Racheakte einzelner Germanen zu verstehen, die abschließenden Tötungen gefangener Offiziere erfolgten im Rahmen einer Kulthandlung, als Opfer für den Gott Wodan.

Wenn die antiken Autoren im Zusammenhang mit der Varusschlacht von Verrat, Heimtücke und Hinterlist sprechen, so ist das aus ihrer Sicht zwar verständlich, als moralische Bewertung des Arminius aber unberechtigt. Ein Aufstand gegen eine übermächtige Besatzungsmacht hat nicht den Hauch einer Chance, wenn er vorher öffentlich angekündigt wird. Er muß zwangsläufig heimlich vorbereitet und überraschend ausgeführt werden. Und die Ausnutzung von Gelände- und Wettervorteilen ist einfach militärische Vernunft und hat mit Moral nichts zu tun.

An der moralischen Bewertung der Handlungen des Arminius ändert sich nichts, ob er nun lediglich Anführer eines bundesgenössischen Aufgebots oder Präfekt einer regulären, ständigen cheruskischen Auxiliarkohorte, also römischer Offizier war. Wenn Timpe, der das letztere vermutet, für diesen Fall von „Meuterei, bodenlosem Verrat und barbarischer Verschlagenheit" spricht, die Arminius, „den politischen Verbrecher großen Stils in einen ganz anderen Verständnishorizont rückt",[37] so ist das nicht nachvollziehbar. Gerade heute wissen wir, daß Gehorsam und Fahneneid Formalien sind, deren ethische Berechtigung jederzeit überprüfbar sein muß. So weist Weerth zum Vergleich auf den deutschen Widerstand gegen Hitler hin.[38] Für Hitler waren die Männer des Widerstandes selbstverständlich Verräter und Verbrecher. Nach unserem Verständnis von Moral und Ethik gehörten sie aber „zum Edelsten und Größten, was in der politischen Geschichte der Völker je hervorgebracht wurde" (Zitat Winston Churchill). Noch eindeutiger dürfte die moralische Berechtigung eines Widerstandes sein, der sich gegen die grausame Willkürherrschaft einer fremden Besatzungsmacht richtet. Die Herrschaftsausübung des Varus war grausam und willkürlich. Darin stimmen alle antiken Autoren überein. Und auch Arminius spricht, wenn Tacitus ihn zitiert,[39] von römischen Zwingherren, Rutenbündeln, Henkersbeilen und Hinrichtungen. Niemand macht den Mitgliedern der Resistance, der französischen Widerstandsbewegung gegen die deutsche Besatzungsmacht im 2. Weltkrieg, die teilweise pro forma mit den deutschen Militärbehörden zusammengearbeitet, insgeheim sie aber bekämpft haben, den Vorwurf, Verräter zu sein. Auch Arminius war daher kein Verräter, auch nicht nach germanischem Treueverständnis. Das Verhältnis Gefolgsherr-Gefolgsmann verpflichtete zu beiderseitiger Treue. Es schloß ein Widerstandsrecht in sich, das durch Rechtsbruch aktiviert wurde.[40]

Die Motive des Arminius sind offenkundig. Sie kommen in dem Streitgespräch mit seinem Bruder Flavus klar zum Ausdruck. Daß dieses Gespräch stattgefunden hat, bestreitet niemand. Tacitus gibt dieses Gespräch nicht, wie er es sonst gern tut, in wörtlicher Rede wieder, wobei naturgemäß viel von der Phantasie des Autors einfließt, sondern er nennt nur Stichwörter und Themen. An der darin zum Ausdruck kommenden Motivation des Arminius zu zweifeln, besteht kein sachlicher Grund. Arminius spricht hier von dem heiligen Recht des Vaterlandes, von der Freiheit, die sie von den Ahnen ererbt haben, und von den heimischen Göttern Germaniens. Ihm ging es also um die Befreiung Germaniens von römischer Unterdrückung. Befreiung von Knechtschaft und Willkür ist auch das Leitmotiv seiner Reden an seine Landsleute, als er sie zum Kampf gegen Rom aufruft.[41] Wenn demgegenüber Wolfram meint,[42] Arminius habe ausschließlich persönlicher Ehrgeiz getrieben, um die unbestrittene Vorherrschaft im eigenen Stamm zu erringen, so ist dies eine Vermutung, für die es keinerlei Beweise gibt. Als Arminius sich entschloß, gegen Marbod vorzugehen, war das Werk der

Befreiung Germaniens bereits vollendet. Zu seinem Motiv für dieses Vorgehen kann man nur die Feststellung von Petrikovits wiederholen: „Ob er nun ein größeres staatliches Gebilde deshalb anstrebte, um größere Gemeinschaftsaufgaben zu erfüllen, oder ob ihn die Erfahrung der Macht und seine Aktivität hinrissen, wird der kritische Historiker nach der vorliegenden Überlieferung nicht entscheiden können."[43]

Eines steht indessen unzweifelhaft fest: Arminius ist etwas Unglaubliches gelungen. Er hat in dem Konflikt zwischen den ungleichen Welten mit völlig ungleichen Machtpotentialen der Römer einerseits und der Germanen andererseits den germanischen Stämmen zwischen Rhein und Elbe die Freiheit wiedergegeben und ihnen damit die Möglichkeit zu einer eigenständigen Entwicklung erhalten.

# Der Nachruhm, Arminius = Siegfried?

Die Römer nannten ihn Arminius. Aber wie hieß er wirklich? Wie lautet der germanische Name des Arminius? Ist Arminius die latinisierte Form eines ursprünglich germanischen Namens? Vielleicht Hermann? Oder hat der Name Arminius überhaupt keine germanische Wurzel? Lautete sein germanischer Name also völlig anders? Vielleicht Siegfried, wie der größte deutsche Sagenheld?

Neben der Suche nach dem Ort der Varusschlacht ist die Suche nach dem wirklichen Namen des Arminius die meistdiskutierte Frage der Arminiusforschung. Die Frage nach dem Ort der Varusschlacht, für den es mehr als 700 verschiedene Theorien gab, ist seit den Entdeckungen von Kalkriese geklärt. Nach anfänglicher Skepsis gibt es heute in der Wissenschaft keine ernsten Zweifel mehr daran, daß die Legionen des Varus im Engpaß von Kalkriese ihr Ende fanden.

Zur Frage des ursprünglichen Namens des Arminius gibt es ebenfalls eine Flut von Veröffentlichungen und die unterschiedlichsten Antworten. Die bekannteste Antwort lautet Hermann. Dieser Name, den vor 500 Jahren Martin Luther eingeführt hat,[1] ist vor allem durch die Dramen von Klopstock „Hermanns Schlacht" (1769) und Heinrich von Kleist „Die Hermannsschlacht" (1821) populär geworden. Seit Ernst von Bandel das 1875 eingeweihte monumentale Hermannsdenkmal auf der Grotenburg im Teutoburger Wald errichtet hat, ist der Name Hermann so fest und tief im Bewußtsein der Deutschen verankert, daß der Sieger der Varusschlacht heute unter der Bezeichnung Hermann der Cherusker weit bekannter ist als unter dem Namen Arminius.

Indessen haben die Sprachwissenschaftler nachgewiesen, daß Arminius keine Latinisierung des deutschen Namens Hermann sein kann. Der latinisierte Hermann hätte Chariomannus geheißen.[2] Aber auch andere Versuche einer Ableitung aus germanischer Wurzel fanden vor den Sprachwissenschaftlern keine Gnade. So auch nicht der zuletzt von Hohl gemachte Vorschlag[3] einer Ableitung aus dem Wort irmin, das im Althochdeutschen und

Altsächsischen – siehe Irminsul – geläufig ist. Die Sprachwissenschaftler sind sich heute einig,[4] daß eine Ableitung des Namens Arminius aus germanischer Wurzel nicht möglich ist. Arminius ist ein originär römischer Name.

Sehr umfangreich ist auch die Literatur zur nächsten Frage, wie denn Arminius zu seinem römischen Namen gekommen sei. Wer hat ihm diesen Namen gegeben und warum? Da in einigen Abschriften der antiken Autoren die Schreibweise Armenius auftaucht, gibt es die Meinung,[5] Arminius habe diesen Namen wegen seiner angeblichen Teilnahme am römischen Armenienfeldzug erhalten. Arminius bedeute also „der Armenier". Diese Meinung stützt sich auf die Aussage des Velleius Paterculus, Arminius sei sein Kriegskamerad gewesen. Und Velleius hat am Armenienfeldzug des Tiberius teilgenommen.

Doch auch diese Ansicht gilt als widerlegt. Gegen sie spricht, daß „der Armenier" nicht Armenius, sondern richtigerweise Armeniacus heißen müßte, daß Arminius für eine Teilnahme am Armenienfeldzug, der im Jahre 1 n. Chr. stattfand, zu jung war, daß Velleius selbst, der es als sein Kriegskamerad schließlich wissen mußte, ihn kein einziges Mal Armenius schreibt, sondern immer nur Arminius, und daß Arminius mit Sicherheit keine äußere Ähnlichkeit mit einem Armenier hatte. Warum hätte man von allen Teilnehmern des Armenienfeldzuges ausgerechnet ihn als „den Armenier" bezeichnen sollen?

Abwegig erscheint auch die „ganz vage Überlegung" von Callies,[6] der Name Arminius könne sich aus einer vorgermanischen Sprache herleiten, so daß „die Familie des Arminius damit zu einem vorgermanischen Teil der Cherusker gehörte, der sich auch nach der Germanisierung in der führenden Schicht gehalten hat."

Am meisten Zustimmung hat folgende Erklärung gefunden: Wenn ein Nichtrömer mit dem römischen Bürgerrecht ausgezeichnet wurde, wie dies bei Arminius geschehen ist, war es zur Zeit des Kaiser Augustus durchaus üblich, daß der Ausgezeichnete den Namen des Römers annahm, der ihn für diese Auszeichnung vorgeschlagen hatte.[7] Nun gab es zu jener Zeit ein berühmtes etruskisches Rittergeschlecht der Arminii. Ein Angehöriger dieses Geschlechtes, also ein römischer Arminius, der unserem Arminius, dem Sigimer-Sohn, nahe stand, aus welchen Gründen auch immer, könnte letzteren für die Verleihung mit dem römischen Bürgerrecht empfohlen haben mit der Folge, daß der so Ausgezeichnete ab diesem Zeitpunkt ebenfalls Arminius hieß.

Doch so reizvoll die Forschungen zu der Frage, wie Arminius zu seinem römischen Namen gekommen ist, auch sein mögen, uns interessiert hier vor allem die andere Frage, wie der Sigimer-Sohn hieß, bevor er seinen römischen Namen erhielt. Könnte dieser Name Siegfried geheißen haben? Lebt daher in unseren Siegfriedsagen die Erinnerung an den Sieger der Varusschlacht fort, wenn auch verwoben und verändert durch jahrhundertelange mündliche Überlieferung?

Erstmals wurde diese Meinung 1837 von dem Germanisten Adolf Giesebrecht veröffentlicht. Neuerdings hat Unverfehrt aber darauf hingewiesen,[8] daß bereits 17 Jahre vor Giesebrecht der Student Karl Ludwig Sand, der Mörder Kotzebues, die gleiche These aufgestellt hat. Sand schrieb am 18.5.1820, zwei Tage vor seiner Hinrichtung: „Will uns die deutsche Kunst einen erhabenen Begriff von Freiheit bildlich geben, so soll sie unseren Hermann, den Erretter des Vaterlandes, darstellen, stark und groß, wie ihn das Nibelungenlied unter dem Namen Siegfried nennt, der kein anderer als unser Hermann ist."

Nach Giesebrecht griffen zahlreiche Autoren seine Gekanken auf. Doch die Wissenschaft stand dieser Hypothese lange Zeit äußerst skeptisch gegenüber. Erst in den letzten Jahrzehnten haben sich auch namhafte Wissenschaftler in die Zahl der Befürworter eingereiht,[9] und zwar mit gewichtigen Argumenten.

Erstens: Der Vater des Arminius hieß Sigimer = Siegmar. Arminius war mit sehr hoher Wahrscheinlichkeit sein Erstgeborener. Andernfalls wäre es nicht zu verstehen, daß er als ganz junger Mann sowohl die Führung des bundesgenössischen Aufgebots der Cherusker übertragen bekam als auch zum Anführer des Aufstandes aufstieg. Wie im Kapitel „Die Welt der Germanen" dargelegt und mit zahlreichen Beispielen belegt wurde,[10] besaß jede germanische Sippe einen Wortstamm als eigenes unveränderliches Kennzeichen, in dem sie ihre individuelle Besonderheit, ihre Ehre und ihr Heil ausgedrückt sah. Dieser Wortstamm – manchmal waren es auch zwei, sehr selten noch mehr – wurde von Generation zu Generation weitergegeben und kehrte in jedem Namen der Sippe wieder. Wenn dieser Wortstamm in der führenden Cheruskersippe Sieg hieß, wie es der Vatername Siegmar nahelegt, so könnte Arminius als erstgeborener Sohn durchaus Siegfried geheißen haben.

Nun gab es in der führenden Cheruskersippe aber offensichtlich zwei Wortstämme, denn der Bruder des Sigimer hieß Inguiomer, neben Sieg also noch den Wortstamm Ing. Dennoch ist es naheliegend, daß der erstgeborene Sohn des Siegmar den Wortstamm des Vaters weiterführte.

Zweitens: „Noch immer wird er (Arminius) bei den germanischen Stämmen besungen", berichtet Tacitus ca. 100 Jahre nach Arminius Tod in den Annalen. Und in der Germania schreibt er: „Lieder sind bei ihnen (den Germanen) die einzige Art der Überlieferung".[11] Es gab also Heldenlieder, in denen die Taten des Arminius gerühmt und sein tragischer, allzufrüher Tod betrauert wurde. Hieß er Siegfried, so waren dies Siegfriedlieder. Derartige Lieder wurden sowohl von Skalden an den Fürstenhöfen vorgetragen als auch bei Zusammenkünften der verschiedensten Art, auch auf Kultfesten, gemeinsam gesungen. Und diese Lieder hatten eine sehr lange Lebensdauer. So besingt das Nibelungenlied, das um 1200 niedergeschrieben wurde, historische Personen, die 700-800 Jahre vorher gelebt haben. Gunter ist der Burgunderkönig Gundahar, Etzel der Hunnenkönig Attila und Dietrich von Bern der Ostgotenkönig Theoderich. Im Jahre 436 wurden die Burgunder unter ihrem König Gundahar von einem Hunnenheer unter Führung Attilas vernichtet. Attila starb 453, und zwei Jahre später verließen die Hunnen Europa in Richtung Asien, woher sie ein dreiviertel Jahrhundert zuvor gekommen waren. Theoderich ist frühestens 451 geboren. Er starb 526 in Ravenna. Er kann also gar nicht 30 Jahre lang im Exil am Hofe Attilas geweilt haben, wie es das Nibelungenlied bekundet. Hier zeigt sich, daß durch mündliche Überlieferung über viele Jahrhunderte die Schicksale von Personen aus verschiedenen Epochen miteinander verwoben werden und daß vom Leben mancher historischen Person nur noch ihr Name und vielleicht eine Ortsbezeichnung übrigbleibt, wie bei Dietrich von Bern. Mit Bern ist Verona gemeint, wo Theoderich eine seiner Residenzen hatte.

Allerdings hatten sich andere Ostgotenkönige jahrzehntelang am Hofe Attilas aufgehalten, waren seine Gefolgsleute und kämpften mit ihrem Ostgotenheer in den Schlachten Attilas an der Seite der Hunnen, so u. a. 451 in der Schlacht auf den Katalaunischen Feldern, einer der Schicksalsschlachten Europas, wo die verbündeten Römer, Franken und Westgoten Attilas Heer besiegten. Vermutlich ist dieses jahrzehntelange Vasallenverhältnis zwischen Attila und den Ostgotenkönigen in der Sage auf Theoderich übertragen worden.

Auch die Heldenlieder der Edda zeugen von einer sehr langen Lebensdauer. Sie wurden um 1220 auf Island niedergeschrieben, aber zuvor viele Jahrhunderte hindurch mündlich überliefert. Aus sprachlichen Gründen datiert man die ältesten Eddalieder in das 6. Jahrhundert. Auch sie besingen historische Persönlichkeiten aus der germanischen Frühzeit. Überraschend ist, daß sie in der Mehrzahl von südgermanischen Helden handeln, so von dem großen Gotenkönig Ermanerich, der sich selbst den Tod gab, als im Jahre 375 die Hunnen sein Reich zerstörten, von der Rugierkönigin Giso, die um 500 lebte, und natürlich von dem Burgunderkönig Gundahar und seinem Gegenspieler Attila. Der größte Held, den die meisten Lieder besingen, ist aber auch hier Siegfried, der in der Edda allerdings Sigurd heißt. Der Inhalt der Sigurdlieder ist jedoch mit den deutschen Siegfriedsagen weitgehend identisch. All diese Lieder müssen in alter Zeit germanisches Gemeingut gewesen sein, die im Süden wie im Norden gesungen wurden.

Aber auch den Liedern, die nordgermanische Helden besingen, liegen meistens historische Personen zugrunde, die viele Jahrhunderte zuvor gelebt haben, so die Könige aus dem Geschlecht der Inglinge,[12] nämlich Egil, Adil, Aun und Ottar, die im 5. und 6. Jahrhundert gelebt haben und unter vier Grabhügeln in Uppsala in Schweden bestattet sind.

Drittens: Wenn fast allen großen Sagengestalten historische Personen zugrunde liegen, soll ausgerechnet der größte deutsche Sagenheld, Siegfried, eine Phantasiegestalt sein? Nachdem wir durch Tacitus wissen, daß der Sigimer-Sohn in die germanische Heldendichtung eingegangen ist und noch drei Generationen nach seinem Tode von allen germanischen Stämmen besungen wurde, kann man sich nur schwer vorstellen, daß er spurlos wieder daraus verschwunden sein soll.

Viertens: Was hat der Sagensiegfried mit Arminius gemein? Wir sahen bereits an der Gestalt Theoderich = Dietrich von Bern, daß die Sagen, die über viele Jahrhunderte mündlich forterzählt wurden, manchmal außer dem Namen nichts weiter mit der historischen Person gemein haben. Doch zwischen dem Sagensiegfried und Arminius gibt es eine auffällige Gemeinsamkeit: Beide wurden heimtückisch ermordet und die Mörder sind ihre Verwandten. Da vermutet wird, daß die Mörder des Arminius in der Sippe seines Schwiegervaters und Erzfeindes Segestes zu suchen sind,[13] ist die Gemeinsamkeit noch deutlicher. Dann wurden beide von den Verwandten ihrer Ehefrau ermordet.

Auch das von Tacitus berichtete Motiv, daß Arminius seinen freiheitsliebenden Landsleuten zu mächtig geworden war, kehrt in den Siegfriedsagen wieder, und zwar sowohl im Sigurdlied als auch im Nibelungenlied (Strophe 993), und Höfler nimmt an, daß es sich im Vergleich zum Rachemotiv der gekränkten Brunhild um das ältere, ursprüngliche Motiv handelt.[14]

Hätte Ludwig der Fromme die von seinem Vater, Karl dem Großen, veranlaßte Sammlung alter germanischer Lieder nicht vernichtet, besäßen wir die Siegfriedlieder in urwüchsiger Gestalt und könnten aus ihnen vielleicht noch mehr Gemeinsamkeiten mit Person und Leben des Sigimer-Sohnes herauslesen.

Fünftens: Es gibt aber noch einen weiteren Anknüpfungspunkt, auf den Bickel aufmerksam gemacht hat.

Nach der Sage ist Siegfried ein Königssohn aus Xanten am Rhein. Dort residierten seine Eltern Siegmund und Sieglinde – auch hier wieder der Wortstamm Sieg – auf einer Burg. Aber in Xanten hat es nie ein Herrschergeschlecht gegeben. Von daher gab es keine historische Basis für eine Heldentradition. Xanten war von Anfang an eine Stätte der Heiligen und Mönche. Aber Xanten war das alte Castra Vetera, das Hauptlager der römischen Rheinarmee. Hierhin retteten sich die Überlebenden des Varusheeres, und hier war der Ausgangspunkt der Feldzüge des Germanicus. Und rings um Vetera siedelten die Sugambrer, einer der unbeugsamsten Germanenstämme im Kampf gegen Rom. Tiberius hatte sie im Jahre 8 v.Chr. zur Strafe für ihre Weigerung, sich Rom zu unterwerfen, vom rechten Rheinufer nach hier umgesiedelt.[15] Hier also liefen die Nachrichten über den historischen Arminius zusammen, so daß nur er als Figur einer Heldentradition in Betracht kommt. So konnte in der Sage Xanten zum Geburtsort Siegfrieds werden.

Auch für die Burg, auf der Siegfrieds Eltern residiert haben sollen, gibt es einen Anknüpfungspunkt. Die römische Stadt Colonia Trajana, die Kaiser Trajan vor den Toren des alten Castra Vetera hatte anlegen lassen und aus der Xanten hervorgegangen ist, wurde gegen Ende des 3. Jahrhunderts eine Ruinenstadt, nachdem dort die römische Herrschaft unter dem Ansturm der Franken zusammengebrochen war. Aber es waren imponierende Ruinen. Noch im 7. Jahrhundert ragten die Reste des römischen Kapitols so gewaltig empor, daß sie von der Bevölkerung als „alte Burg" gedeutet und angesprochen wurden. Sie könnte mit den Nachrichten und Mythen über Arminius/Siegfried in Verbindung gebracht worden sein und so Eingang in die Siegfriedsage gefunden haben.[16]

Sechstens: Otto Höfler, der nach eigenem Bekunden der Vermutung, daß die Gestalt des Arminius die Grundlage der Siegfriedsagen sei, lange mit großer Skepsis gegenübergestanden hat,[17] nach intensiver Beschäftigung mit dieser Problematik aber zu einem überzeugten Anhänger dieser These wurde, hat noch weitere Argumente beigesteuert, darunter als besonders gewichtiges Argument die Deutung des Drachenkampfes.

In einer der bekanntesten Siegfriedsagen besiegt der junge Held den furchtbaren, feuerspeienden Drachen und tötet ihn. Durch diese Tat gewinnt er nicht nur den Nibelungenhort, sondern befreit auch die Bevölkerung von Drangsal und ständiger Bedrohung.

Nun kommt Höfler nach sorgfältigen und umfangreichen Untersuchungen zu dem Ergebnis,[18] daß bei vielen Völkern der geschichtliche Sieg über einen historischen Feind unter dem Bild bzw. Sinn-Bild eines Drachenkampfes gesehen und der Tradition übergeben wird. Derartige Drachenmythen enthält bereits das Alte Testament in Bezug auf die Kämpfe zwischen Israel und Babylon sowie Israel und Ägypten. Im alten Persien wurde der mythische Held Verethraghna als Drachentöter verehrt und galt als Vorbild der siegreichen persischen Könige und ihrer Heere. Einen ähnlichen Drachenmythos gab es auch im alten Indien in Beziehung zu den Feinden der Inder, den Derbhikern.

Geschichtliche Kämpfe und Siege sind also schon in sehr frühen Zeiten unter dem erhöhenden Sinnbild des glorreichen Drachenkampfes verinnerlicht worden. Eine solche Übersetzung geschichtlicher Ereignisse in die Sprache des Mythos ist daher weder psychologisch noch kulturhistorisch ungewöhnlich. Der Drachen, das Ungeheuer, das die kosmische Ordnung bedroht, ist Symbol für den geschichtlichen Feind, der die Lebensordnung, Freiheit und Existenz des Volkes vernichten will.

In Bezug auf die Siegfriedsage kommt noch folgendes hinzu: Unser Wort Drachen kommt aus dem Lateinischen, nämlich von draco. Die germanischen Mythen und Sagen kennen nur Lindwürmer und Riesenschlangen. Den draco=Drachen lernten die Germanen als römisches Feldzeichen kennen, und als solches gewann er in den Jahrhunderten römisch-germanischer Soldatengemeinschaft große Bedeutung für die germanische Vorstellungswelt. Und so wie den Römern ihre Feldzeichen heilig waren, und der Verlust des Legionsadlers den Untergang der Legion bedeutete, so war der Verlust der Drachenstandarte der Untergang des römischen Heeres. Wer also einen großen Sieg über die Römer errungen hatte, der hatte den Drachen besiegt.[19]

Wenn Arminius Siegfried geheißen hat, dann ist sein Drachenkampf mit hoher Wahrscheinlichkeit Symbol für seinen Sieg über die Römer. Daß im übrigen die Siegfriedsage sehr alt ist, beweist der gotländische Bildstein Austers I. Diese Bildsteine, die in heidnischer Zeit auf Gotland geschaffen und aufgestellt wurden, enthalten Motive aus Götter- und Heldensagen. Der Stein Austers I ist einer der ältesten. Er wird zwischen 400 und 600 n. Chr. datiert. Auf ihm ist der Kampf Siegfrieds gegen den Drachen, der hier einem riesigen Tausendfüßler ähnelt, dargestellt.[20]

Siebtens: Von den weiteren Argumenten, die Höfler für die Identität Arminius = Siegfried beisteuert, soll hier nur noch eines angeführt werden: Die Edda nennt die Stätte, auf der Sigurd den Drachen besiegte, die Gnitaheide. Diese Bezeichnung taucht überraschenderweise schon vor der Niederschrift der Edda in einer Beschreibung auf, die der isländische Abt Niculas von seiner Pil-

110

gerreise gibt, die ihn um 1150 durch Deutschland nach Rom führte. Diese Reise führte ihn mitten durch das ehemalige Cheruskerland, nämlich über Nienburg – Minden – Paderborn, und bei der Schilderung dieses Reiseweges fügt er unvermittelt ein, „dort ist die Gnitaheide, wo Sigurd den Drachen schlug".[21]

Höfler identifiziert die Gnitaheide mit dem Ort Knetterheide, der auf halbem Wege von Minden nach Detmold liegt, und meint, dies müsse der Ort der Varusschlacht sein.[22] Diese Meinung ist inzwischen durch zwei jüngere Erkenntnisse widerlegt. Seit den Ausgrabungen von Kalkriese wissen wir, daß die Legionen des Varus dort untergingen, und der Ort Knetterheide ist nicht aus Gnitaheide hervorgegangen, sondern geht auf einen Siedler namens Bernd Knetter zurück, der sich dort um 1590 niederließ.[23]

Was jedoch bleibt, ist die Tatsache, daß nach isländischer Überlieferung der Ort, wo Siegfried den Drachen besiegte, in Nordwestdeutschland liegt, und zwar im Cheruskerland. Wenn die Siegfried-Drachenkampf-Sage wirklich den entscheidenden Sieg über einen historischen Gegner symbolisiert, so ist zunächst zu fragen, ob es im 1. Jahrtausend noch andere derart entscheidende Siege im nordwestdeutschen Raum gegeben hat. Hierfür kommt allenfalls die Schlacht am Süntel im Jahre 782 in Betracht, in der die Sachsen unter ihrem Herzog Widukind ein Frankenheer Karls des Großen besiegten. Aber abgesehen davon, daß diese Schlacht die Unterwerfung und Christianisierung der Sachsen nicht verhindern konnte, wissen wir durch den Bildstein Austers I, daß die Siegfried-Drachenkampf-Sage älter ist als die Schlacht am Süntel. So bleibt einzig der Sieg des Arminius über die Römer, wobei unwichtig ist, ob die Sage an die Varusschlacht oder an den Gesamtsieg im 7-jährigen Krieg von 9-16, von der Varusschlacht bis zur Abberufung des Germanicus, anknüpft. In jedem Falle wäre dann erwiesen, daß der germanische Name des Arminius Siegfried lautete. Umgekehrt gilt das gleiche: Wenn der Sigimer-Sohn tatsächlich Siegfried geheißen hat, dann ist diese Überlieferung ein Beweis für die Richtigkeit der Annahme, daß diese Siegfried-Drachenkampf-Sage den Sieg des Arminius über die Römer symbolisiert.

Abschließend kann festgestellt werden, daß die These, die Siegfriedgestalt unserer Sagen sei aus den alten Heldenliedern und der

111

Erinnerung an den historischen Arminius erwachsen, nicht bloßes Wunschdenken von Schwärmern ist, sondern durchaus eine solide wissenschaftliche Basis hat.[24] Freilich läßt sich diese These niemals zweifelsfrei beweisen.

# Die Wiederentdeckung
## Ulrich von Hutten
## und die deutschen Humanisten

Das Mittelalter hatte Arminius vergessen. Selbst wenn wir unterstellen, daß Arminius bei seinen Landsleuten Siegfried hieß und in Siegfriedliedern besungen wurde, so hat sich diese Überlieferung im Laufe der Jahrhunderte so stark verändert, daß seine historischen Taten, der Sieg über die Römer und die Befreiung Germaniens von römischer Zwangsherrschaft, nicht mehr erkennbar waren. Auch die Schriften der antiken Autoren Tacitus, Velleius Paterculus, Florus und Cassio Dio waren verschollen und vergessen. Tausend Jahre Christentum mit dem alleinigen Herrschaftsanspruch der vom Papst geführten christlichen Kirche hatten dafür gesorgt, daß die Erinnerung an alles, was aus heidnischer Zeit stammte, erlosch. Zwar wurden in den Klöstern antike Texte zu Schreibübungen abgeschrieben, doch die Kenntnis vom Inhalt dieser Texte drang über die Klostermauern nicht hinaus.[1] Es bedurfte erst der Renaissance, der Wiedergeburt der Antike, um diese Schriften in den Klöstern zu entdecken und der Allgemeinheit zugänglich zu machen.

Die Kulturepoche der Renaissance nahm ihren Anfang um die Mitte des 14. Jahrhunderts in Oberitalien, wo in den aufblühenden Städten die Bürger durch Handels- und Finanzwirtschaft zu Macht und Reichtum gekommen waren und sich selbstbewußt neben dem Adel und der Kirche in Szene setzten. Sie verbreitete sich von dort im 15. Jahrhundert nach Mittel- und Westeuropa und erfaßte alle Bereiche des Geistes- und Kulturlebens: Literatur, Musik, Malerei, Bildhauerei, Architektur und Philosophie, stimuliert durch die großen Entdeckungen und Erfindungen dieser Zeit. Namen wie Erasmus von Rotterdam, Petrarca, die Medici, Leonardo da Vinci und Michelangelo, Albrecht Dürer und Lukas Cranach, Kopernikus und Columbus stehen für diese Epoche. Letztlich waren auch die Aufklärung und die Reformation Kinder der Renaissance. Die literarischen Vertreter der Renaissance, die Sprache, Literatur und Wissenschaft der Antike wiederentdeckten und pflegten, bezeichnet man als Humanisten, in Anlehnung an die „Studia humanitatis" genannten humanistischen Lehrfächer der Universitäten. Ihre Professoren und Studenten galten als Vorbilder antiker Gelehrsamkeit und des Lebensideals einer auf literarischer Bildung gegründeten Menschlichkeit.

Die Renaissance erfaßte schließlich auch die katholische Kirche. Papst Nikolaus V. (1447-1455), selbst gelehrt und kunstsinnig, berief Wissenschaftler und Künstler nach Rom, gründete die Vatikanische Bibliothek und ließ zu diesem Zweck die deutschen Klöster Hersfeld, Fulda, Köln, Reichenau und St.Gallen nach antiken Schriften durchsuchen. Er wurde überall fündig und holte u. a. aus Hersfeld den sog. Codex Hersfeldensis, der auch die Germania des Tacitus enthielt, nach Rom. Dort ging sie, nachdem glücklicherweise zuvor 30 Abschriften gefertigt worden waren, bald wieder verloren. Indessen standen nun den deutschen Humanisten binnen weniger Jahrzehnte die für die Kenntnis des germanischen Altertums wichtigsten antiken Quellen zur Verfügung. Die ersten Ausgaben der Germania erschienen 1470 in Venedig und 1473 in Nürnberg. Im Jahre 1500 hielt der deutsche Humanist Konrad Celtis an der Wiener Universität die erste Vorlesung über die Germania. Die Annalen des Tacitus erschienen erstmals 1515 in Rom, und bald darauf waren auch die Schriften von Velleius Paterculus, Florus, Strabo, Sueton und Cassius Dio zugänglich.

Interessanterweise förderte die Wiederentdeckung der antiken Schriften die Herausbildung eines Nationalbewußtseins der jungen Völker, insbesondere der Deutschen und Franzosen. Man war bestrebt, den Hochkulturen der Griechen und Römer eine eigene Identität entgegenzusetzen. Den deutschen Humanisten boten hierfür die Schriften des Tacitus eine ideale Basis. Mit seinem Bild vom Leben der Germanen, ihrer Freiheitsliebe und ihrem Kampfesmut, der Einfachheit und Reinheit ihrer Sitten, konnte man sich mühelos identifizieren, und die Heldengestalt des Arminius, der ganz auf sich allein gestellt, behindert von einer Vielzahl innerer und äußerer Feinde, die Kräfte der Germanen bündelte, die Römer besiegte und das „deutsche Vaterland" von bedrückender Fremdherrschaft befreite, erfüllte mit nationalem Stolz. So lieferten die Schriften des Tacitus willkommenes Material, „um den übertriebenen Ahnenstolz der italienischen Humanisten zu bekämpfen, die die Deutschen roh und kulturlos schmähten".[2]

Obwohl fast alle deutschen Humanisten, auch Ulrich von Hutten, Italien bereisten, um auf den Spuren der Antike zu wandeln, die alten Schriften zu studieren und sich von der hochstehenden italienischen Kultur inspirieren zu lassen, reagierten sie auf den italienischen Hochmut empfindlich. Sie stellten daher ihre nationale deutsche Identität bewußt in einen Gegensatz zur italienischen. An den deutschen Humanisten wird deutlich, daß ein Nationalbewußtsein nicht notwendigerweise einen Nationalstaat benötigt. Deutschland bestand damals wie das alte Germanien aus einer Vielzahl von Stämmen und Landschaften. „Trotz dieser Vielfalt verband die Deutschen ein gemeinsames Kultursubstrat, gemeinsame Lebensbedingungen und vor allem ein scharf ausgeprägtes Tugendsystem, das sie von anderen Völkern unterschied. Es ist keine Frage, daß in dem Bewußtwerden des Andersseins auch ein Akt der Selbstfindung, der Identität durch Abgrenzung lag: Germanische Einfachheit und Anständigkeit statt römischem Luxus und Laster; deutsche Treue statt welscher Verlogenheit; deutsche Tapferkeit und Freiheit statt italienischer Kriecherei und Unterwürfigkeit. Dieses Argumentationsmuster ist bis auf unsere Tage ein wichtiges Ferment nationaler Selbstfindung geblieben, unbeschadet des realen Gehaltes, der ihm zugrunde liegt."[3]

Darüber hinaus war es das Bewußtsein gemeinsamer Abstammung und gemeinsamer Geschichte, von Arminius über Karl den Großen, die Ottonen, Salier und Staufer bis in die Gegenwart. Es war das Nationalbewußtsein bzw. Selbstbewußtsein als Kulturnation. Im Gegensatz zu den Franzosen und Engländern, die sich als Staatsnation verstanden,[4] ist es den Deutschen die meiste Zeit ihrer Existenz nicht gelungen, sich in einem Einheitsstaat zu organisieren. Das Deutsche Reich war seit dem Ende der Staufer nur eine schwache Klammer um weitgehend souveräne Kleinstaaten und konnte innerdeutsche Kriege nicht verhindern. Obwohl die Sehnsucht nach einer starken Zentralgewalt immer vorhanden war und die Forderung nach einem Ende der deutschen Zwietracht sich wie ein roter Faden durch die gesamte deutsche Geschichte zieht, blieb den Deutschen bis 1871 die staatliche Einheit versagt, so daß ihnen durch die politische Realität gar keine andere Wahl blieb, sich als Kulturnation zu verstehen, als deutsche Nation gemeinsamer Abstammung, Sprache und Kultur, und darin seine Identität, sein nationales Selbstverständnis zu finden. In diesem Sinne hat es ein deutsches Nationalbewußtsein von anbeginn gegeben.

Bei der Italien-Aversion der deutschen Humanisten spielten die „Gravamina (Beschwerden) der deutschen Nation" eine nicht unbedeutende Rolle. Sie wurden auf Flugblättern verbreitet und beschäftigten ab der Mitte des 15. Jahrhunderts alle Reichs- und Landtage. Die Deutschen wehrten sich gegen die übermäßige finanzielle Ausbeutung durch den apostolischen Stuhl, der nach dem Finanzausfall, der durch die Schaffung der Nationalkirchen in England, Frankreich und Spanien entstanden war, einen Ausgleich bei den Deutschen suchte. Angesichts der sittlichen Verwahrlosung eines Großteils der katholischen Kirche, angefangen beim Papst über die Kardinäle und Priester bis hinunter zu den Mönchen und Nonnen in den Klöstern, war die Erbitterung hierüber besonders groß. Die Profitgier des Klerus, der Ablaßhandel, der Freikauf von Sünden zur Finanzierung päpstlicher Ausschweifungen und Extravaganzen wurden besonders von den deutschen Humanisten angeprangert. Diese Mißstände waren auch Gegenstand der 95 Thesen Martin Luthers, die er am 31. Oktober 1517 an die Tür der Schloßkirche zu Wittenberg heftete und die den Beginn der Reformation markieren.

Die geistige Verbindung und Wechselwirkung zwischen den deutschen Humanisten, wie Conrad Celtis, Johann Reuchlin, Philipp Melanchton, Jacob Wimpferling und Ulrich von Hutten einerseits und den Reformatoren um Martin Luther andererseits war besonders eng und fruchtbar. Sie alle nahmen die antiken Berichte über die alten Germanen begeistert auf und waren stolz auf den Vaterlandsbefreier Arminius. So erklärt Luther seinen Tischgenossen: „De Arminio. Wenn ich ein poet wer, so wolt ich den celebriren. Ich hab in von hertzen lib. Hat hertzog Herman geheißen."[5]

Der Name Hermann für Arminius findet sich bei Martin Luther zuerst, so daß er zu Recht als Begründer dieser volkstümlichen und langlebigen Namensgebung gilt. Etwas verblüfft ist man über die Begründung, die Luther für diese Namenswahl gibt, denn sie hat mit sprachwissenschaftlichen Überlegungen nichts zu tun. Bei der Auslegung des 82. Psalms schreibt er 1530: „Herman, den die Latini übel verkeren und Ariminium nennen, heist aber ein Heer man, dux belli, der zum heer und streit tüchtig ist, die seinen zu retten und forn an zu gehen, sein leib und leben drüber wogen."[6]

Bei allem Stolz auf den Freiheitskämpfer und Feldherrn Arminius bereitet den Reformatoren jedoch sein „Verrat" an den Römern Probleme, denn die Reformatoren lehnten jeden Aufruhr gegen die Obrigkeit strikt ab. So verurteilten Luther, Melanchton und Spalatin auch den Bauernaufstand 1524/25 ganz entschieden und befürworteten seine grausame Unterdrückung. Spalatin bezeichnet in seinem 1535 erschienenen Buch „Von dem theuren Deutschen Fürsten Arminio" den Cherusker als „einen listigen Menschen, der bei den Römern im Kriege erzogen und hochgekommen und bei ihnen auch ehrlich gehalten worden war."[7] In der Ethik der Reformatoren waren Ungehorsam, Untreue und Aufruhr gegenüber den Herrschenden Untaten, ganz gleich wie grausam und ungerecht das Regime der Unterdrücker handelte.

Ganz anders sahen dies die Humanisten. Für sie hat ein Regime, das auf Unrecht und Gewalt errichtet ist, seinen Anspruch auf Treue und Gehorsam verwirkt, ganz im Sinne unseres modernen Rechts auf Widerstand. Für sie war daher Arminius moralisch unbefleckt. Er war ein Nationalheld, der uneingeschränkte Verehrung verdiente.

Am klarsten und nachhaltigsten hat dies Ulrich von Hutten in seinem Arminius-Dialog formuliert, den er vermutlich bereits während seines Italienaufenthaltes 1516/17 verfaßte, der aber erst nach seinem Tode 1529 erschien. Ulrich von Hutten entstammte einem fränkischen Rittergeschlecht. 1488 auf der Steckelburg im Hessischen geboren und bis 1505 in der Klosterschule Fulda erzogen, führte er wie viele seiner Standes- und Altersgenossen ein Vagantenleben an verschiedenen deutschen und italienischen Universitäten, u.a. in Köln, Leipzig, Wittenberg, Padua und Bologna, diente vorübergehend auch im Heer Kaiser Maximilians I., setzte 1516/17 seine Studien in Rom, Bologna und Ferrara fort und wurde

117

ein Jahr später von Kaiser Maximilian in Augsburg zum Dichter gekrönt. Er war befreundet mit Luther und Zwingli, Erasmus von Rotterdam und vielen namhaften Humanisten, starb jedoch schon 1523, gerade 35 Jahre alt, auf der Insel Ufenau im Zürichsee.

Ulrich von Hutten war ein hochgebildeter Dichter und Humanist und ein brillanter politischer Schriftsteller. Er kämpfte leidenschaftlich für die Reformation, gegen kirchliche Mißstände und das Papsttum und für eine Reichsreform mit dem Ziel eines starken Kaisertums. Seine Schriften erlangten bereits zu seinen Lebzeiten große Verbreitung. Die größte Bedeutung und nachhaltigste Wirkung erzielte jedoch sein Arminius-Dialog.

Hutten hatte in Italien die Werke des antiken griechischen Schriftstellers Lukian studiert, der u. a. Totengespräche geschrieben hat, in der Unterwelt geführte Dialoge zwischen längst Verstorbenen. In einem dieser Totengespräche erscheinen vor dem Gerichtshof des Minos die Feldherren Alexander, Scipio und Hannibal und streiten darum, wer von ihnen der beste Feldherr gewesen sei. Am Ende des Gespräches lautet das Urteil des Minos, daß Alexander der erste Rang gebühre, zweiter sei Scipio und dritter Hannibal. An dieses Urteil knüpfte Hutten an. Sein Dialog beginnt mit dem Auftritt des Arminius vor Minos, dem er erklärt, daß sein Urteil ungerecht sei, weil er ihn, den Arminius, völlig übergangen habe, so als habe er gar nicht gelebt. Minos räumt das Versehen ein und erklärt sich bereit, Arminius anzuhören und auf dessen Bitte erneut Alexander, Scipio und Hannibal vorzuladen und zusätzlich Tacitus als Kronzeugen. Letzterer wiederholt zunächst wörtlich sein geschichtliches Urteil über Arminius aus Annalen II,88, und der Gott Merkur bescheinigt die absolute Aufrichtigkeit und Wahrheitsliebe dieses Historikers. Sodann entwickelt sich eine lebhafte Diskussion, in der Arminius Gelegenheit erhält, alle Argumente vorzutragen, die für seine herausragende Bedeutung als Feldherr sprechen, und zugleich die Bedenken seiner Gesprächspartner hinsichtlich seiner moralischen Integrität, nämlich Verrat an den Römern, Grausamkeit in der Varusschlacht und Streben nach der Königsherrschaft, zu entkräften. In der Argumentation des Arminius hält sich Hutten zwar strikt an die antiken Texte, fügt also keine erfundenen Tatsachen hinzu, von unwesentlichen Ausschmückungen abgesehen, verbindet jedoch die überlieferten Nachrichten äußerst geschickt und bezeichnet Arminius und seine Landsleute als Deutsche und Germanien als Deutschland, um sein Ziel, die Präsentation eines großen, außergewöhnlichen und ehrenvollen deutschen Nationalhelden, zu erreichen. Dies ist ihm in der Tat gelungen. Der Arminius-Dialog enthält bereits alles, was in den folgenden vier Jahrhunderten zur Verehrung und Verklärung des Arminius angeführt wurde. Hutten hat mit ihm einen nationalen Mythos gestiftet.[8] Wegen dieser außerordentlichen Bedeutung soll der Dialog hier in seinem vollen Wortlaut wiedergegeben werden,[9] wobei in Anmerkungen erklärt wird, auf welchen antiken Text sich Hutten jeweils bezieht.

### ARMINIUS – Ein Gespräch

Teilnehmer des Gesprächs: Arminius, Minos, Merkur, Alexander, Scipio, Hannibal, Cornelius Tacitus.

ARMINIUS: Das ist aber ein ungerechtes Urteil, Minos, wenn es jemals von dir gefällt wurde.

MINOS: Gemach, gemach, bitte, Arminius, was ist das wohl für eine neue Verleumdung? Minos, der allergerechteste, hätte eine ungerechte Entscheidung getroffen? Was ist das aber für ein Urteil? Wohlan, sag es!

ARMINIUS: Verzeih mir zuerst, wenn meine freimütige Rede dich beleidigt hat. Die Deutschen haben die Eigenart, nicht so höflich zu reden, wenn sie offen und ernst reden. Es steht mir in der Tat an, Klage zu führen, daß du den besten Feldherren, die es in aller Welt gegeben hat, Ehre erweist und sie gleichsam auszeichnest, mich aber, als wenn ich nicht gelebt hätte, übergehst. Durch deinen Spruch ist kürzlich zum ersten der Feldherren im ganzen Elysium und in dieser Region der Seligen Alexander von Macedonien ausgerufen worden, nach diesem als zweiter in dieser Ehre der Römer Scipio und als dritter der Karthager Hannibal. Nur mir wurde kein Rang eingeräumt, obwohl ich, wenn ich jemals daran gedacht hätte, mit ihnen in Wettstreit zu treten, zweifellos nach deinem Richtspruch den ersten Platz erhalten hätte.

MINOS: In der Tat, Deutscher, du hast Grund zur Klage, aber warum hast du mich nicht darauf aufmerksam gemacht, als jene diesen Wettstreit vor mir austrugen?

ARMINIUS: Weil ich glaubte, daß es einem nicht erlaubt wäre, sich hier zu bewerben, und weil ich auch keinen Zweifel hatte, daß du jedem, was er sich im Leben an Gutem oder Üblem verdient hat, mit höchster Gerechtigkeit zukommen läßt.

MINOS: Das geschieht durchaus mit aller Sorgfalt, aber wir sprechen hier meistens unsere Urteile nach den Berichten, und jedem wird genügend Gelegenheit gegeben vorzutragen, was seiner Meinung nach für seine Sache spricht. Beschäftigt wie wir sind, lassen wir übrigens leicht beiseite, was das Streben nach Ehre und Ruhm betrifft, außer man stellt uns diesbezüglich einen Antrag. Du siehst ja, welche Menge an Geschäften, welche wie so unterschiedliche und vielfältige Last an Urteilsfindungen anliegt, ferner auch, wie knapp bemessen die Zeiten der Muße sind. Gleichwohl, wäre mir in den Sinn gekommen, was du mir jetzt ins Gedächtnis rufst, ich hätte dich durchaus berufen und mit den anderen angehört.

ARMINIUS: Wirst du mich jetzt nicht anhören, nach erneuter Vorladung der Männer, über die du kürzlich ein Urteil gefällt hast?

MINOS: Warum nicht? – Merkur, hole die Feldherren zu uns hierher, die vor wenigen Tagen um den Vorrang im Militär- und Kriegswesen wetteiferten.

MERKUR: Jene drei Männer? Ja, ich erinnere mich. – Wohlan, da sind sie.

MINOS: Dies hier ist, ihr hochgeschätzten Herren, Arminius, der alte Führer der Deutschen, der einst für die Freiheit mit den Römern kämpfte und den Sieg davontrug. Als er hörte, daß ihr um den Vorrang des Feldherrn gestritten habt und ich darüber eine Entscheidung gefällt habe, behauptete er, er sei dabei schmählich übergangen worden. Da er nämlich Gründe anzuführen hat, meint er, daß er belegen könne, daß niemandem zutreffender die „Palme" gebühre als ihm.

ALEXANDER: Also mag er reden.

SCIPIO: Gewiß.

HANNIBAL: Keine Bedenken.

MINOS: Rede, Arminius!

120

ARMINIUS: Zuerst möchte ich, daß sich ein gewisser Tacitus aus Italien hier einfindet, damit er berichtet, was mir in seinem Geschichtswerk zuerkannt hat.

MINOS: Merkur, ruf auch ihn herbei.

MERKUR: Hierher, Tacitus, hierher, hierher zu mir, auf daß du endlich redest! Da ist der Mensch!

ARMINIUS: Es ist nötig, Italiener, daß du mein Lob, das in deinen Historien steht, hier verliest.

TACITUS: Jene Stelle, an der ich auch über deinen Untergang berichtet habe?

ARMINIUS: Genau die!

TACITUS: Arminius übrigens hatte, als er nach dem Abzuge der Römer und nach Vertreibung des Marobodus nach der Königsherrschaft strebte, den Freiheitssinn seiner Landsleute gegen sich, und fiel, da er angegriffen mit Gewalt der Waffen, mit abwechselndem Glücke gekämpft hatte, durch Hinterlist seiner Verwandten. Unstreitig Germaniens Befreier, er, der nicht wie andere Könige oder Heerführer das römische Volk erst in seinen Anfängen, sondern in der höchsten Blüte von dessen Herrschaft anzugreifen wagte, war in Schlachten nicht immer gleich glücklich, im Kriege unbesiegt. Er brachte es im Leben bis auf siebenunddreißig Jahre, bis auf zwölf in der Macht; und noch jetzt wird er bei den Völkern der Barbaren besungen, den Annalen der Griechen unbekannt, die nur das, was ihnen gehört, bewundern, den Römern nicht so in lebendiger Erinnerung, weil wir nur das Alte erheben, und gleichgültig gegen das Neue sind.[10]

ARMINIUS: Besaß dieser Mann im Leben irgendwelches Vertrauen, Minos, und war er ein anständiger Mann?

MINOS: Das war er in der Tat; aber du weißt es besser, Merkur, wie er sein Leben verbrachte, denn dich hat er besonders verehrt.

MERKUR: Wirklich: ein heiliger Mann, denn er war in besonderem Maße aufrichtig, und niemand als er hat Geschichte lauterer geschrieben und weniger den Empfindungen nachgegeben. Er hat Deutschland mit eigenen Augen gesehen und die Sitten dieses Volkes beschrieben und mit Eifer das dort Geschehene erkundet.

ARMINIUS: Wenn das ein solcher Mann gewesen ist und in guter Kenntnis meiner Taten so über mich geschrieben hat, daß ich danach schweigen kann, kann kein Zweifel bestehen, daß dieses mir von einem Feinde ausgestellte Zeugnis zurecht allergrößte Bedeutung hat. Erstens nennt er mich den „Befreier Deutschlands"; und das ist etwas, meine ich, den Römern, wie sie damals waren, mit Waffengewalt eine Provinz entrissen und gegen deren Widerstand und höchsten Einsatz diejenigen in die Freiheit geführt zu haben, die jene in der Knechtschaft zu halten beschlossen hatten. Zweitens – was wahrlich sehr hohen Wert hat – sagt er, daß ich jenes Reich nicht, als es heranwuchs und seine Entfaltung erfuhr, vergleichsweise wie andere Könige und Führer, Pyrrhus z. B., Antiochus und dieser Hannibal hier, sondern als es schon festen Bestand hatte und sich in voller Blüte befand, mit seinen kriegerischen Unternehmungen ausgehalten, sondern überdies herausfordernd mit Waffengewalt angegriffen hätte, und als einziger unbesiegt aus dem Krieg gegen die Römer hervorgegangen sei. Deshalb ist er auch der Meinung, ich sei es höchst wert, in den Annalen der Griechen und Römer rühmlich erwähnt zu werden. Wenn es nun nach allgemeiner Ansicht niemals eine größere Macht gegeben habe als die der Römer, kein ausgedehnteres Reich seit Bestehen der Welt, und ich sie überwunden habe, als sie in ihrer Blüte standen und am stärksten waren, so bin ich der Ansicht, daß man mich für den hervorragendsten Feldherrn und militärisch hervorragendsten Heerführer halten muß, denn ich habe eine unbeschränkte Macht, die stärksten Truppen und das größte Reich im Kriege überwunden. Gleichwohl möchte ich nichts weniger, als fremden Ruhm schmälern noch den Ruf der großen Taten dieser Männer unterdrücken. Denn ich werde es immer mit Gleichmut ertragen, daß jeder so von allen eine solche Wertschätzung erfährt, wie er sie verdient hat; und was mich betrifft, so möchte ich ohne Mißgunst sagen: Ich habe immer die Tugend um ihrer selbst willen verehrt; um Ruhm habe ich mich nicht viel gekümmert, denn ich war der Meinung, daß das gute Gewissen über eine vollbrachte Tat genug ist. Weder ist es jetzt ein Zeichen von Anmaßung, daß ich andere Führer neben mir geringschätze, noch erhebe ich für mich den Anspruch, ich wollte erreichen, daß keiner über mir stünde; vielmehr: Wenn es einen solchen gibt, halte ich es für billig, daß er hier auch berücksichtigt wird. Aber man wird mit mir Nachsicht üben, wenn ich guten Gewissens Bedenken erhoben habe, daß ich einem von denen, die hier um diesen Rang gestritten haben, nachstehen dürfte. Ich werde wohlbegründet, meine ich, darlegen, daß ich nicht aufs Geratewohl urteile, wenn, wie vorgesehen, diese Männer mich anhören.

MINOS: Sie werden dich anhören; ich gelobe es statt ihrer.

ARMINIUS: Zunächst also, da es Leute gibt, die sagen, du, Hannibal, würdest darauf großen Wert legen, daß du aus kleinen Verhältnissen zu großer Machtfülle aufgestiegen bist, werde ich darlegen, mit wieviel mehr Recht dies – wenn das als Ruhm gilt – mir als dir oder sonst jemandem zusteht; denn niemand von denen, die hervorragende Taten vollbracht haben, hat mit größeren Schwierigkeiten gekämpft oder sich schwererer Hindernisse entwunden. Welche Macht konnte einer schon haben bei der verzweifelten und beklagenswerten Lage der Dinge? Mein jugendliches Alter ließ keine Autorität zu. Deshalb war Alexander nicht der einzige, der in jugendlicher Unreife große Taten auf sich nahm. Auch ich hatte noch nicht das 24. Lebensjahr vollendet, als ich nach früheren Taten als Soldat beschloß, der Führer eines Heeres zu sein, das ich noch nicht einmal besaß, das noch nicht einmal bestand und von dem es, als es schnellstens aufgestellt werden sollte, überhaupt zweifelhaft war, ob es wegen der weiträumigen Zerstreuung Bestand haben konnte. Denn durch Geld – ich meine, das wird keiner unterstellen – vermochte ich nichts zu erreichen, die Deutschen besaßen es noch nicht. Trotz des schwersten Mangels an Mitteln und Menschen, elender Armseligkeit, verlassen von allen, behindert von allen Seiten, habe ich mir dennoch den Weg zur Wiedergewinnung der Freiheit gebahnt; ohne jede Unterstützung von außen, ohne jede Hilfe und Beistand, allein auf mich und meinen eigenen Geist gestützt, habe ich eigenmächtig den Aufbruch der Bewegung erstrebt und einen äußerst gefährlichen Krieg, der vorher nicht begonnen worden war, verfolgt, obwohl er bereits von allen aufgegeben und nach den Überlegungen der Leute längst fallengelassen worden war – ihn habe ich provoziert, in der Meinung, es gebühre mir, nichts auf Fortuna zu setzen und das mir bestimmte Schicksal eher beherzt in Bewegung zu bringen, als es ängstlich zu erwarten. Wie ihr nämlich gehört habt, habe ich den Krieg eigenmächtig begonnen und ihn öffentlich erklärt, obwohl die Treulosigkeit, die Segestes und Inguiomerus in der Familie begingen, dagegen stand und mein Bruder Flavius sich mit großer Macht im Lager der Feinde aufhielt, mit einem Soldaten, der aller militärischen Disziplin und jeder Kriegskunst unkundig, mit einem nahezu unbrauchbaren Zustand der Waffen und völlig unzureichender Kriegsrüstung, da nicht einmal Eisen zur Herstellung von Wurfgeschossen genügend vorhanden war. Aber das alles habe ich mit Überlegung und freudigem Eifer gerichtet und ins Lot gebracht. Da ich gegen mich selbst überhaupt keine Rücksicht nahm, wandte ich mich auf das Verderben der Feinde und brach mit solcher Schnelligkeit hervor, daß ich eher eine Schlacht lieferte, als die Leute hätten glauben können, daß ich mich an einen Krieg wagen würde; ich hatte eher ein todbringendes Gefecht geliefert, als daß man glaubte, daß ein Heer zusammengeblasen wäre. Ich begann aber das gewaltige Werk mit keineswegs leichtem Einsatz: Unmittelbar im ersten Angriff schlug und zerstörte ich vernichtend drei Legionen, unter ihnen die Martische mit allen Hilfstruppen, eine äußerst tapfere Heeresgruppe, die damals nicht weniger durch Disziplin als durch militärische Taktik unter allen Soldaten Roms an Kraft und Tüchtigkeit hervorragte,[11] und mit ihnen den Führer selbst und die Legaten. Zu dieser Zeit lag die Unverletztheit des Vaterlandes allein an meiner Person, so daß Scipio nicht behaupten darf, er habe das so fassungslose und geschwächte Rom wieder aufgerichtet, wie ich das im Innersten niedergetretene und zerrissene Deutschland in kurzer Zeit wiederhergestellt habe. Indessen, die Großartigkeit dieser Angelegenheit ist nicht von der Art, daß ich sie mit eigenen Worten fassen möchte, erzählen doch hier die alten Römer selber täglich davon, was für einen großen Schaden ich ihnen damals bereitet hätte, in welches elende Durcheinander ich das hochvermögende Gemeinwesen, das blühendste Staatsgebilde, gestürzt hätte, und daß kein anderer jene „Herren der Welt und das Volk in der Toga"[12] mehr mit Angst und Verwirrung aus der Fassung gebracht hätte. Freilich, das hast du, Hannibal, nicht bewirkt, als du bis an die Tore Roms rittest, ich aber, im hintersten Deutschland gesessen, trotz solcher Entfernung, so vieler Sümpfe und Flüsse dazwischen, so vieler dazwischen liegender Berge und Gegenden, die bisher durch keines Menschen Reise erkundet oder bekannt sind, ja trotz der äußerst hohen Alpen, einer Trennscheide, ich habe dem römischen Staat solches Maß an Verzweiflung zugefügt, daß selbst der Kaiser Augustus, den die Menschen als einzigen, der beständig glückselig sei, bezeichnen und der als der Mächtigste, wie alle wissen, das Reich befehligte, augenblicklich sterben wollte, damit er nicht sähe – was meiner Meinung nach mir nie in den Sinn gekommen war – daß Rom von mir eingenommen würde, so daß er, wie berichtet wird, mit dem Kopf gegen die Tür stieß, schließlich Wachen in der ganzen Stadt, an den Toren Posten und auswärts Schutztruppen aufstellen ließ, den Vorstehern der Provinzen die Befehlsgewalt verlängerte und Jupiter, dem besten und höchsten Gott, große Spiele gelobte, wenn der Staat wieder in eine bessere Lage käme;[13] kurz: Er erwog die schwierige Lage der Dinge so sehr, wie es nur bei einer schweren Notlage zu geschehen pflegt; und zu keiner Zeit herrschte in Rom strengere Vorsicht, daß der Staat keinen Schaden nähme; höchst verwirrender Schrecken suchte die Sinne der Menschen heim. Für die Römer war dies die schwerste Niederlage, fast den Untergang herbeiführend. Und das ist von mir begonnen und durchgeführt worden, als Deutschland am Boden lag, zerstört und im Innersten erniedrigt war, der römische Staat aber in höchster Blüte stand, von Fortuna stark begünstigt war, unermeßlichen Zuwachs erfuhr, während ich weder wie Alexander von seinem Vater ein Königreich noch wie diese vom Senat ein Heer mit dem Oberbefehl erhalten hatte.

Danach habe ich zu Hause ständig bald diesen bald jenen Aufstand unterdrückt; überall habe ich alle Anstifter zum Verrat belangt und einige auch mit Zustimmung meiner Landsleute bestraft, anderen aber, die um Gnade baten, habe ich diese gewährt. Die übergelaufen waren, habe ich belangt; die sich unterworfen hatten, habe ich wieder aufgenommen; alles habe ich von Schande gereinigt; ich habe diejenigen nicht als Deutsche gelten lassen, die den Ausländern Tribute zahlten oder duldeten, daß sie durch andere Bedingungen in knechtischer Abhängigkeit gehalten würden. Für höchsten Frevel habe ich erklärt, daß zwischen Elbe und Rhein ein einziges Mal Ruten und Beile und die Römische Toga zu sehen waren.[14] Nachdem ich dort die Landsleute wieder für die

Erlangung der Freiheit begeistert hatte, habe ich ihnen das Versprechen gegeben, daß es sehr bald in Deutschland keine Römer mehr
geben werde, ja die Erinnerung an sie ausradiert würde; und das
habe ich auch kurz danach zuwege gebracht, obwohl die Feinde ei-
frigst Gegenmaßnahmen ergriffen. Denn in Rom legte man die
größte Hoffnung auf die jungen Leute und betrieb eifrig den Krieg
in Deutschland, um die Niederlage des Varus zu rächen. Man ent-
sandte den Tiberius Nero, einen Mann, der im Kampf nicht zu ver-
achten war, und seinen Bruder Drusus,[15] der nur wenigen vergleichbar ist und von außerordentlicher Beherztheit war, und auch
andere; sie haben sich so mit mir im Kampf gemessen, daß sie zwar
als Triumphator nach Rom zurückkehrten, ich aber bewirkte, daß
Deutschland, während die Freiheit von Tag zu Tag um sich griff,
abgabenfrei und selbständig wurde. Damals habe ich dem Germanicus, einem kraftvollen und mutigen Feldherren, und seinem
kriegserfahrenen Legaten Caecina, als sie auch noch tausend Schiffe
wie zur Eroberung Trojas gegen mich einsetzten, mit schweren und
für das römische Volk verlustreichen Niederlagen getrotzt und sie
zurückgetrieben; Cariovaldus, den Heerführer der Bataver, habe
ich unter den römischen Hilfstruppen mit vielen edlen Männern
getötet. Die Chatten und die Friesen, die sich auf die Gegenseite
geschlagen hatten, habe ich in einem Straffeldzug niedergeworfen.
Während inzwischen mein Bruder Flavius von der Gegenseite aus
auf Verrat sann und Inguiomerus zu Hause ein Auge zudrückte,
bereitete Segestes seinen schändlichen Übergang vor, wobei dieser
ruchlose Verräter nicht einmal seine Tochter, meine Gattin, trotz
ihrer Schwangerschaft, schonte, sondern sie und andere edle Frauen
mit sich in die schmachvolle Gefangenschaft und zum Triumph
nach Rom führte. Ebenso setzte sich Segimerus mit seinem Sohn
durch Flucht zu den Feinden ab; viele Leute aus meinem Hause
waren mit Geld bestochen worden und stellten meinem Leben
nach; manche meiner Landsleute setzten jede Feindseligkeit in
Gang, besonders der Chatte Adgandestrius, der sich nicht zurück-
hielt und – für Deutschland damals ein unerhörtes Verbrechen –
von den Römern Gift erbat, um mir den Garaus zu machen. Ich
wurde dadurch nicht schwankend, sondern beharrte standhaft auf
den begonnenen Vorhaben; mir galt nichts mehr als die heilige

Pflicht gegenüber dem Vaterland und die althergebrachte Würde Deutschlands; obwohl damals nichts die Herzen der deutschen Männer stärker entflammen konnte, als wenn die Gattin bei den Feinden festgehalten wurde, die Menschen nichts so sehr wie die Gefangenschaft fürchteten und ich meine Frau brennend liebte und hinwieder von ihr mit musterhafter Treue wiedergeliebt wurde, und – was am allerschmerzlichsten war: Ich sie schwanger verloren hatte, blieb ich dennoch unbewegt und fest und duldete nicht, daß der private Schmerz die Fürsorge für das Vaterland in mir verminderte: Ja in Wahrheit verkehrte sich der Schmerz in Zorn und trieb mich, alles um so heftiger zu unternehmen, als ich es vorher versucht hatte.[16] Die Unterirdischen dürften meine Zeugen sein, wie viele Römer ich täglich hier herabgeschickt habe. Ich bin mit hartem und mannigfachem Blutbad gegen die Verräter eingeschritten und habe wegen der Feinde einen todbringenden und schrecklichen Krieg geführt. Deutlich habe ich den Römern dabei gezeigt, daß ich zu ihrer großen Schmach nicht mit Verrat noch gegen schwangere Frauen Krieg führe, sondern öffentlich bewaffnete Kämpfer fordere, um sie mit den Stacheln verdienter Rache zu durchbohren. So geschah es in kurzer Frist, daß ich die Römer ganz aus Deutschland hinauswarf. Von der Zeit an bis zum heutigen Tage haben sie dort – wie ich meine – keine Befehlsgewalt mehr. Der Suebe Marobodus war noch übriggeblieben, der, da er im Bündnis mit den Römern stand, mein Gegner war; ihn habe ich mit ganzer Kriegsmacht angegriffen: Es gab einen sehr harten und höchst schwierigen Kampf mit diesem König, der gewaltreich und in jeder Kriegssache sehr beschlagen war und der die kampfeseifrigen Stämme der Sueben, eine große Masse an Bundesgenossen und unermeßliche Hilfstruppen nach sich zog; obwohl er inzwischen von den Römern mit Geld unterstützt worden war und durch die Flucht des Inguiomerus mir viele Truppen entzogen wurden, neigte sich dennoch endlich nach vielen Wechselfällen das Glück auf die Seite der gerechteren Sache, und mit dem Willen der Götter habe ich ihn in hartem Kampf besiegt und in den hintersten Winkel des herzynischen Waldes getrieben. Von dort floh er bald danach aus Furcht vor weiterer Rache nach Italien, wo er – von den Römern schön getäuscht, die freigebig alles versprochen hatten – aller Hoffnung beraubt, ruhmlos sein Alter verbrachte. Ich aber habe Deutschland in sich verbunden und geeinigt und begann das einst so begehrte, nun aber erreichte Gut der Freiheit zu genießen.

Diesen Taten müßte einer größere entgegensetzen, wenn er wollte, daß ich ihm nachstünde oder im Hinblick auf ihn die erste Palme nicht erlangen dürfte. Aber da der Wettstreit um Erfahrung im Kriegswesen, Staatskunst und die Energie, ein Heer zu führen, geht, so möchte sich vielleicht einer hierin über mich stellen und diese Dinge dem absprechen, der so große Leistungen unter derartigen Schwierigkeiten gegen einen solchen Feind vollbracht und sie bis zum Tode im Kriege unbesiegt fortgesetzt hat. Ich neide nicht fremden Ruhm, aber diese Männer hier – ohne Neid gesprochen – haben jeder nur eine mittlere Macht und – wie meistens – aufgespaltene Kräfte angegriffen; ich habe ein Weltreich und das damals, wie man sagte, das mächtigste war, große Kräfte vieler Völker vereinigte und aus jeder Niederlage einen neuen Krieg gebar, und die lange Zeit ohne Unterbrechung sich erneuernde Streitmacht obendrein gegen mich wagemutig herausgefordert und restlos – von den Feinden freimütig bestätigt – besiegt und zugrundegerichtet und das Vaterland nach Abwerfung des fremden Jochs und, obwohl sich fast alle Völker der Welt gemeinsam in die Knechtschaft fügten, unabhängig und im Bewußtsein der Freiheit erhalten.[17] Keine Vernunft, Richter, könnte dulden, daß Alexander dir einreden möchte, er hätte ebenso leicht die Römer, wie sie damals waren, wie die zaghaften Völker Asiens niedergeschlagen, die später ein Römer ohne Anstrengung besiegte und der seinem Triumph den denkwürdigen Ausspruch „Ich kam, sah und siegte" voransetzen ließ, oder wie die waffenlosen und kriegsunerfahrenen Völker Indiens, die er wie nach einem Gelage mit einem Heer von betrunkenen und ziellos herumstreunenden Soldaten, soweit er sie erreichen konnte, zu Flucht und Unterwerfung zwang, denn die gepriesenen Scythen hat er bloß gesehen. Ja, sein Oheim, der berühmte König der Epiroter, der zwar nicht mit Römern, aber dennoch in Italien Krieg führte, leugnete das, indem er zu sagen pflegte, daß er Männer, sein Neffe aber Weiber überfallen habe. Außerdem galt mein höchstes Trachten der Tugend, nicht dem Durst nach Ruhm und Reichtum. Ich habe mir keine Trophäen so aufgerichtet, wie ich die der Römer zu

Boden warf, noch um Reichtum oder Macht gekämpft, sondern mir galt als Ziel, auf das ich alles ausrichtete, dem Vaterland die gewaltsam entrissene Freiheit wiederzugeben; so habe ich mit höchstem Anstand gelebt, bis, bedrängt vom Neid des eigenen Hauses und heimgesucht von listigen Verbrechen der Verwandtschaft, ich meinen freien und über alles siegreichen Geist hierher sandte, aus dem Bewußtsein, um das Vaterland die höchsten Verdienste erworben und ein in jeder Hinsicht anständiges Leben geführt zu haben. So ist es nun deine Aufgabe, Minos, zu erwägen, wen du mir vorziehen willst und wer entweder aus schwierigerer Bedrängnis durch seine Tüchtigkeit zu solcher Größe aufstieg oder einen größeren Krieg führte oder kompetenter das Kriegswesen betrieb oder den Oberbefehl ausgewogener wahrnahm oder die Waffen für eine bessere Sache ergriff oder größere Heereskraft aufrieb oder sich im Leben weniger den Begierden hingab oder standhafter im Guten verharrte: kurz: wer von allen, die über diese lobenswerten Taten herausragten, mag es sein, dem du mit vollstem Recht die erste Stelle zuerkennst?

MINOS: Wahrlich, er hat eine hochherzige, nicht nur eines vorzüglichen Feldherrn, sondern auch eines ehrenvollen Mannes würdige Rede gehalten; und ich weiß, daß es sich so verhält, wie er es dargelegt hat, und daß er nichts hinzugedichtet hat; in der Tat, ich erinnere mich, daß ich damals verwundert war, daß ein Barbar einen solchen Einsatz leistete. Da er deswegen die besten Gründe für sein Vorhaben hatte und soviel von seinem Geist, seiner Tugend und seinen militärischen Fähigkeiten abhing und er nur auf den Vorteil des Vaterlandes bedacht war und den Lastern nicht nachgab, da sehe ich nicht, bei Jupiter, wer mehr Recht hätte, für den ersten der Feldherren zu gelten. Kein Zweifel, daß ich, wenn er mit euch, Alexander, seinerzeit um die erste Stelle gestritten hätte, ihm aus freien Stücken die Palme zugesprochen hätte; nun aber, da es das göttliche Recht verhindert, den einmal gegebenen Spruch umzustoßen und die früher gesetzte Ordnung nicht mehr verändert werden darf, steht es dir wohl an, Arminius, daran genug zu haben, daß ich das, was ich auch öffentlich ausgesprochen hätte, als Urteilsspruch im Geiste habe, wenn du mit diesen Männern hier hättest im Wettstreit stehen wollen; weil du aber der Befreier Deutschlands warst und den Krieg für die Freiheit unternommen hast und nach Meinung aller als Sieger hervorgegangen bist, und weil dort keiner mehr Gefahren ertragen oder zum öffentlichen Nutzen beigetragen hat, gefällt es mir, dich den beiden Brutus zuzugesellen und dir unter den Vaterlandsbefreiern die erste Stelle einzuräumen. Dem Merkur hier aber gebe ich den Auftrag, auf Markt, Straßen, Plätzen, Wegkreuzungen und überall, wo sich Menschen und Götter versammeln, zu verkünden, daß Armin der Cherusker der freieste, unbesiegteste und deutscheste Mann ist, und zu befehlen, daß dir allerorten von allen Zuspruch zuteil werde. Das soll beschlossen und festgelegt sein, und niemand darf sich dem künftig widersetzen.

ALEXANDER: Aber dieser Mann hat doch einstmals Dienste verrichtet; ich war immer König und immer frei.

ARMINIUS: Im Geist bin ich niemandem jemals untertan gewesen. Ich war immer auf Freiheit bedacht, denn ich habe immer nur im Sinn gehabt, wie ich dem Vaterland bei sich bietender Gelegenheit helfen könnte; solange mein Volk die Knechtschaft ertrug, konnte ich nichts unternehmen und habe meine Absichten nicht offengelegt und die Sorge um die Freiheit verschlossen in mir bewahrt.

ALEXANDER: Das ist es gerade, was man allgemein sagt: Dir habe es nicht zugestanden, von denen abzufallen, deren Joch du einmal empfangen hattest.

ARMINIUS: Und darauf erwidere ich: Ich habe weder das Joch auf mich genommen noch die Knechtschaft im Herzen gebilligt, und wenn ich mich, durch irgendeinen Akt der Notwendigkeit zu ungünstiger Zeit gezwungen, in die Dinge gehängt hätte, hätte mir dann nicht von der Situation her, wenn sie sich einmal ergeben hätte, zugestanden, mich wieder zu befreien? Denn was für ein Recht hat der, der einem anderen eine Wohltat der Natur entreißt? Oder welches Unrecht entsteht, das Seine, das einem gewaltsam entrissen wurde, mit gleicher Gewalt wiederzugewinnen?

ALEXANDER: Aber du hattest dein Wort gegeben.

ARMINIUS: Ich habe es nicht gegeben, um etwas Unwürdiges zu ertragen. Dennoch konnte ich anständig und wohlgemut gehorchen, wenn sie willens gewesen wären, mäßig und human ihre Macht auszuüben, aber hätte ich mein Wort, mit Gewalt und

Unrecht erpreßt, gegeben, so gilt die allgemeine Lebenserfahrung, daß es nur Wert hätte, als wenn Räuber es von Leuten erpreßten, die aus Not gezwungen, das leicht zugestehen, was sie selbst weder bedürfen noch die Räuber gebrauchen können. Ferner, wer dem anderen ein Joch auferlegt, hat der etwa einen Anspruch auf ihn, indem er ihn nur mit Gewalt halten kann? Oder ist es verboten, das, was einem mit Waffengewalt unrechtmäßig weggenommen wurde, bei Gelegenheit sich mit Waffengewalt wiederzuholen? Ich meine nicht, daß es, da es gegen die Natur ist, aus einem Freien einen Knecht zu machen, gegen die Gesetze verstoßen sollte, das Geschenk der Natur zu beachten: Schließlich ist nur das ein Wort, mit dem wir uns verpflichten, was wir schuldig sind. Wohlan, wer sollte gegenüber dem Unrecht so geduldig sein, um zu ertragen, was in Deutschland die Römer damals verübten, und besonders Varus, der – meiner Meinung nach – der habsüchtigste und ungerechteste Mensch war, den jemals die Erde hervorgebracht hat. Der zuerst Syrien mit seinem Beutemachen ausgefegt hatte und dann sich vornahm, die Deutschen mit betrügerischen Manipulationen auszurauben. Dabei war er von solchem Hochmut und solchem Despotismus, daß er sich einbildete, die Deutschen wären wilde Tiere und blödes Vieh ohne Vernunft, nur nicht Menschen,[18] und es bestünde keine solche Schmach, daß wir sie nicht abwehrten oder gegen sie Widerstand leisteten. Daher mäßigte er seine Verrücktheit nicht und wagte alle Verbrechen und Freveltaten. Deshalb habe ich, als ich mich zu jener Tat entschloß, mein Wort nicht gegenüber der rechtmäßigen Obrigkeit gebrochen, sondern gegen ungerechte Tyrannen das Recht des Vaterlandes und das allgemeine Menschenrecht angewandt.[19]

MINOS: Er hat die Sache frei heraus dargelegt, und nach meiner Meinung ist in der Tat niemand einem anderen gegenüber so zu Frieden verpflichtet, daß er im Hinblick auf solche große Angelegenheit kein Recht hätte, ihn zu brechen.

SCIPIO: Dennoch werfen die Unseren ihm Treulosigkeit vor, und daß er allzu grausam den Sieg über Varus durchgeführt habe.[20]

ARMINIUS: Unter diesem Gesichtspunkt, Scipio, sind alle Tyrannenmörder und Vaterlandsbefreier treulos gewesen. Besonders die euren, die die Tarquinier vertrieben haben, Caesar töteten und deswegen gerade höchste Achtung und ewigen Ruhm unter euch erlangten. Treulosigkeit ist schließlich bei denen, die auf die Wendungen des Glücks schielen und nach ihnen ihr Wort ausrichten. Mich hingegen hat die gerechte Sache veranlaßt, auch gegen widrige Umstände alle Kräfte aufzubieten. Hier, Minos soll aber sagen, ob mir nicht gebühre, eine solche harte Grausamkeit des Quintilius, da die Götter die gute Gelegenheit dazu boten, mit anderer Grausamkeit wechselweise zu bestrafen.

MINOS: Ja, ich meine, dir stand das zu.

HANNIBAL: Aber siehe da, du gibst an, dir sei nichts so notwendig erschienen als der Einsatz für das Vaterland, dennoch sollst du eine Königsherrschaft erstrebt haben, und, obwohl du dich rühmst, das fremde Joch von deinem Volke genommen zu haben, hast du ihnen das deinige auferlegt; eine solche Ruchlosigkeit ist mir nie in den Sinn gekommen, so daß ich allein einer solchen Sache wegen dir vorgezogen werden muß.

ARMINIUS: Aus diesem Grunde freilich am allerwenigsten, wenn Minos hier ganz klar sehen will, denn mich beschlich niemals der Wunsch, die Königsherrschaft zu erlangen, sondern es war vielmehr die Mißgunst der Feinde, die den Leuten eine solche Unterstellung eingab. Aber wir alle wissen ja, daß es Menschenart ist, daß die Tugendhaften ebenso viele Neider haben, denn allein die spüren nichts vom Neid, an denen keine Tugend bemerkbar ist; der Neid sucht die am meisten heim, die die Tugend am höchsten erhoben hat. Aber es ist notwendig, daß der viel für den allgemeinen Nutzen tut, der für das höchste Allgemeinwohl zu sorgen hat. Wie leicht hätte die öffentliche Freiheit zu Boden gehen können, wenn ich die Machtmittel, mit denen sie zu schützen war, bei einer falschen Meinung, die irgendeiner von mir hatte, preisgegeben hätte: Da ich zu diesem Zweck die Macht behielt und den Beifall der Guten erfuhr, bin ich bei den üblen Leuten in den Ruf geraten, eine Tyrannei zu beabsichtigen. Wenn ich auch die Königsherrschaft ergriffen hätte – wem stand sie mehr zu als dem, der sein Volk aus der fremden Knechtschaft herausgeführt hatte und unter einem vaterländischen Königtum zu versammeln beabsichtigte? Für mich wäre es kaum ein angemessener Dank des Vaterlandes gewesen, wenn es für die ihm wiederbeschaffte Freiheit und seine Bewahrung vor dem unmittelbaren Untergang die Königsherrschaft mir freiwillig übertragen hätte; tatsächlich aber schmolz nach einiger Zeit das Gedenken an die empfangene Wohltat dahin, und es duldete zunächst, daß mich Verleumdung heimsuchte und daß ich danach wie ein Verbrecher niedergestreckt wurde. Was das anbelangt, meine ich, bin ich weder der erste noch der letzte, dem das widerfährt. Erzeigten sich denn die Karthager deiner Verdienste dankbar? Oder war es nicht zu Hause die Verfolgung durch deine Feinde, die dich in die Enge trieb, ja zu Fall brachte?

HANNIBAL: Ja, ich gestehe es, so ist es gewesen.

ARMINIUS: Denn dem Scipio hat, glaube ich, das Vaterland die Gegengabe gewährt, daß er trotz vieler ruhmvoller und berühmter Taten nicht einmal in ihm sterben durfte. Gewiß ist, daß dem Alexander der Neid seiner Angehörigen den Tod brachte.

MINOS: Auch diese Frage hat er ausgeführt. Es ist ja so: Niemandem, der jemals berühmt war, hat seine Tugend nicht irgendwann einmal zum Schaden gereicht. Notwendig ist aber, daß die Menschen, die von Arminius Kenntnis haben, ihn wegen seines vortrefflichen Charakters sehr lieben sollen. Deshalb gebührt es, daß du, Deutscher, hochgeehrt wirst; es wäre Unrecht, wenn wir deiner Tugenden jemals nicht gedenken würden. Aber nun befiehl, Merkur, daß er dir folgt, und führe den Auftrag sogleich aus. Ihr aber begebt euch von hier zu euren Stätten zurück.

MERKUR: Folge mir.

So weit Huttens Arminius-Dialog. Hutten schickte ihn 1520 an Luthers Beschützer, Kurfürst Friedrich den Weisen von Sachsen, der den ursprünglich in Latein abgefaßten Dialog sogleich übersetzen ließ und die „verteutscht Clag" mittels Flugblatt verbreitete. In seinem Übersendungsschreiben vom 11. September 1520 forderte Hutten die deutschen Fürsten auf, gemeinsam gegen die „verzagten pfaffen und weibischen Bischöfe" zu kämpfen und verwies dazu auf das Vorbild Arminius, des „aller besten und aller sterksten hauptman der je auff erdenn gewest ist." Durch diesen gemeinsam geführten „Pfaffenkrieg" solle Deutschland vom päpstlichen Rom befreit werden, so wie Arminius „nit allein sein vatterlandt, sondern gantz Germanien und teutschland aus den Händen der Römer" erlöst habe.[21]

Welch rasche Verbreitung und begeisterte Aufnahme der wiederentdeckte Arminius in der Bevölkerung fand, zeigt ein anonymes, 1547 durch Flugblatt verbreitetes Lied, in dem Arminius als ein von Gott gegebener „Held des Krieges" gefeiert wird. Das Lied war nach der Melodie von Luthers Choral „Erhalt uns Gott bei Deinem Wort" zu singen.[22]

Auch die bildenden Künstler dieser Zeit beschäftigten sich bereits mit dem Arminiusthema. Die wohl älteste Arminiusdarstellung stammt von dem Schweizer Maler und Zeichner Tobias Stimmer und findet sich in Burkhard Waldis „Lobspruch der alten Deutschen" von 1543 (Abb. 1). Sie zeigt in martialischer Härte Arminius als Krieger mit wehendem Umhang und Helmbusch, in der Rechten das geschulterte Schwert und in der Linken das abgeschlagene Haupt des Varus haltend. Es ist eine Darstellung, die sich in ihrem Realismus erfreulich von den überwiegend schwärmerischen und schwulstigen Bildern der folgenden Jahrhunderte abhebt. Das Bild trägt die Überschrift „Arminius, ein Fürst von Sachsen" und bringt in Knittelversen eine Kurzbeschreibung seines Charakters und seiner Taten. Die „Baierische Chronik" des Aventinus von 1566 wiederholt dieses Bildnis samt Text und bringt es auch in den folgenden Ausgaben von 1580 und 1622 und trägt damit nicht unwesentlich zur frühen Volkstümlichkeit der Arminiusgestalt bei.

# Arminius, ein Opern-, Bühnen- und Romanheld des Barock

Die Kulturepoche des Barock zeigt eindrucksvoll, wie Zeitgeist und Lebensgefühl einer Epoche das Bild historischer Personen verändern. Nebensächlichkeiten rücken plötzlich in den Mittelpunkt, ja sind das einzig Interessierende, während die historischen Fakten nur Hintergrund und Rahmen bilden, nur noch eine illustrierende Aufgabe haben und nach Belieben verändert werden können. So geschieht es auch mit Arminius. Die Gesellschaft des Barock ist im wesentlichen nur an der tragischen Liebesgeschichte von Arminius und Thusnelda interessiert. Sie wird mit zahlreichen Phantasiegestalten angereichert und mit einer Rahmenhandlung umgeben, die nur noch entfernte Ähnlichkeit mit dem Geschehen hat, von dem die antiken Autoren berichten. Dabei hat jeder Autor und Librettist völlig freie Hand.

Die Epoche des Barock, die einschließlich ihrer Spätphase, des Rokoko, das ganze 17. und ¾ des 18. Jahrhunderts umfaßt, ist zugleich das Zeitalter des Absolutismus, jener Regierungsform, in der der Herrscher die unbeschränkte und alleinige Staatsgewalt ohne Mitwirkung ständischer oder parlamentarischer Vertretungen für sich beansprucht. Der Monarch steht über dem Gesetz, er ist allein Gott verantwortlich, auf dessen weiser Gestaltung der Weltordnung sein Herrschaftsanspruch beruht. Leitfigur aller absolutistischen Herrscher war Ludwig XIV., der Sonnenkönig, der in seiner Selbstdarstellung und Hofhaltung in Versailles eine ungeheure, verschwenderische Pracht entfaltete, die trotz der Ausbeutung der eigenen Bevölkerung und der Ausplünderung der Nachbarvölker durch mehrere Angriffskriege fast zum Staatsbankrott Frankreichs führte.

Größe, Pathos, Ekstase, ja ganz allgemein der Hang zur Übersteigerung, sind daher die wesentlichen Kennzeichen dieser Epoche. Zugleich gilt das leichtfertige und verschwenderische Hofleben mit protziger Kleidung, üppigen Banketten, galanten Liebesabenteuern, Aufzügen, Bällen, Maskeraden, Opern- und Theaterbesuchen als ideale Lebensform, die alle großen, kleinen und kleinsten Herrscher Europas samt ihres ganzen Hofstaats, ihren Anhängern und Bewunderern nachzuahmen versuchen. Und die Kunstschaffenden, die Architekten, Bildhauer, Maler, Komponisten, Dichter und Schriftsteller, die von den Monarchen sehr gefördert werden, weil sie sich mit deren Werken schmücken wollen, schaffen die prachtvolle, opulente Kulisse für diesen Lebensstil.

Da dieser Kunst- und Lebensstil international ist, treten nationale oder gar nationalistische Aspekte völlig in den Hintergrund. Wichtig allein ist, dem Geschmack der Zeit zu huldigen, insbesondere dem der Herrscher, die diese Kunst finanzieren und fördern. Mittelpunkt aller Opern, Dramen und Romane ist daher ein strahlender Held, dessen Liebe zu seiner Angebeteten alle Krisen überdauert und der seine zahlreichen Gegner bei allem gezeigten Heldenmut letztlich durch seine unendliche Großmut und selbstlose Güte überwindet. Für diese Hauptdarsteller dienen historische oder mythische Gestalten als Vorlage, deren überliefertes Bild samt ihren Handlungen und ihrem Umfeld bedenkenlos dem Zeitgeist angepaßt wird. Neben Arminius sind es u.a. Odysseus, Orpheus, Xerxes, Alexander und Caesar, die der Hofgesellschaft stark verfremdet auf der Bühne präsentiert werden. So entstehen im 17. u. 18. Jahrhundert allein 55 Arminius-Opern.[1]

Da die Oper in Italien entwickelt wurde und nationale Gesichtspunkte keine Rolle spielten, sind die Librettisten und Komponisten fast ausschließlich Italiener. Nur drei der Librettisten und sechs der Komponisten sind Deutsche, unter ihnen Georg Friedrich Händel, Johann Adolf Hasse und Johann Adolf Scheibe. Interessant ist jedoch, daß die Anregung und Idee zur Verwertbarkeit des Arminius-Stoffes auf der Bühne aus Frankreich kam. Es ist die Tragödie „Arminius" des Franzosen Jean Galbert de Campistron, die 1684 in Paris uraufgeführt wurde. Die Franzosen jener Epoche hatten kein Problem damit, daß die Deutschen Arminius als ihren Vaterlandsbefreier betrachteten, denn sie fühlten sich ebenfalls als Nachkommen der Germanen. So wie sie Karl den Großen als Franzosen sahen, betrachteten sie auch Arminius als einen ihrer Ahnen.

Der Prototyp der Arminius-Opern basiert auf einem Libretto des Italieners Antonio Salvi, das allein 16mal vertont wurde, u.a.

auch von Georg Friedrich Händel. Seine Oper wurde 1737 in London uraufgeführt und zuletzt 1963 in Oldenburg gespielt. Das Libretto des Antonio Salvi folgt der bereits erwähnten Tragödie des Franzosen Campistron. Dem Liebespaar Arminius und Thusnelda, die bei Campistron Ismènie heißt, wird ein zweites Liebespaar an die Seite gestellt, bestehend aus Segimundus, dem Sohn des Segestes, und einer erfundenen Schwester des Arminius namens Polixène. Der römerfreundliche Segestes versucht die Verbindung seiner Kinder Segimundus und Thusnelda mit ihren Partnern zu verhindern und verspricht Thusnelda dem Varus, der ebenfalls um Thusnelda wirbt. Um diese Konstellation wird ein kompliziertes Geflecht von Gefangennahmen, Befreiungen, Mord- und Selbstmordversuchen gewoben, bis sich schließlich Arminius und Varus durch ihre Großmut und Güte gegenseitig so beschämen, daß dem doppelten Glück der beiden Liebespaare nichts mehr entgegensteht.

Der deutsche Komponist Johann Adolf Hasse, der allein fünf Arminius-Opern komponiert hat, wovon zwei allerdings nur Modifikationen der vorausgegangenen sind, hat anfangs ebenfalls das Libretto des Salvi verwendet, seinen späteren Opern jedoch das Textbuch des Giovanni Claudio Pasquini zugrunde gelegt. Pasquini fühlt sich ganz und gar der opera seria, der ernsten Oper, verpflichtet, die ein strenges Konzept vorschreibt, was sowohl Handlungsablauf und Personenzahl als auch den Wechsel zwischen Rezitativ und Arien betrifft, was uns hier indessen nicht weiter zu interessieren braucht, weil für unsere Betrachtung allein wichtig ist, was in diesen Opern aus der historischen Person Arminius geworden ist.

Auch im Libretto Pasquinis steht das Liebespaar Arminius-Thusnelda im Mittelpunkt. Ihr Hauptgegner ist Segestes, der eine Verständigung mit den Römern anstrebt. Obwohl Segestes seine Tochter dem Arminius versprochen hat, bietet er Varus seine Kinder Thusnelda und Segimundus – der hier Segimerus heißt – als Geiseln an für den Fall, daß ein Ausgleich mit den Römern zustande kommt. Varus ist einverstanden. Um auch seinerseits den Pakt zu besiegeln, bietet er seine Schwester Marzia – eine Phantasiefigur – dem Arminius als Ehefrau an, obwohl diese in Segimerus verliebt ist. Der Konflikt der Liebenden wird dadurch verschärft, daß Arminius einen unterwürfigen Frieden mit Rom strikt ablehnt und zum Widerstand aufruft. Nach weiteren Verwicklungen wird Arminius infolge einer Verleumdung des Segestes gefangengenommen und vor die Wahl gestellt, entweder Marzia zu heiraten oder zu sterben. Thusnelda wird zu ihm in den Kerker geschickt, um als selbstlose, edelmütige Liebende ihren geliebten Arminius zu überreden, Marzia zu heiraten, um sein Leben zu retten. Arminius lehnt dies ab. Da tritt Segimerus auf den Plan. Er ist nicht nur mit Arminius befreundet, sondern ihm noch dadurch besonders verbunden, daß Arminius ihm einst das Leben gerettet hat. Durch einen Kleidertausch ermöglicht er Arminius die Flucht, während er selbst an Stelle des Befreiten im Kerker zurückbleibt. Arminius sammelt nun seine Truppen und führt sie ausgerechnet in dem Augenblick gegen Varus, als dieser in Unkenntnis der Befreiungsaktion gerade Arminius begnadigen will. Die Römer werden vernichtend geschlagen, und Varus begeht Selbstmord. Als nun Arminius den Hauptbösewicht, nämlich Segestes, seiner gerechten Strafe zuführen will, können Thusnelda und Segimerus ihn durch gutes Zureden davon abhalten. Indem Arminius dem Segestes verzeiht, erhält auch er Gelegenheit, seine Großmut und edle Güte zu demonstrieren.[2]

Beide Beispiele zeigen, daß diese Opern weit davon entfernt sind, nationale Leidenschaften zu wecken. Allein wichtig ist, einen Herrscher von edlem Charakter vorzustellen, der am Schluß der Handlung trotz aller erfahrenen Unbill durch unendliche Großmut und selbstlose Güte alles zum Guten wendet. Als negatives Gegenstück zu Arminius fungieren keineswegs Varus und die Römer, denn auch ihre Anführer, seien es Varus, Tiberius oder Germanicus, erhalten Gelegenheit, ihre Großmut und Güte zu demonstrieren. Nein, der Schurke ist immer ein Germane, nämlich Segestes, der seine Landsleute verrät und die eigene Tochter dem Feind ausliefert.

Die Beliebtheit der Arminius-Opern belegt nicht nur ihre große Zahl, sondern auch die Häufigkeit ihrer Aufführungen. So erlebte die von Hasse 1745 nach dem Libretto von Pasquini komponierte Arminius-Oper zahlreiche Aufführungen in Mailand, Dresden, Berlin, Braunschweig, Warschau und Wien.[3] Während des 2. Schlesischen Krieges geriet sie sogar in den Sog politischer Spekulationen. Ihre Aufführung am 18. Dezember 1745 kurz vor dem Ein-

marsch der Preußen unter Friedrich dem Großen in Dresden verstand man als antipreußische Demonstration. Friedrich der Große
hingegen sah eher sich selbst in der Nachfolge des Arminius und
ließ die Oper einen Tag nach der Besetzung Dresdens zur Verherrlichung seiner Person wiederholen.[4] Möglicherweise war das Motiv
des Preußenkönigs aber nur reines Kunstinteresse,[5] denn er war ein
musikalischer Kenner und Verehrer des Komponisten Hasse.

Heute mag es uns lächerlich vorkommen, daß die martialischen
Gestalten aus dem großen römisch-germanischen Krieg in diesen
Opern als turtelnde Liebhaber auftreten, die schmachtende Arien
singen, doch genau dies entsprach dem Geschmack jener Zeit und
setzte sich teilweise bis in die Opern des 19. Jahrhunderts fort.
Allerdings gab es auch damals schon Stimmen, die ernsthafte, wirk-
lichkeitsnahe Operntexte forderten. So geißelte Johann Christoph
Gottsched 1730 in seinem „Versuch einer kritischen Dichtkunst
vor die Deutschen", einem Lehrbuch der Poetik, die Opern seiner
Zeit als völlig realitätsfern:

„Wo sieht man im gemeinen Leben Leute, die sich einander als
Götter anbeten; Liebhaber, die auf den Knien vor ihren Gebieterin-
nen liegen und sich das Leben nehmen wollen; Prinzen, die in
Gestalt der Sklaven in weitentlegene Länder ziehen, weil sie sich in
den bloßen Ruf von einer Schönheit verliebt haben; Könige, die
ihre Kronen um eines schönen Weibes halber verlassen, und was
dergleichen Phantasien mehr sind? Wo hört man die gewöhnliche
Opernsprache von Sternen und Sonnen, von Felsenbrüsten und
ätnagleichen Herzen, von verfluchten Geburtsstunden um eines
scheelen Blickes wegen, und von grausamen Donnerkeilen des
unerbittlichen Verhängnisses, welches eine verliebte Seele nur zu
lauter Marter erkoren hat?"[6]

Doch Versuche deutscher Komponisten, so u.a. von Johann
Adolf Scheibe, den Arminius-Stoff realistisch in eine Oper umzu-
setzen, scheiterten.[7] Die Kunstform der Oper dürfte hierzu auch
nur sehr bedingt geeignet sein. Die Zeitgenossen des Barock störte
dies offensichtlich nicht. Die Traumwelt ihrer Opern entsprach
ihrem Lebensgefühl und dem Zeitgeschmack.

Das gleiche gilt für die Literatur des Barock. Auch in den Dramen und Romanen dieser Zeit wird der Arminius-Stoff als Liebes-

geschichte verarbeitet. Und auch hier liegt der Ausgangspunkt in Frankreich. Auf die Tragödie „Arminius" von Jean Galbert de Campistron wurde bereits hingewiesen. Aber schon vier Jahrzehnte vor Campistron hatte der Franzose Georges de Scudèry, Bruder der bekannten Romanautorin Madeleine de Scudèry, den Arminius-Stoff dramaturgisch bearbeitet und unter dem Titel „Arminius ou Les Frères Ennemis" (Arminius oder die verfeindeten Brüder) auf die Bühne gebracht. Schon seine Bezeichnung des Stückes als Tragi-Comèdie deutet an, daß es auch bei ihm nicht um blutige Schlachten und nationales Pathos geht, sondern um leidenschaftliche Liebe mit dramatisch-komischen Verwicklungen. In seinem Stück stehen die Brüder Arminius und Flavus im Mittelpunkt. Beide lieben die Segestestochter Thusnelda, die hier Hercinie heißt, leidenschaftlich. Obwohl von Segestes zunächst dem Flavus versprochen, wird Hercinie die Gemahlin des Arminius. Flavus ist untröstlich, verläßt seine Verlobte Segimere – eine Phantasiefigur – und geht zu Germanicus ins Lager der Römer. Als Segestes, der Arminius mit seinem Haß verfolgt, seine Tochter dem Germanicus als Geisel ausliefert, begibt sich Arminius unerschrocken selbst ins Lager der Römer, um die Freilassung seiner geliebten Hercinie (Thusnelda) zu erwirken. Germanicus ist beeindruckt, wie mutig und bedingungslos Arminius Freiheit und Leben für seine Liebe zu Thusnelda riskiert und scheint nicht abgeneigt, das Ersuchen des Arminius zu erfüllen. Doch Segestes und Flavus hetzen Germanicus auf und überreden ihn, hart und unnachgiebig zu bleiben. Aber Germanicus hört nicht auf sie. Als daraufhin Segestes entrüstet und enttäuscht über die zu menschliche Haltung des Germanicus das Lager der Römer verläßt, hat Germanicus freie Hand und kann Großmut und Güte demonstrieren. Er gibt dem Arminius die Gattin zurück und entläßt die beiden Liebenden in die Freiheit. Flavus ist jedoch weiterhin untröstlich. Damit das Stück dennoch in allseitiger Glückseligkeit endet, macht Flavus ganz zum Schluß eine Kehrtwendung, entsagt seiner unglücklichen, weil hoffnungslosen Liebe zu Hercinie und kehrt zu Segimere zurück, die ihm in ihrer Großmut verzeiht.[8]

Auch in der literarischen Bearbeitung des Arminius-Stoffes ist also schon von Anfang an dasselbe Schema vorgezeichnet, das auch alle Arminius-Opern der Barockzeit durchzieht: eine leidenschaftliche Liebe, die allen Gefahren und Anfechtungen glänzend wiedersteht, und ein Herrscher, der unendliche Großmut und selbstlose Güte demonstriert. Und auch hier ist der Bösewicht nicht der Römer, sondern der Germane Segestes.

Unter den Barockromanen, die den Arminius-Stoff behandeln, ragt das monumentale Werk des Daniel Casper von Lohenstein besonders hervor. Sowohl nach seinem Umfang – es ist in zwei Teile zu je neun Büchern gegliedert – als auch seinem Inhalt – es behandelt die gesamte Weltgeschichte – und aufgrund des Echos, das es bei seinen Zeitgenossen hervorrief, – die gesamte Bildungselite lobte es in den höchsten Tönen – war es ein epochales Werk. Lohenstein (1635-1683) war Jurist, Syndikus der Stadt Breslau und kaiserlicher Rat. Schlesien war damals die Hochburg der deutschen Dichter, und Lohenstein war bereits durch seine Trauerspiele berühmt, bevor sein Arminius-Roman bekannt wurde. Doch das Lob, das der Arminius-Roman bereits nach dem Vorabdruck des ersten Teils erfuhr, war geradezu enthusiastisch.[9]

Ganz im Gegensatz dazu gilt der Roman heute allgemein als übles, chauvinistisches Machwerk.[10] Schon an dem schwülstigen Titel wird Anstoß genommen. Er lautet: „Großmüthiger Feldherr, Arminius oder Herrmann, Ein tapfferer Beschirmer der deutschen Freyheit, Nebst seiner Durchlauchtigen Thußnelda, In einer sinnreichen Staats-, Liebes- und Helden-Geschichte, Dem Vaterlande zu Liebe, Dem deutschen Adel aber zu Ehren und rühmlichen Nachfolge, In Zwey Theilen vorgestellet." Insbesondere nimmt man aber Anstoß an Lohensteins Darstellung der Weltgeschichte, weil er darin die Wanderungen der keltisch-germanischen Völkerschaften als positiven Einfluß der „Teutschen" auf die antiken Völker darstellt, durch den diese erst zu ihren bewunderungswürdigen Leistungen befähigt wurden.

Indessen hat Gerhard Spellerberg, der sich in mehreren Abhandlungen eingehend mit Lohensteins Arminius-Roman beschäftigt hat,[11] darauf hingewiesen, daß man diesen Roman aus seiner Zeit heraus verstehen muß, nämlich als höfischen Barockroman, und zudem bedenken sollte, daß dieser Roman auf ein französisches Vorbild zurückgeht, ebenso wie dies bei den Opern und Dramen des Barock der Fall ist, wie bereits gezeigt wurde. Es ist der Roman „Clèopatre" von La Calprenède, der aus 12 Büchern besteht, die zwischen 1647 und 1658 erschienen sind. Trotz des anderslautenden Titels handelt es sich um einen Arminius-Roman, den sich Lohenstein, wie Spellerberg feststellt,[12] weidlich zunutze gemacht hat.

Der Barockroman wird auch als höfisch-historischer, treffender noch als heroisch-galanter Roman bezeichnet. Er ist nicht Geschichtsschreibung, sondern Fiktion, wobei allerdings die Fiktion wahrscheinlich sein soll, um den Leser vollkommen fesseln zu können. Kernthema ist die Macht der Liebe. Das Liebespaar besteht aus historischen Personen, die von weiteren historischen Personen und einer Anzahl erdachter Figuren umgeben sind und in ein weitgehend fiktives Beziehungsgeflecht mit zahlreichen Abenteuern und Gefahren verwickelt werden, die einige historische Ereignisse als Fixpunkte enthalten. Das Liebespaar ist vollkommen tugendhaft, weder zu Verstellung noch Lüge fähig, geschweige denn zu irgendwelchen Schandtaten. Ihre Liebe widersteht allen Anfechtungen und Anfeindungen, so daß am Schluß des Romans, wenn die Liebenden für immer vereint sind, zugleich die Tugend triumphiert.

Die Bauform des Barockromans ist immer die gleiche: Eingang medias in res, sodann umfangreich nachgeholte Vorgeschichte, in die der größte Teil der höchst verwickelten Geschehnisse eingefügt ist, sowie reiche Nebenhandlungen und schließlich in Anknüpfung an die eingangs geschilderte Szene Fortsetzung der Handlung bis zum glücklichen, triumphalen Schluß. Der Roman soll zugleich belehrend sein und Wissen vermitteln. Dieses wird im Rahmen der nachgeholten Vorgeschichten in Form von Gesprächen und Diskussionen dargeboten, insbesondere zu Fragen der Staatsphilosophie, des Staats- u. Verfassungsrechts, der politischen Ethik sowie richtigem und falschem Verhalten fürstlicher Personen. Auf diese Weise soll auch solchen Leuten Wissen nahegebracht werden, die vorrangig nur an der Liebesgeschichte interessiert sind.[13]

Alle diese Merkmale des Barockromans finden sich sowohl bei Calprenède als auch bei Lohenstein. In Calprenèdes Roman tauchen zwar alle Schlüsselfiguren des römisch-germanischen Krieges auf, nämlich Arminius, Inguiomerus, Segestes, Marbod, Varus und Augustus, doch ihnen werden einige erdachte Personen an die Seite gestellt, und das Beziehungsgeflecht zwischen allen Beteiligten wird im Vergleich zu den historisch bekannten Tatsachen völlig verändert. Mittelpunkt ist wieder die Liebesgeschichte zwischen Arminius und Thusnelda, die hier – wie bei Campistron – Ismenie heißt.

Der ganze Roman spielt zeitlich vor der Varusschlacht und beginnt mit einer Szene, in der sich Augustus und sein gesamter Hofstaat, darunter auch Varus, im Amphitheater von Alexandria Gladiatorenkämpfe anschauen. Ein blonder, muskulöser, herrlich aussehender Gladiator besiegt nacheinander alle Gegner, bis Varus ankündigt, nunmehr dem Sieger einen gleichwertigen Gegner gegenüberzustellen. Doch zur Überraschung des Publikums kämpfen diese beiden Gladiatoren nicht gegeneinander, sondern besiegen gemeinsam die auf sie gehetzten Tiere, und sie beschimpfen den Kaiser Augustus, daß er zulasse, daß Männer fürstlicher Abstammung, die ihm an Adel und Tugend nicht nachstünden, als Gladiatoren kämpfen müssen. Augustus stellt Varus zur Rede, der nun bekennen muß, daß es sich bei den beiden siegreichen Gladiatoren um die germanischen Fürsten Arminius und Inguiomerus handelt, die er nach der Gefangennahme in Germanien einer Gladiatorenschule überstellt habe. Augustus ist empört, daß sich Rom derart tapfere Helden fürstlicher Abstammung unnötigerweise zu Feinden gemacht habe, und sagt Varus voraus, daß es sein Verhängnis sein werde, wenn er einmal in die Situation geraten sollte, gegen diese großartigen Helden kämpfen zu müssen. Arminius und Inguiomerus werden nun befreit und in das Haus von Agrippa und Julia, der Tochter des Augustus, eingeladen, wo sie Ismenie=Thusnelda begegnen, die dort unter falschem Namen lebt. Jetzt können sie ihre ganze Geschichte erzählen, und so beginnt hier der Rückgriff auf die Vorgeschichten, die dann die vielen Bücher des Romans füllen.

Auch diese Vorgeschichten sind frei erfunden. Es beginnt mit einem Bündnis der Väter von Arminius und Ismenie, das durch die eheliche Verbindung der beiden Liebenden besiegelt werden soll. Als jedoch Segestes auf die römische Seite wechselt, verspricht er seine Tochter dem Markomannenkönig Marbod. Aus dieser Konstellation ergeben sich nun zahlreiche Verwicklungen, Gefangennahmen und Befreiungen, Kämpfe zwischen Arminius und Segestes, Römern und Germanen, in denen sich Arminius als edler und tapferer Held präsentieren kann, der sich durch nichts von seiner Liebe zu Ismenie abbringen läßt. Schließlich folgt die Anknüpfung an die Eingangsszene. Kaiser Augustus ist von der Geschichte der Liebenden so gerührt, daß er der Eheschließung von Arminius und Ismenie zustimmt und sie nach der Hochzeit mit Geschenken beladen heimziehen läßt nach Germanien. Arminius muß allerdings für sich und seine Anhänger versprechen, künftig in Frieden und Freundschaft mit Rom zu leben, es sei denn – und das ist die Rechtfertigung für die Varusschlacht, die in dem Roman selbst gar nicht mehr beschrieben wird – Augustus würde erneut den grausamen Varus nach Germanien schicken.[14]

Wie der Roman Calprenèdes ist auch Lohensteins Arminius-Roman ein höfischer Barockroman. Auch hier ist der Kern eine Liebesgeschichte, um die sich viele erfundene Episoden ranken. Auch bei Lohenstein verspricht Segestes seine Tochter dem Markomannenkönig Marbod und in einer späteren Situation sogar dem römischen Feldherrn Tiberius, um so die Verwicklungen und Leiden der Liebenden dramaturgisch zu steigern. Und auch sein Roman folgt dem üblichen Bauschema des Barockromans. Nachdem im ersten Buch des ersten Teils die Varusschlacht dargestellt wurde, folgt der Rückgriff auf die Vorgeschichte, die bei Lohenstein aus der gesamten Geschichte der Alten Welt bis zum Vorabend der Varusschlacht besteht, also Römer, Griechen, Phönizier, Perser, Inder, Tartaren und Chinesen behandelt, wobei die „Teutschen" sich überall entscheidend „eingemenget" haben. Diese Vorgeschichten füllen die Bücher 2-9 des ersten Teils. Und in diese Vorgeschichten hat Lohenstein auch das gesamte Wissen seiner Zeit eingefügt. „Theoreme und Dogmen der Philosophie und Religion aller Zeiten und Völker sind ebenso eingebracht wie Sachwissen und Techniken aus der Heil- und Arzneikunst, den Natur- und Ingenieurwissenschaften, aus Ackerbau und Viehzucht, Bergbau- und Metallverarbeitungswesen, Brauerei- und Textilgewerbe."[15]

In den neun Büchern des zweiten Teils wird dann der Anschluß an das erste Buch des ersten Teils vorgenommen. Dabei werden

Abb. 2   Johann Heinrich Tischbbein der Ältere,
„Triumph Hermanns nach seinem Sieg über Varus", 1758

Abb. 3   Johann Heinrich Tischbbein der Ältere,
         „Hermann entdeckt Siegmars Leiche", 1770

Abb. 4    Jakob von Sandrart, Titelblatt zu Lohensteins Arminiusroman
         Kupferstich, 1689

Abb. 5   Angelika Kauffmann, „Hermann nach der Schlacht", 1785

Abb. 6   J.C. Sysang, „Hermann und das befreyte Deutschland", 1753

Abb. 7    Ludwig von Schwanthaler, Arminius im Nordgiebel der Walhalla, 1832-41

Abb. 8 Wilhelm Lindenschmit der Ältere, Hermannschlacht

Abb. 9    Ernst von Bandel, Entwurf von 1838 für das Hermannsdenkmal

Abb. 10 Karl Friedrich Schinkel, Entwurf von 1813/1814 für ein Hermannsdenkmal

Abb. 11 Gemeinschaftsentwurf von Karl Friedrich Schinkel und Christian Daniel Rauch
von 1839 für ein Hermannsdenkmal

Abb. 12    Ein Blick in die Werkstatt Bandels in Hannover

Abb. 13    Die Einweihungsfeier des Hermannsdenkmals am 16. August 1875

Abb. 14  Ernst von Bandel bei Kaiser Wilhelm I.
auf der Ehrentribüne am 16. August 1875

Abb. 15  Die Karikatur „Gegen Rom" in dem satirischen Wochenblatt
„Kladderadatsch", 1875

Abb. 16  Das Hermannsdenkmal von New-Ulm im Staat Minnesota/USA

Abb. 17 Hermann Prell, „Hermann der Cherusker übergibt den erbeuteten
römischen Silberschatz der Priesterschaft am Galgenberge", 1889-92

Abb. 18 Ferdinand Leeke, „Arminius bei der Seherin vor der Entscheidungsschlacht mit Germanicus"

Abb. 19 Paul Thumann, „Heimkehr der Deutschen aus der Schlacht im Teutoburger
Wald", 1882

Abb. 20 Karl Theodor von Piloty, „Thusnelda im Triumphzug des Germanicus", 1873

Abb. 21  Johannes Gehrts, „Armin verabschiedet sich von Thusnelda", 1884

Abb. 22 Plakat zur 1900-Jahr-Feier der Hermannschlacht 1909

allerdings nicht nur die weiteren Kämpfe des Arminius gegen Tiberius, Germanicus und Marbod geschildert, sondern wird die Weltgeschichte bis in die Gegenwart des Autors fortgeführt, wobei der Stammbaum des Arminius mit dem des deutschen Kaisers Leopold I., dem das Werk gewidmet ist, so verknüpft wird, daß Leopold I. praktisch der wiedergeborene Arminius ist. Damit der Roman für das Liebespaar Arminius-Thusnelda glücklich endet und die Tugend triumphiert, wird entgegen der historischen Überlieferung Arminius nur scheinbar ermordet. Nachdem sein Heer seinen – angenommenen – Tod an Inguiomerus, der den Mord eingefädelt hatte, gerächt hat, taucht plötzlich Arminius wieder auf. Die Gemahlin des Inguiomerus hatte einen toten Langobarden für den ermordeten Arminius ausgegeben und so Arminius gerettet.

Doch Lohensteins Roman dient noch zwei weiteren Zwecken.[16] Zum einen will er das gesamte Wissen seiner Zeit präsentieren. In begrenztem Umfang tun dies auch die anderen Barockromane, indem sie Wissensgebiete abhandeln, die typischer Gesprächsstoff der damaligen Salonkultur waren, wie Kunst, Psychologie, Staatswissenschaft und gesellschaftliches comme-il-faut. Doch Lohenstein hatte den Ehrgeiz, geradezu eine Enzyklopädie des Wissens seiner Zeit in sein Werk einzubauen, was ihm offensichtlich gelungen ist, wenn man das überschwengliche Lob seiner Zeitgenossen zum Maßstab nimmt.

Der dritte Zweck seines Romans ist das Lob der Deutschen. Und hier schießt er in der Tat, jedenfalls aus heutiger Sicht, oft über das Ziel hinaus. Dreierlei muß man dabei allerdings bedenken.

Erstens ist nach der Idee und Konstruktion des Barockromans auch das Lob der Deutschen nicht als geschichtliche Wahrheit, sondern als glaubwürdige Fiktion zu verstehen.[17]

Zweitens wollten die Deutschen jener Zeit nicht hinter ihren Nachbarn zurückstehen, weder hinter den Italienern, die auf Roms glorreiche Vergangenheit bauten und seit der Renaissance die kulturelle Avantgarde bildeten, noch hinter den Franzosen, die unter ihrem Sonnenkönig Ludwig XIV. Europa gesellschaftlich und machtpolitisch dominierten. Daher das oft peinliche Eigenlob, daher auch die überschwengliche Zustimmung der Zeitgenossen, so als wollten alle sagen: Seht her, auch wir haben eine großartige Vergangenheit, auch wir sind eine große Kulturnation! Dieses Streben erscheint auf dem Hintergrund des Niedergangs und der Verheerungen durch den 30jährigen Krieg durchaus verständlich.

Drittens muß man bedenken, daß Lohenstein seinen Roman Kaiser Leopold I. gewidmet hat, dem er nicht nur durch die genealogische Verknüpfung und Identifizierung mit Arminius schmeicheln wollte, sondern auch mit einem epochalen Werk, das beweisen sollte, daß die Deutschen und ihr Kaiser sich vor ihren Nachbarn nicht zu verstecken brauchen.

Versteht man Lohensteins Roman als das, was er ist und sein will, ein heroisch-galanter Barockroman, der mit seiner weitgehend fiktiven Handlung, in der die Tugend triumphieren muß, dem Kaiser des Heiligen Römischen Reiches Deutscher Nation schmeicheln und das deutsche Volk erbauen will, so erweist sich der Vorwurf des Chauvinismus fehl am Platze.

Unter dem Einfluß Gottscheds, der eine Generation nach Lohenstein lebte und wirkte, unternahm Johann Elias Schlegel (1719-1749) den Versuch, ein ernsthaftes Arminius-Drama zu schreiben, in dem nicht die Liebe das Hauptthema ist, sondern die Befreiung Deutschlands von römischer Fremdherrschaft. Schlegel war als junger Student in Leipzig Mitglied der von Gottsched geführten „Vormittäglichen Gesellschaft", und Gottsched, der seit 1730 außerordentlicher Professor der Poesie an der Universität Leipzig war und Schlegels dramatische Begabung erkannte, nahm starken Einfluß auf den jungen Mann.[18] So machte Schlegel Gottscheds „Critische Dichtkunst" zur Basis seines Schaffens. Gottsched versah Schlegels Werk auch mit einer ehrenden Einleitung, in der er besonders den nationalen Gehalt des Stückes betonte: „Überhaupt wird man sehen, daß ein Franzos die wahre Größe eines deutschen Helden bei weitem nicht so natürlich vorzustellen gewußt als ein deutscher Dichter, der selbst ein deutsches Blut in den Adern, und die Neigung zur deutschen Freiheit im Herzen, mit der Gabe des poetischen Witzes verbunden hat."[19]

Schlegels Drama „Hermann" war indessen kein großer Erfolg beschieden, weil es dem Stück an Handlung und Spannung fehlt. Über die Handlung, die zum größten Teil unsichtbar hinter der Bühne abläuft, wird lediglich geredet. Das ganze Stück hat nur ein einziges Bühnenbild, nämlich einen heiligen Hain, in dem die beteiligten Personen sich treffen und den Zuschauern ihre Standpunkte und ihre Gesinnung darlegen.

Es beginnt mit Gesprächen zwischen Siegmar und seinen Söhnen Hermann und Flavius, wobei die unterschiedlichen Charaktere der Söhne herausgestellt werden. Dabei erfährt man, daß Segest seine Tochter Thusnelde dem Varus als Geisel gegeben hat, als Pfand für seine Treue zu den Römern. Beide Söhne lieben Thusnelde. Doch während Hermann seine Braut mit Gewalt befreien will, verharrt der verweichlichte Flavius bei seiner Sympathie zu den Römern. Dann tritt Varus auf und bittet die versammelten deutschen Stammesfürsten um militärischen Beistand bei der Niederwerfung eines Aufstandes der Sikambrer. Dies deutet Hermann als Aufforderung zum Verrat an den deutschen Brüdern und ruft zum Kampf gegen die Römer und zur Befreiung des Vaterlandes auf. Aus weiteren Gesprächen erfährt man, daß Segest dem Varus den geplanten Überfall auf die Legionen verraten hat, daß jedoch Varus ihm nicht glaubt. Sodann wird berichtet, daß die Schlacht für die Deutschen zunächst nicht gut steht, weil Segest seine Truppen zurückhält. Erst als sein Sohn Siegmund, der lange zwischen seiner Pflicht als römischer Priester und Sohn seines römertreuen Vaters einerseits und der Liebe zum Vaterland andererseits schwankt, sich an die Spitze der Truppen seines Vaters stellt, wendet sich die Schlacht und die Römer werden besiegt. Schließlich wird mitgeteilt, daß Siegmar und Thusnelde gefallen sind. Doch dann taucht die tot geglaubte Thusnelde wieder auf, so daß zum Ende nicht nur die gute Sache der Deutschen, sondern auch die Liebe siegt. Und dann folgt der fürs Barock typische Schluß: Der Held Hermann demonstriert Großmut und verzeiht dem Verräter Segest.

Durch die Schwarzweißmalerei Schlegels wirken seine Hauptakteure sehr konstruiert. Hermann, Thusnelde und Siegmar sind die personifizierte Tugend. Alle Drei sind selbstlose, opferbereite Kämpfer für die Freiheit ihres Volkes und Vaterlandes, was sie mit viel Pathos zur Schau stellen. Hermann ist stark und mutig, voller Tatendrang und Draufgängertum. Das gleiche gilt für Thusnelde, die nichts Frauliches an sich hat, sondern wie ein „Mitkrieger zufällig weiblichen Geschlechts"[20] wirkt. Beide stellen ihre Liebe wie selbstverständlich hinter die heilige Pflicht zum Kampf um die Freiheit zurück. Darüber gibt es bei beiden keinen Zweifel. Ihre Liebe wirkt dadurch kühl, fast abstrakt. Sie erlebt keine Krise und muß sich nicht bewähren. Siegmar ist genauso edelmütig wie Hermann und Thusnelde, nur abgeklärter. Segest ist das genaue Gegenteil. Er ist auch bei Schlegel der eigentliche Bösewicht und Schurke. Er ist kaltherzig, skrupellos und machtgierig. Er verrät nicht nur sein Volk, sondern auch seine eigenen Kinder, die er wie Schachfiguren benutzt. Die einzigen etwas differenzierter und damit glaubwürdiger gezeichneten Akteure sind die Nebenfiguren Flavius und Siegmund, die in ihren persönlichen Konflikten zwischen der Treue zu Familie, Volk und Vaterland einerseits und ihrer vermeintlich besseren Einsicht in die militärische und kulturelle Überlegenheit der Römer andererseits hin- und hergerissen sind.

Schwarzweißmalerei betreibt Schlegel auch bei der Gegenüberstellung von Germanien, das er durchgehend Deutschland nennt, und Rom. Germanien verkörpert Aufrichtigkeit, Treue, Mut, Freiheitsliebe und natürliche Lebensweise, Rom dagegen Verschlagenheit, Falschheit, Verrat, Laster, Wollust und Sittenlosigkeit. Dieses Kunstbild wird bis zum Überdruß immer wieder vorgeführt. Schlegels Patriotismus wirkt dadurch künstlich und akademisch.

Die Liebe, Hauptthema aller Arminius-Opern und -Dramen des Barock, tritt in Schlegels „Hermann" völlig in den Hintergrund. Und selbst dort wirkt sie leblos. Auch die aussichtslose Liebe des Flavius zu Thusnelde löst keinen Konflikt aus und sorgt noch nicht einmal für Spannung, weil Flavius dieses Problem mit sich selbst ausmacht. Als 1766 das Leipziger Theater mit Schlegels „Hermann" eröffnet wurde, verspürte der junge Goethe nur Langeweile und ähnlich soll es seiner ganzen Generation ergangen sein.[21] Goethe schrieb später darüber: „Man wollte ein deutsches Theater auch mit einem patriotischen Stück anfangen und wählte, oder vielmehr man nahm hierzu den Hermann von Schlegel, der nun freilich, ungeachtet aller Tierhäute und anderer animalischen Attribute, sehr trocken ablief."

Indessen inspirierte Schlegels Drama den Künstler Johann Heinrich Tischbein den Älteren (1722-1789) zu einem großen Ölgemälde. Tischbein, der ab 1752 Hofmaler in Kassel war und dessen Gemälde überwiegend religiöse, mythologische und historische Themen zum Gegenstand haben, brachte 1758 die Schlußszene aus Schlegels „Hermann", in der Hermann seine Großmut demonstriert und den Verrätern Segest und Flavius verzeiht, im Format 65 x 83 cm auf die Leinwand (Abb. 2). Das Bild mit dem Titel „Triumph Hermanns nach seinem Sieg über Varus" befand sich bis 1989 in Privatbesitz, wurde dann als „ein Kulturgut nationalen Ranges" von der Stiftung Niedersachsen erworben und dem Museum im Schloß Bad Pyrmont als Leihgabe zur Verfügung gestellt.[22] Dieses Gemälde hat indessen noch einen großen Bruder, denn im Jahre 1772 übertrug Tischbein es mit geringfügigen Änderungen ins Monumentale, nämlich in das Format 2,85 x 4,35 m. Dieses Bild ist heute das Glanzstück der Gemäldesammlung im Schloß Arolsen.

In der Mitte des Bildes steht Hermann, bekleidet mit roter Hose, blauem Kettenhemd und gelbem Fellumhang. Auf dem Kopf trägt er einen Helm, den ein springendes Pferd krönt. Während er sich mit der Linken auf sein Schwert stützt, deutet er mit der Rechten auf Rüstung und Waffen des Varus, die zwei germanische Krieger am Stamm einer mächtigen Eiche zu Ehren der Götter und als Zeichen des Sieges über die Römer befestigen. Sein Blick ist auf Segest und Flavius gerichtet, die am linken Bildrand hocken und denen er unter Hinweis auf die am Baum aufgehängten Siegestrophäen ihre Parteinahme für die Römer verzeiht. Auf der rechten Bildhälfte sieht man den aus der Schlacht heimkehrenden Heereszug der Germanen, die mit Beute beladen sind und einen römischen Legionsadler vorantragen. Aus der ersten Gruppe ragen zwei Berittene heraus. Es sind Siegmund, der einen Adlerhelm trägt, und Thusnelda, die mit ihrem ausgestreckten rechten Arm stolz auf Hermann deutet. Links im Hintergrund zelebriert ein Priester auf einer Lichtung des Waldes ein Dankopfer an die Götter.

Obwohl Tischbein sich um historische Wahrheit bemüht, ist sein Bild dennoch typisch für die Zeit des Barock. Sein Hermann wirkt mit seiner farbenprächtigen Bekleidung, seiner Pose und Leibesfülle wie ein repräsentationsfreudiger absolutistischer Herrscher des frühen 18. Jahrhunderts.

Typische Merkmale des Barock zeigt auch der Kupferstich, den der Maler Jakob von Sandrart für den zweiten Band von Lohensteins Arminiusroman, der 1689 erschien, geschaffen hat (Abb. 4). Dort schreitet eine füllige Viktoria, umgeben von germanischen Kriegern, die eroberte Legionsadler emporhalten, über erbeutete Waffen und gesprengte Fesseln hinweg. In der Linken hält sie einen mächtigen Langschild, der die Aufschrift „Arminius und Thusnelda, Ander Theil" und darunter die Worte „Eintracht läßt hoffen" trägt. In Verbindung mit dem leeren Thron im Hintergrund werden diese Worte dahin gedeutet, daß Lohenstein sich Kaiser Leopold I., dem er sein Werk gewidmet hatte, als starken Kaiser eines einigen deutschen Reiches wünschte.[23]

Zusammenfassend kann man jedoch feststellen, daß im Barock die Arminius-Darstellungen durchweg unpolitisch sind.[24] Selbstverständlich war man sich auch in dieser Epoche bewußt, daß Arminius der liberator Germaniae und ein deutscher Nationalheld war. So ließ der Schriftsteller Johann Michael Moscherosch (1601-1669) in seiner 1640 erschienenen zweibändigen Zeitsatire „Wunderliche und wahrhafftige Gesichte Philanders von Sittewald", in der er das höfische Wesen mit seiner Nachahmung ausländischer Moden und Sitten verurteilte, neben anderen germanischen Helden auch Arminius auftreten, den er als Befreier vom römischen Joch feiert und ihn eine scharfe Strafpredigt gegen die Torheiten jener Zeit halten läßt. Doch die maßgeblichen Kreise interessierte dies nicht sonderlich. Die Künstler, Komponisten, Dichter und Literaten des Barock waren Adlige oder höfisch orientierte Bürgerliche, die für den Adel und höfische Kreise arbeiteten. Ihre Werke waren daher auf die Interessen dieser Kreise ausgerichtet und dienten allein der Erbauung.

# Möser, Klopstock und der Germanenmythos der deutschen Klassik

Um die Mitte des 18. Jahrhunderts war die deutsche Bildungselite wieder einmal auf nationaler Identitätssuche. Man war unzufrieden mit den politischen Zuständen im Reich, mit der Zerrissenheit des Landes und des Volkes durch die Kleinstaaterei, dem Gegeneinanderwirken der vielen Landesherren, von denen jeder seine Eigeninteressen verfolgte, keiner das große Ganze, das Wohl und Wehe der ganzen deutschen Nation im Auge hatte. Diese Zustände waren allerdings nicht neu, und auch die Klagen der deutschen Bildungselite hierüber haben eine lange Tradition. Seit dem Niedergang der Staufer hörte man immer wieder die Forderung nach einer Stärkung der Zentralgewalt und einem Ende der deutschen Zwietracht. Dies klang schon in den politischen Liedern des Walther von der Vogelweide an und war eine Zentralforderung der deutschen Humanisten. Seit dem Ende des unglückseligen 30jährigen Krieges und der endgültigen Spaltung der christlichen Kirche, wodurch die Zerrissenheit der Nation noch weiter getrieben wurde, war die deutsche politische Landschaft völlig erstarrt. Der Wunsch und Wille zur nationalen Einheit, so oft er auch artikuliert wurde, erlahmte immer wieder an der Realität der politischen Zerrissenheit und endete oft in Resignation.

Diese Situation wurde als besonders unbefriedigend empfunden, wenn man sich mit seinen westlichen Nachbarn Frankreich und England verglich. Man sah dort blühende Nationalstaaten mit einer starken Zentralgewalt, einer lebendigen, bedeutenden Kultur und einer vermeintlich glücklichen, stolzen Nation. Erstmals artikuliert sich jetzt das Trauma von der „verspäteten Nation",[1] eine zentrale These Herders,[2] die im folgenden 19. Jahrhundert noch eine bedeutende Rolle spielen sollte.

Das Gefühl der Unterlegenheit, des Zurückgebliebenseins, vor allem im Vergleich mit Frankreich, wurde durch die provozierende Arroganz des französischen Nachbarn noch verstärkt. Seit der

Schriftsteller und Jesuitenpater Bouhours im 17. Jahrhundert die Stereotype von der Kulturunfähigkeit der Deutschen verbreitet hatte,[3] findet sich die Vorstellung der Deutschen als „nation barbare" bei fast allen maßgeblichen französischen Autoren bis hin zu Voltaire. Und sie wurde von vielen Deutschen geteilt, auch von Friedrich dem Großen, der ein rückhaltloser Bewunderer der französischen Kultur war und sich nach eigenem Bekunden auf deutsch nur mit seinen Hunden unterhielt. So sehr seine Siege im Siebenjährigen Krieg auch von den Deutschen außerhalb Preußens bejubelt wurden, so sehr bedauerte man zugleich das völlige Fehlen eines deutschen Nationalbewußtseins bei diesem herausragenden deutschen Staatsmann.

Bei einem Vergleich mit den südlichen Nachbarn, den Italienern und Griechen, vermißte man schmerzlich ein eigenes goldenes Zeitalter, eine eigene frühe Hochkultur, wie sie die Mittelmeervölker aufzuweisen haben, auf die man hätte stolz sein können. Sie hätte ein Kristallisationspunkt für eine nationale Identität sein können, ein einendes Bewußtsein und eine Basis, auf der man neue politische und kulturelle Leistungen hätte aufbauen können.

Man fragt sich unwillkürlich, worin dieses ständige Schwanken der Deutschen zwischen nationaler Überheblichkeit und nationalem Minderwertigkeitskomplex seine Ursache hat. Jedes Volk hat seine primitiven Anfänge. Das gilt für die alten Kulturnationen des Mittelmeerraumes genauso wie für die Völker Nord- und Osteuropas oder Asiens. Dessen braucht sich niemand zu schämen. Aber die Deutschen waren die Erben Roms, die Träger des „Heiligen Römischen Reiches Deutscher Nation"! Waren 300 Jahre Kaiserherrlichkeit von Ottonen, Saliern und Staufern, in denen man Europa nicht nur politisch, sondern auch kulturell dominierte, kein Grund, wenn nicht stolz, so doch wenigstens mit sich zufrieden zu sein? Konnte man nicht auf Landsleute wie Martin Luther, Albrecht Dürer, Johann Sebastian Bach stolz sein? Mußte man im Angesicht der deutschen Dome, der Klöster, der Kaiserpfalzen, der vielen mächtigen Burgen im Lande sich als Deutscher minderwertig fühlen?

In dieser Situation brachte die Rezeption des 1748 erschienenen Hauptwerks von Montesquieu „De l'Esprit des lois" – Vom Geist der Gesetze – eine entscheidende Wende. Montesquieu legte unter anderem dar, daß es keine einheitliche Verfassung oder Schablone gäbe, die für alle Nationen als beste Lösung gelten könne, sondern daß vielmehr jede Nation aus einem umfassenden Bezugssystem geographischer, klimatischer, kultureller, wirtschaftlicher und gesellschaftlicher Faktoren ihre eigene Verfassungsform finden müsse und beanspruchen könne. Diese Thesen machten vielen Deutschen bewußt, daß es falsch war, sich ständig an Frankreich zu orientieren und das Beispiel anderer Völker nachzuahmen. Es begann eine intensive geistige Auseinandersetzung, die unter der Bezeichnung Nationalgeist-Diskussion in die Geschichte eingegangen ist. Sie gipfelte in der Frage, was macht eigentlich die Identität der Deutschen aus? Worauf können Begriffe wie Vaterland, Patriotismus, Nationalgeist gegründet werden? Es begann eine Suche nach Wurzeln, nach Nationalhelden, nach Basisfaktoren, auf die man sein nationales Selbstverständnis gründen konnte.

Diese Bestrebungen führten in zwei verschiedene Richtungen und zu Erscheinungen, die man gemeinhin mit den Schlagworten Griechenmythos und Germanenmythos bezeichnet.

Den Anstoß zu einer neuen Begeisterung für die alten Griechen gab Johann Joachim Winckelmann mit seiner 1755 erschienenen Schrift „Gedanken über die Nachahmung der griechischen Werke in der Malerei und Bildhauerkunst". Winckelmann, 1717 in Stendal geboren, studierte Theologie, Hebräisch, Griechisch, Geschichte, Jura und Naturwissenschaften und ging 1755 nach Rom, wo er bald im Vatikan Karriere machte. Er übernahm schließlich die Aufsicht über die Altertümer in und um Rom, besuchte mehrfach Pompeji, Herculaneum und Paestum und gilt als Begründer der wissenschaftlichen Archäologie und der modernen Kunstwissenschaft. Seine große Liebe und Bewunderung galt dem 5. vorchristlichen Jahrhundert, dem Perikleischen Zeitalter, dessen Kunst er als Inbegriff der ästhetischen Schönheit pries und der er „edle Einfalt und stille Größe" zuschrieb. „Der einzige Weg für uns, ja, wenn es möglich ist, unnachahmlich zu werden, ist die Nachahmung der Alten, (...) sonderlich der Griechen" proklamierte er in der zitierten Schrift.

Seine leidenschaftliche Bewunderung der griechischen Antike fand ein großes Echo nicht nur im deutschen, sondern im gesamten

europäischen Geistesleben. Sie war der Auslöser für die neue Stile-
poche des Klassizismus, die etwa von 1750-1830 andauerte und der
die Stile Biedermeier, Empire und Louis-seize untergeordnet sind.
Seine deutlichste Ausprägung fand dieser Stil in der Architektur,
wo wir in Deutschland vor allem Karl Friedrich Schinkel (1781-
1841) viele herausragende, noch heute bewunderte Bauten verdanken.

Indessen war die Hinwendung zu den alten Griechen zwar eine
Abkehr vom französischen Vorbild und auch von der Basis französischen Selbstverständnisses, das sich auf das Erbe des römisch-
lateinischen Bildungsgutes stützte, aber es blieb eine Nachahmung
einer fremden Kultur. Daran änderte auch die vielbeschworene geistige Verwandtschaft der Deutschen mit den alten Griechen nichts.
Daher gingen zahlreiche Vertreter der deutschen Bildungselite auf
ihrer Identitätssuche in eine andere Richtung. Sie führte zu den
eigenen Wurzeln, in die germanische Frühzeit. Arminius und die
Germanen seiner Zeit, wie Tacitus sie beschrieben hat, wurden
erneut, wie schon 250 Jahre zuvor im Zeitalter der Renaissance und
des Humanismus, zum Gegenstand nationalen Selbstverständnisses
und Stolzes. In kurzer Folge erschienen mehrere Dramen und
Epen, in deren Mittelpunkt Arminius stand. Nach der 1741 erschienenen Tragödie „Hermann" von Johann Elias Schlegel, die bereits
im vorangegangenen Kapitel besprochen wurde, folgte 1748 das
Trauerspiel „Arminius" von Justus Möser, 1750 das Epos „Hermann oder das befreyte Deutschland" von Otto von Schönaich mit
einer Vorrede von Gottsched, 1753 das Epos „Hermann" von Wie-
land und schließlich die Trilogie Klopstocks mit „Hermanns
Schlacht" 1769, „Hermann und die Fürsten" 1784 und „Hermanns
Tod" 1787.

Diese Germanenbegeisterung beeinflußte nachhaltig die deutsche Klassik und führte nahtlos über in die Arminiusverehrung der
Romantik und des deutschen Kaiserreiches. Hierbei kommt
den Publikationen Justus Mösers besondere Bedeutung zu, weil
es ihm gelang, den deutschen Partikularismus positiv zu sehen
und dadurch viele Deutsche mit der Kleinstaaterei und dem
daraus resultierenden Fehlen eines deutschen Nationalstaates zu
versöhnen.

Justus Möser, 1720 in Osnabrück geboren, war Jurist, Publizist, Geschichtsschreiber und Staatsmann. Er war Leiter der Verwaltung des Fürstbistums Osnabrück und viele Jahre auch Justitiar am dortigen Kriminalgericht. Als Mann der Praxis hielt er nichts von abstrakten Theorien, sondern orientierte sich an den Zuständen des Landes, der Gesellschaft und des Staates, die er genau kannte, und errichtete darauf seine Gedankengebäude. Möser schrieb Beiträge zu Fragen von Staat und Verfassung, Recht, Geschichte, Wirtschaft, Religion und Kunst, die nach englischem Vorbild in Wochenzeitschriften erschienen. Sie wurden unter dem Titel „Patriotische Phantasien" in vier Bänden zusammengefaßt, die in den Jahren 1774-86 erschienen. Angeregt durch Montesquieus Werk „De l'Esprit de lois" und David Humes „History of England", das er während eines Aufenthaltes in London kennenlernte, verfaßte er seine „Osnabrücker Geschichte", deren erster und zweiter Band 1768 erschienen. Der dritte und letzte Band wurde erst 1824, 30 Jahre nach Mösers Tod veröffentlicht. In diesem Geschichtswerk wich er, darin Montesquieu folgend, von der bis dahin üblichen dynastischen Geschichtsschreibung ab. Statt dessen lenkte er das Interesse auf die gesellschaftlichen, rechtlichen, wirtschaftlichen und moralischen Eigentümlichkeiten einer Nation sowie auf die geographischen und klimatischen Bedingungen ihres Siedlungsraumes. Für die alten Sachsen, die Möser in ethnischer Nachfolge zu den von Tacitus beschriebenen, im nordwestdeutschen Raum siedelnden germanischen Stämmen sah, erkannte er in dem freiwilligen Zusammenschluß der auf eigener Scholle wirtschaftenden Bauern zu einer Schutzgemeinschaft und der von Tacitus immer wieder betonten Freiheitsliebe der Germanen die Basis ihrer staatlichen Organisation. Ihr elementares Bedürfnis nach persönlicher Unabhängigkeit, das nur eine freiwillige Einordnung in eine größere Gemeinschaft ertrug, war der ethische Kern ihres gesellschaftlichen Systems, ihrer Verfassung.

In dieser Freiheitsliebe der Germanen sah Möser zugleich die Wurzel des deutschen Partikularismus, der deshalb nicht nur negativ gesehen werden dürfe. Dieses Spannungsverhältnis zwischen der Notwendigkeit eines starken Nationalstaates als Schutz gegen übermächtige Feinde und der Freiheitsliebe des Individuums, das sich nicht einer starken Zentralgewalt beugen will, sondern seine persönliche Freiheit in einem überschaubaren Kleinstaat besser gewahrt sieht, bildet auch den Gegenstand seines Trauerspiels „Arminius". Möser ist damit der einzige, der das Problem Einheitsstaat-Partikularismus dichterisch thematisiert, und zugleich der einzige, der den Partikularismus nicht verdammt, sondern ihn positiv zu erklären versucht, nämlich als Ausdruck der germanischdeutschen Freiheitsliebe.

Alle anderen sahen mit einem Blick auf Frankreich nur in einem starken, zentralistischen Nationalstaat eine glückliche Zukunft der Deutschen. So dichtete Schönaich in seinem Heldenepos „Hermann oder das befreyte Deutschland":

O! Wie glücklich sind die Völker, die ein einzig Haupt regiert,
Wo man kein geteiltes Herrschen, keine fremde Macht verspürt.
Ach! Wo lebt nun wohl ein Hermann? Holder Himmel, schaff ihn doch.
Deutschland heget ja wohl Helden, aber keinen Hermann noch.

In Mösers „Arminius" spielt die gesamte Handlung unmittelbar vor der Ermordung des Arminius. Die Varusschlacht ist bereits geschlagen, die Feldzüge des Germanicus sind überstanden und auch die Auseinandersetzung mit Marbod ist bereits Vergangenheit. Arminius steht im Zenit seiner Macht und ist der Liebling des Volkes. Um den Zusammenhalt der Germanen auch für die Zukunft zu sichern, um stark genug in der Abwehr künftiger Angriffe der Römer zu sein, strebt er nach der Königsherrschaft. Er will König aller Germanen sein. Dies stößt auf den Widerstand der Stammesfürsten, die von Segestes, der bei Möser Sigest heißt, aufgewiegelt und angeführt werden. Sie wollen sich keiner Zentralgewalt beugen. Sie fürchten, daß ihnen nach der Vertreibung der Römer eine neue Tyrannei durch einen König Arminius droht, und schwören: „Es sterbe der Tyrann".

Zum Mörder des Arminius bestimmt Sigest seinen eigenen Sohn Sigismund, der dadurch in schwerste innere Konflikte gestürzt wird. Hin- und hergerissen zwischen seiner Freundschaft zu dem von ihm bewunderten Helden und Vaterlandserretter Arminius und den Pflichten eines gehorsamen Sohnes sieht er keinen Ausweg und begeht schließlich Selbstmord. Da entschließt sich der unversöhnliche Sigest, dem sein Haß auf Arminius keinen Raum für Verständnis oder Mitgefühl mit seinen Kindern läßt, selbst den Mord zu begehen. Er überrascht den ahnungslosen Arminius, als dieser durch ein Gespräch abgelenkt ist, und ersticht ihn. Kurz darauf wird Sigest von der aufgebrachten Volksmenge, die durch diesen feigen Mord in rasende Wut versetzt wird, gelyncht.

Auch in Mösers Arminiusdrama kommt die Liebe zu ihrem Recht. Möser bedient sich dazu eines Tricks, indem er, abweichend vom historischen Geschehen, Thusnelda in Begleitung ihres Sohnes Thumelicus in die Heimat zurückkehren läßt. Das Wiedersehen der liebenden Gatten, die 12 Jahre voneinander getrennt waren, die Sorge der endlich wieder glücklichen Thusnelda um das Leben des geliebten Mannes und die Verzweiflung über die Unversöhnlichkeit ihres haßerfüllten Vaters geben ausreichend Gelegenheit, sowohl zarte als auch starke Gefühle auf die Bühne zu bringen.

Mösers Einfluß auf die deutsche Klassik war außerordentlich groß. Auch auf den fast 30 Jahre jüngeren Goethe übte er großen Einfluß aus. Unter anderem wurde er durch Mösers 1770 erschienenen Aufsatz „Von dem Faustrecht" zu seinem Schauspiel „Götz von Berlichingen mit der eisernen Hand" angeregt. Aber auch der „Egmont" und die Romane „Werther" und „Wilhelm Meister" sind Spiegel der Möserschen Geschichts- und Gesellschaftsauffassung.[4] Goethe bewunderte Möser rückhaltlos, korrespondierte über viele Jahre mit ihm, und zwar über dessen Tochter Jenny von Voigts, schickte ihm auch wiederholt Werke seines dichterischen Schaffens zur Begutachtung, ehe er sie publizierte.[5] Goethe schätzte an Möser vor allem dessen Wirklichkeitssinn, seine umfassende Kenntnis des sozialen, wirtschaftlichen und gesellschaftlichen Lebens.[6] Mösers „Ja" zur Provinz wurde sowohl für Goethes persönliches Leben als auch für sein Schaffen bestimmend. Möser beendete Goethes Orientierungskrise, in der er sich zur Zeit der Entstehung des „Werther" befand, und erleichterte ihm die Entscheidung für das provinzielle Weimar. Beim ersten Treffen Goethes mit Herzog Carl August von Weimar spielten Mösers „Patriotische Phantasien", die während des Gespräches auf dem Tisch lagen, eine bedeutende Rolle. Carl August war nämlich nicht primär an dem Dichter Goethe interessiert, der durch den „Werther" schon in jungen Jahren berühmt geworden war, sondern als Gesprächspartner für Fragen der politisch-gesellschaftlichen Praxis.[7] Goethe lobte gegenüber Carl August den deutschen Partikularismus und pries seine Vorteile für die Entwicklung von Kultur und Gesellschaft. Schon seine Zeitgenossen fragten sich, warum Goethe ausgerechnet das unbedeutende Weimar zu seiner Wirkungsstätte wählte und sich nicht für eine der großen Residenzen wie Berlin oder Wien entschied. Aber Goethe war kein Anhänger der Nationalstaatsidee. Im Gegensatz zur großen Mehrheit seiner Zeitgenossen sehnte er sich nicht nach einem einheitlichen Deutschland. Er hielt zeitlebens an der von Möser bezogenen Grundüberzeugung fest, daß der Provinzialismus für die deutsche Kultur die bessere Alternative sei. So äußerte er in einem Gespräch mit Eckermann:

„Wenn man aber denkt, die Einheit Deutschlands besteht darin, daß das sehr große Reich eine einzige große Residenz habe, und daß diese eine große Residenz wie zum Wohl der Entwickelung einzelner großer Talente, so auch zum Wohl der großen Masse des Volkes gereiche, so ist man im Irrtum. (…) Wodurch ist Deutschland groß, als durch eine bewunderungswürdige Volkskultur, die alle Teile des Reiches gleichmäßig durchdrungen hat. (…) Gesetzt, wir hätten in Deutschland seit Jahrhunderten nur die beiden Residenzstädte Wien und Berlin, oder gar nur eine, das möchte ich doch sehen, wie es um die deutsche Kultur stände."[8]

Ohne die Bedeutung dieses großartigen Genies in irgendeiner Weise schmälern zu wollen, muß man feststellen, daß Goethe weder deutscher Patriot noch Demokrat war. Er war ein glühender Bewunderer Napoleons und stand dem Wartburgfest vom 18. Oktober 1817, auf dem die deutschen Studenten die Demokratie und den deutschen Nationalstaat forderten, ausgesprochen ablehnend gegenüber,[9] obwohl sein Landesherr Carl August die Schirmherrschaft für dieses Fest übernommen hatte. Er blieb zeitlebens ein Anhänger der deutschen Kleinstaaterei, der aufgeklärten Monarchie und der ständischen Gesellschaft.

Auch für Arminius und die germanische Frühzeit konnte Goethe sich nicht begeistern. Das gleiche gilt für Schiller, Lessing und Humboldt.[10] Zwar zollten sie Arminius Respekt, ja Bewunderung, aber die ganze Zeit lag ihnen zu fern. So äußerte Goethe gegenüber Eckermann: „Klopstock versuchte sich am Hermann, allein der Gegenstand liegt zu entfernt, niemand hat dazu ein Verhältnis, niemand weiß, was er damit machen soll, und seine Darstellung ist daher ohne Wirkung und Popularität geblieben."[11] Und in „Dichtung und Wahrheit" schreibt er: „Warum hätte mich (…) bewegen sollen, Wodan für Jupiter, und Thor für Mars zu setzen, und statt der südlichen genau umschriebenen Figuren, Nebelbilder, ja bloße Wortklänge in meinen Dichtungen einzuführen?"[12]

Aber es waren nicht nur der zeitliche Abstand und der Mangel an Überlieferung, der viele Klassiker von der Behandlung des Arminius- und Germanenstoffes abhielt, sondern auch das offensichtliche Kulturdefizit. Sosehr Tacitus die guten Sitten und die Freiheitsliebe der Germanen gelobt hatte, so hatte er doch andererseits keinen Zweifel daran gelassen, daß ihnen nach römischem Verständnis Kultur fehlte, daß sie eben Barbaren waren. Auch wurde schon damals die Meinung laut, die heute weit verbreitet ist, daß Arminius durch seinen Sieg über die Römer den heilsamen zivilisatorischen Einfluß Roms auf Germanien jäh gestoppt habe, daß er also der eigentliche Verursacher der „deutschen Verspätung" sei.[13] Daher besaß für viele der Dichter und Denker der deutschen Klassik der Griechenmythos die höhere Anziehungskraft.

Gleichwohl waren auch diese Köpfe auf der Suche nach einem deutschen Nationalhelden, denn nach der Lehre Montesquieus und dem Verständnis der Nationalgeist-Idee war das Vorhandensein eines Nationalhelden wesentlicher Bestandteil nationaler Identität. Indessen fanden diejenigen, die Arminius nicht auf den Schild heben wollten, keine andere Persönlichkeit aus der germanisch-deutschen Geschichte, die diesen Platz glaubwürdig einnehmen konnte. In den gelehrten und schöngeistigen Journalen dieser Zeit wurden alle in Betracht kommenden Gestalten durchgemustert und verworfen.[14] So wurde Karl dem Großen eine geradezu haßerfüllte Absage erteilt. Herder formulierte 1770:

War er, Deutsches Vaterland,
Mörder dir oder Heiland?
(…)
Fluch ihm! – Mörder!

Und selbst Klopstock, von dem man hätte erwarten können, daß er als Theologe und Dichter religiöser Weihespiele Sympathie für die christliche Missionierungspolitik Karls des Großen empfunden hätte, urteilte 1764:

Bist du, der Erste, nicht der Eroberer
Am leichenvollen Strom und der Dichter Freund?
Ja, du bist Karl! Verschwind', o Schatten,
Welcher uns mordend zu Christen machte!

Der „Sachsenschlächter" Karl der Große ist also keine Erfindung von Hermann Löns oder der NS-Ideologen, die allerdings diese Sicht auf Karl den Großen lange propagierten, bis sie von Hitler, der sich in der Nachfolge Karls des Großen sah, zurückgepfiffen wurden.

Auch alle deutschen Kaiser wurden durchgemustert und nacheinander verworfen. Aus der Anti-Rom-Stimmung dieser Zeit verübelte man den meisten, daß sie ihr Hauptinteresse nach Italien verlagert und so ihr deutsches Vaterland vernachlässigt hätten. Den größten Zuspruch erhielten noch Heinrich I., der Gründer des Deutschen Reiches, (des ersten, an das zweite und dritte dachte damals noch niemand) und Friedrich Barbarossa, dessen Charisma seinen tragischen Tod überdauerte und zur deutschen Sagengestalt werden ließ.

Schiller plante auf Drängen seines Dresdener Freundes Christian Gottfried Körner[15] ein Heldengedicht auf Friedrich den Großen, wurde jedoch von erheblichen Zweifeln geplagt und gab dieses Vorhaben schließlich auf. So anziehend er als freier Denker und Philosoph auf dem Thron empfunden wurde, so abstoßend wirkte er als Eroberungskrieger. Entscheidend aber war sein Skandal-Traktat „De la litérature allemande" von 1780, in dem Friedrich der Große sich verächtlich über die deutsche Literatur verbreitete und ihr die französische als leuchtendes Beispiel hinstellte. Seitdem galt er den deutschen Klassikern als Verräter der deutschen Kultur.

Diese ergebnislose Suche nach einem deutschen Nationalhelden und das gleichzeitige Bewußtsein, daß die Verwirklichung eines deutschen Nationalstaates in unerreichbar weiter Ferne lag, förderte die Tendenz, sich vorrangig als Kulturnation zu begreifen, als ein Volk, das sich nicht in großen politischen Leistungen, sondern im Streben nach kultureller Blüte zu verwirklichen suchte. Doch auch die Suche nach einem Nationalhelden, der durch seine kulturelle Leistung allgemeine Anerkennung und Bewunderung verdiente, blieb ergebnislos. Gutenberg, Luther, Kepler, Leibniz wurden erwogen und verworfen.[16] Am ehesten schien noch Martin Luther dem Bild eines deutschen Nationalhelden zu entsprechen. Herder pries ihn als „patriotischen, großen Mann, als Lehrer der Deutschen Nation" und auch Goethe, Schiller, Lessing, Hamann und Novalis werteten ihn als große nationale Persönlichkeit.[17] Dennoch konnte man sich auf ihn als deutschen Nationalhelden nicht einigen. Die deutsche Klassik hat kein Luther-Drama oder Luther-Epos hervorgebracht. Entscheidend war wohl, daß er eben kein Exponent der deutschen Einheit war, obwohl er diese angestrebt hatte, sondern im Ergebnis der Verursacher der konfessionellen deutschen Spaltung.

So verharrten viele, die sich nicht zur rückhaltlosen Bewunderung des Arminius durchringen und dem Germanenmythos huldigen mochten, bei der Verehrung der alten Griechen, deren Helden in zahlreichen Dramen und Gedichten besungen wurden.

Die maßgeblichen Vertreter des Germanenmythos sahen hingegen in Arminius den idealen deutschen Nationalhelden. Den Vorwurf der Kulturlosigkeit der Germanen wiesen sie entschieden zurück. Möser erklärt in seiner vielbeachteten Vorrede zum Drama „Arminius": „Ich bin nicht der Meinung, daß unsere Vorfahren solche Klötze gewesen, als man sich gemeiniglich bei dem ersten Anblick des Tacitus einzubilden pfleget",[18] und behauptet dann, die Germanen hätten sich die römische Kultur durch Nachahmung rasch zu eigen gemacht. So wie seine Zeitgenossen in vielen Dingen die Franzosen nachahmten – und man könnte aus heutiger Sicht hinzufügen, wie die heutigen Deutschen die Amerikaner nachahmen – so hätten damals die Germanen viel von den Römern übernommen. Er erinnert daran, daß Tausende von Germanen als Hilfstruppen im römischen Heer dienten, Germanen die kaiserliche Leibgarde stellten, die Germanenfürsten durchweg des Lateinischen mächtig waren und umgekehrt sich viele Römer in Germanien aufhielten, und behauptet dann, daß die Germanen, zumindest ihre Oberschicht, römische Sitten übernommen und

Geschmack an Theater, Baukunst und schöner Kleidung gefunden hätten.

Indessen war diese Darstellung „germanischer Kultur" aus nationaler Sicht genauso unbefriedigend wie der Griechenmythos Winckelmanns. In beiden Fällen wird lediglich eine fremde Hochkultur nachgeahmt. Die große Mehrheit der deutschen Bildungselite ging daher einen anderen Weg.

Die Lehren Rousseaus und Montesqieus hatten wieder bewußt gemacht, daß Kultur sich nicht nur in Kunst und Literatur ausdrückt, sondern auch in ethischen Werten. Rousseaus Naturbegeisterung, die in seiner einprägsamen Aufforderung „Zurück zur Natur" rasche Verbreitung fand, wirkte für viele Zeitgenossen wie ein Aufruf, die gekünstelte, gezierte Scheinwelt des Rokoko abzuschütteln und die natürliche, von keiner Zivilisation verbogene oder verdorbene Lebensweise der germanischen Vorfahren als ein wertvolles Kulturgut zu betrachten, das es zurückzugewinnen galt. Noch stärker wirkte die Vorstellung von der „altgermanischen Freiheit". Aus den Schriften der antiken Autoren, insbesondere des Tacitus, entnahm man, daß die Freiheit das höchste Gut der Germanen gewesen sei. Die Germanen lebten persönlich völlig frei und unabhängig, berieten ihre gemeinsamen Angelegenheiten auf Thingversammlungen, entschieden durch Mehrheitsbeschluß und ordneten sich ihren Führern nur freiwillig unter. Montesquieu sah eine direkte Verbindung, eine Entwicklungslinie von dieser altgermanischen Freiheit zum parlamentarischen System Englands. Diese Wiederbelebung und hohe Wertschätzung der germanischen Freiheit barg in sich natürlich erheblichen Sprengstoff für die absolutistische Regierungsform dieser Epoche. Das gebildete Bürgertum forderte ein Mitspracherecht in allen Angelegenheiten der Nation und diskutierte freimütig in aller Öffentlichkeit Verfassungsprobleme. Viele begleiteten die Französische Revolution mit offener Sympathie, jedenfalls so lange bis diese in blutigen Terror umschlug. Für Möser und viele andere waren Patriotismus und Nationalgeist keine Angelegenheit der Höfe und des Adels, sondern des gesamten Volkes, und sie waren der Meinung, daß zum Erkennen des deutschen Nationalgeistes eine Rückbesinnung auf die germanischen Ursprünge notwendig sei. Basis sei die „altgermanische Freiheit".

In Mösers „Osnabrücker Geschichte", deren erster Band zwei Jahrzehnte nach dem „Arminius" erschien, ist daher nicht mehr die Rede davon, daß die Germanen gelehrige Nachahmer der römischen Kultur gewesen seien. Vielmehr preist er die germanische Urgesellschaft als „güldenes Zeitalter" der deutschen Geschichte, als ein „Werk der Kunst", das den griechischen Kunstwerken nicht nur ebenbürtig sei, sondern diese noch bei weitem übertreffe.[19] Grundlage dieser Gesellschaftsordnung sei die ideale Verknüpfung von Eigentum und Freiheit. Jedes Mitglied dieser Gesellschaft sei unabhängiger Landeigentümer gewesen. Auf freiwilliger Basis hätten sie sich zu einer Schutz- u. Trutzgemeinschaft zusammengeschlossen, in Thingversammlungen alle Angelegenheiten, die sie gemeinsam betrafen, selbst geregelt, ihre Richter und Heerführer selbst gewählt. Sie wären damit die eigentlichen Träger des geschichtlichen Prozesses, sie verkörperten die Nation. Diese Verfassung sei ein Kunstwerk, das Freiheit, Ehre, Eigentum und das nationale Interesse in idealer Weise repräsentiere, und damit Zeugnis einer hochstehenden nationalen Kultur.

Möser stellte damit bewußt dem Griechenmythos Winckelmanns einen Germanenmythos gegenüber. So wie Winckelmann die griechische Kunst des 5. vorchristlichen Jahrhunderts als Leitidee und Modell kultureller Vollkommenheit pries, rühmte Möser die frühe Epoche der „sächsischen Siedler", die er von Arminius bis zu Karl dem Großen rechnet, als ein goldenes Zeitalter, das „die Nation in einer später niemals wieder erreichten individuellen Freiheit und kulturellen Größe zeigt."[20]

Auch Klopstock wandte sich entschieden gegen das „Barbarenverdikt" der Germanen und pries ihre hohe Kultur, die sich in ihrer Ethik, ihrer Sittlichkeit und ihrem unbändigen Freiheitswillen manifestiere. In seiner Hermanntrilogie stellte er allerdings die angeblich große Bedeutung der germanischen Dichter und Sänger, der sog. Barden, in den Vordergrund. Um dies zu verstehen, ist es notwendig, kurz auf Klopstocks Werdegang einzugehen.

Friedrich Gottlieb Klopstock, 1724 in Quedlinburg geboren, studierte Theologie in Jena und Leipzig. Sein Hauptinteresse galt jedoch der Dichtung und der Geschichte. Nach kurzen Zwischenstationen in Langensalza und Zürich kam er 1751 auf Einladung des Ministers Graf von Bernstorff nach Kopenhagen, wo der kunstsinnige dänische König Friedrich V. einen deutschen Dichter- und Aufklärerkreis um sich versammelt hatte, zu dem u.a. J.B.Base- dow, J. A. Cramer, H. W. von Gerstenberg und J. E. Schlegel gehör- ten. Alle Mitglieder dieses Kreises huldigten dem Germanenmy- thos, befaßten sich intensiv mit der germanischen Geschichte und Mythologie und befruchteten sich gegenseitig in ihrem dichteri- schen Schaffen.

Als 1760 der schottische Dichter Mc Pherson seine „Fragments of ancient poetry, collected in the Highlands of Scotland" veröf- fentlichte, die er als Übersetzung gälischer Lieder des mythischen Helden und Sängers Ossian aus dem 3. Jahrhundert ausgab, wurden diese begeistert vom Kopenhagener Kreis aufgenommen. Diese Dichter sahen darin eine Bestätigung für die hohe Kultur der frühen nordischen Völker. Sie lobten die unverfälschte Sprache des Herzens, die Reinheit der Empfindungen, die lyrischen Naturschil- derungen und die Figur des einsamen Barden, die in so starkem Gegensatz zur gekünstelten, rationalen, geschäftsmäßigen Kultur ihrer Gegenwart stünden.[21]

Die Ossian-Dichtung löste in ganz Deutschland eine Faszination aus, der auch bald aufkommende Zweifel an ihrer Echtheit nichts anhaben konnten. Sie ist unter der Bezeichnung Ossianismus in die Literaturgeschichte eingegangen. Auch als 1805 eine Kommission feststellte, daß es sich um eine eigene Dichtung Mc Phersons han- delte, tat dies der Begeisterung nur geringen Abbruch. Im Mittel- punkt dieser Ossian-Euphorie stand Klopstock. Er begleitete ermun- ternd die Ossian-Übersetzung seines Freundes und Wiener Jesuiten Michael Denis und übertrug gemeinsam mit seinen Kopenhagener Freunden diese Bardenpoesie auf die germanischen Vorfahren.

Nun war dieser Ansatz nicht ganz neu. Schon Gottfried Schütz hatte in seinen vor 1750 veröffentlichten Schriften eine hochste- hende germanische Kultur mit der herausragenden Funktion der Druiden und Barden begründet. Die Druiden seien Lehrer und Priester in einer Person gewesen und hätten über den Fürsten gestanden. Auch die Barden hätten eine große Rolle gespielt: In den Schlachten feuerten sie die Kämpfenden an, in Friedenszeiten zeichneten sie die Geschichte und die Gesetze ihres Volkes in

Reimform auf. Völlig unabhängig hätten sie gemeinsam mit den Druiden in den „weisen Schulanstalten der alten Deutschen" auf hohem wissenschaftlichen und künstlerischen Niveau gelehrt.[22]

Diese Vorstellungen waren natürlich maßlos übertrieben. Aber auch Klopstock maß den germanischen Dichtern und Sängern eine große Bedeutung bei. Er hatte seinen Tacitus und die anderen antiken Autoren, auch die Edda, sehr genau studiert und wußte, daß die Germanen in alten Liedern sowohl ihre geschichtliche Überlieferung bewahrten als auch ihre Götter und Helden priesen, daß Arminius in solchen Liedern besungen wurde und daß sie auch vor der Schlacht Lieder anstimmten, um sich selbst Mut zu machen und den Feinden Furcht einzuflößen. Den Vortrag dieser Lieder nannten sie – laut Tacitus – Barditus. Und hieraus leitet sich der Name Barden für diese Dichter und Sänger ab. Die Skalden der Edda, die in Stabreimen dichteten, wurden mit diesen Barden gleichgesetzt.

Druiden ist laut Caesar[23] die Bezeichnung für die keltischen Priester. Sie teilten sich mit dem Adel die Macht und wurden – so Strabo[24] – in der Tat in Druiden-Schulen ausgebildet. Da man im 18. Jahrhundert zwischen Kelten und Germanen nicht immer deutlich unterschied, wurden die germanischen Priester fälschlicherweise auch als Druiden bezeichnet.

Unter dem Eindruck des Ossian entstand unter den Dichtern des Kopenhagener Kreises der Wunsch, an diese alte kulturelle Blüte der Germanen anzuknüpfen und ebenfalls Bardengesänge bzw. -gedichte zu verfassen. Sie wollten die Kultur der Vorfahren wiedererwecken, für die Gegenwart lebendig werden lassen. Klopstock fühlte sich durch Braga, den nordischen Gott der Dichtkunst, in die alten Zeiten zurückgerufen und besang in seinen Oden die Gestalten der germanischen Mythologie. Er löste damit eine regelrechte Bardenmode aus. Überall in Deutschland gab es plötzlich Bardendichter, vom Wiener Jesuiten und Ossian-Übersetzer Michael Denis bis zu dem Zittauer Oberamtsadvokat Carl Friedrich Kretschmann.[25]

Klopstock plante schon als Schüler, einmal ein Heldenepos, ein deutsches Nationalepos, zu schreiben. Mit der Dichtung seiner Hermann-Trilogie verfolgte er dann vorrangig das Ziel, seinen Landsleuten zu zeigen, daß auch die Deutschen eine frühe Hochkultur aufzuweisen haben, die sich besonders in den Dichtungen und Gesängen der germanischen Barden offenbart habe. Er sah sich selbst als patriotischer Dichter in einer Traditionslinie zu diesen Barden, die zugleich Geschichtsschreiber gewesen seien. Deshalb legte er großen Wert auf eine geschichtlich korrekte Darstellung und bezeichnete seine vaterländischen Dramen in Anklang an die Gedichte der Barden als „Bardiete".

Der Bardiet „Hermanns Schlacht" hat nur einen einzigen Handlungsort, nämlich einen hohen Felsen, unter dem sich Klopstock die Roßtrappe im Harz vorstellte. Es ist der dritte Tag der Varusschlacht, die unterhalb des Felsens im Tale tobt, aber nicht zu sehen ist. Auf dem Felsen steht Siegmar, der alte Vater Hermanns, umgeben von Druiden, die den Göttern opfern, und Barden, die fast pausenlos singen. Sie rufen Wodan um Beistand an, rühmen die Heldentaten der Väter, feuern immer wieder die Kämpfenden an und schüren die Wut auf die römischen Unterdrücker. Nacheinander erscheinen Segest, Thusnelda und ihr Bruder Siegmund auf dem Felsen und führen leidenschaftliche Dialoge mit Siegmar.

Siegmar möchte sich trotz seines hohen Alters unbedingt am Kampf beteiligen und steigt schließlich den Felsen hinab. Auch Knaben wollen unbedingt in die Schlacht. Alle sind voller Heldenmut und Todesverachtung, wollen gern für die Freiheit ihres Volkes ihr Leben hingeben. Ein Knabe, der Sohn des Bardenführers, wird tödlich verwundet heraufgetragen und phantasiert in schrecklichen Bildern. Auch der alte Siegmar wird mit tödlicher Wunde heraufgeschleppt.

Als das Schlachtenglück die Germanen – bei Klopstock heißen sie nur die Deutschen – zu verlassen droht, treten die Barden an den Rand des Felsens heran und singen aus Leibeskräften. Der sterbende Siegmar feuert sie an: „Stärker! Stärker!" Ein Barde ruft: „Wir helfen siegen! Ich seh es! Ich seh's!" Siegmar bittet: „Singt mir das Lied derer, die ihr Vaterland mehr als das Leben lieben". Bevor er stirbt, hört er dann noch die Nachricht vom Sieg der Deutschen. Dann singen die Barden ein Ruhmeslied auf den toten Siegmar.

Das Stück hat 14 Szenen. Erst in der 11. Szene tritt Hermann auf. Er steigt den Felsen herauf nach siegreicher Schlacht, gibt letzte Befehle zur Verfolgung der römischen Reiterei und fordert die Barden auf, den Siegesgesang anzustimmen. Zwei römische Gefangene vornehmer Abkunft schickt er nach Rom, wo sie Kaiser Augustus von dem überwältigenden Sieg der Deutschen berichten sollen. Seinem Bruder Flavius, der ebenfalls gefangen ist und über den die Druiden das Los werfen wollen, schenkt er das Leben. Thusnelda besingt mit dem Chor der Jungfrauen ihren Hermann, und schließlich singt auch Hermann selbst. Dann erfährt er vom Tod seines Vaters und tiefe Trauer überwältigt ihn. Seine Mutter fordert als Rache für den Tod ihres Gemahls die Hinrichtung von 4 gefangenen Tribunen, 20 Centurionen und 200 weiteren Gefangenen. Doch Hermann widerspricht: „Ich zücke das Schwert gegen waffenlose Krieger nicht!" Statt dessen läßt er alle Anwesenden schwören, an den neuen Legionen, die kommen werden, Rache zu nehmen.

Der Bardiet „Hermann und die Fürsten", für den Klopstock ursprünglich den Titel „Hermann und Ingomar" vorgesehen hatte, spielt im Jahre 15, als die Römer sich auf dem Rückzug zum Rhein befanden und Arminius die vier Legionen unter der Führung des Caecina auf ihrem Weg zu den pontes longi angriff. Handlungsort ist der Kriegsrat der germanischen Führer am Ende des zweiten Kampftages. Wie Tacitus berichtet, konnte sich Arminius hier nicht durchsetzen mit seinem Plan, abzuwarten bis die Römer das Lager verlassen, um sie dann auf dem Marsch zu umzingeln und wie die Varus-Legionen niederzukämpfen. Vielmehr folgte der Kriegsrat dem Vorschlag des Inguiomerus, – bei Klopstock heißt er Ingomar – am nächsten Tag das Lager der Römer zu erstürmen, was dann zur Niederlage der Germanen führte.

Der Bardiet „Hermanns Tod" spielt auf der Burg Hermanns, auf die er sich schwer verwundet zurückgezogen hat, nachdem germanische Stammesfürsten unter Führung von Segest und Ingomar mit ihren Heerscharen Hermann besiegt haben. Thusnelda ist aus römischer Gefangenschaft zurückgekehrt. Sie wird vom Volk stürmisch begrüßt, und es gibt ein rührseliges Wiedersehen der liebenden Ehegatten. Dann dringen die Fürsten in die Burg ein und erheben verleumderische Anklagen gegen Hermann, der schließlich im Kampf von der Übermacht der Feinde getötet wird.

Klopstock widmete den Bardiet „Hermanns Schlacht" Kaiser Joseph II., der ihm daraufhin als Anerkennung ein goldenes, mit

Brillanten besetztes Medaillon mit dem Brustbild des Kaisers verehrte.

Für Klopstock ist Arminius *der* deutsche Nationalheld, die Verkörperung des Willens zur Freiheit und zur staatlichen Einheit Deutschlands, und er sieht in der Ethik der Germanen, ihrem Freiheitswillen und der demokratischen Organisation ihres Zusammenlebens eine kulturelle Blütezeit, eine fast ideale Epoche deutscher Geschichte, die er durch seine Dichtungen wiederbeleben möchte. Um seinen Zeitgenossen den Nationalhelden Arminius möglichst nahe zu bringen, schildert er ihn nicht nur als furchtlosen Kämpfer und charismatischen Führer, sondern in erster Linie als Menschen, der eine empfindsame Seele hat und ähnlich wie jeder deutsche Zeitgenosse Klopstocks in vergleichbaren Situationen reagiert. Erinnern wir uns: Es ist das Zeitalter der Empfindsamkeit, in dem Gefühle offen gezeigt werden dürfen, wo Gemütsverfassungen, seien sie idyllisch-heiter oder elegisch-düster, natürlich ausgelebt und dichterisch geschildert werden, wie z.B. in Goethes „Werther". Daher dürfen Helden auch weinen. Und so präsentiert Klopstock auch Arminius. Als in „Hermanns Tod" die germanischen Stammesfürsten sich gegen ihn wenden, ihn bezichtigen, er wolle dem Volk die Freiheit rauben und sich zum Tyrannen aufschwingen, und ihm sogar seinen Sieg über die Römer als ruchlose Tat vorwerfen, ist seine seelische Erschütterung, seine Enttäuschung über diese abgrundtiefe Unmoral so groß, daß er weint. Auch die überschwenglichen Gefühlsausbrüche in der Wiedersehensszene zwischen Hermann und Thusnelda entsprechen ganz dem Zeitgeist Klopstocks.

> Thusnelda: Hermann, mein Geliebter, mein Freund, mein Mann!
> Mein Theude (verzeih', ich rede töricht; ich weiß aber auch oft nicht, wo ich bin), mein Theude, mein verzogenes Schoßkind!
> Mein, mein Hermann, ich bin wieder da!
> Theude: Göttliche Mutter, ja, ich sehe dich!
> Hermann: Thusnelda, mein Weib! Geliebteste und Liebenswürdigste!
> Wie du, wird keine geliebt! Und wie du ist keine!
> Du hast deine Theuden gut genug verzogen!

Ein größerer stilistischer Gegensatz als zwischen Mösers Drama „Arminius" und Klopstocks Hermann-Trilogie läßt sich kaum denken: Hier der nüchterne Jurist und Praktiker Möser mit einer klaren, fast modern anmutenden Sprache und dort der Schwärmer Klopstock mit schwulstigem und übertrieben leidenschaftlichem Ausdruck. Während man sich durchaus vorstellen kann, daß Mösers Schauspiel auch heute noch auf einer Bühne bestehen könnte, ist dies von Klopstocks Bardieten unvorstellbar.

Gleichwohl fand Klopstocks Werk bei seinen Zeitgenossen begeisterte Aufnahme. Wenn der alte Goethe rückblickend urteilte, Klopstocks Hermann-Trilogie sei ohne Wirkung und Popularität geblieben, so war dies eine sehr subjektive Sichtweise. Zumindest der erste 1767 erschienene Bardiet „Hermanns Schlacht" löste begeisterte Reaktionen aus. Die Presse lobte das Stück einhellig: Hermanns Schlacht sei ein „vortreffliches Nationalstück", es errege „Bewunderung" und „Entzücken", es garantiere dem Dichter „Unsterblichkeit und der Nation Triumph". „Unsere ganze Nation wird Antheil an dem Gedicht nehmen, das sie so nahe angeht".[26]

Auch auf seine Dichterkollegen und die deutsche Bildungselite übte Klopstock großen Einfluß aus. Der damals sehr populäre Opernkomponist Christoph Willibald Gluck erbot sich, die Gesänge in „Hermanns Schlacht" zu vertonen. Er hatte die Noten bereits im Kopf und sang Besuchern einzelne Bardengesänge vor. „Zwischen den Gesängen zur „Hermanns Schlacht" ahmte Gluck mehrmals den Klang der Hörner und den Ruf der Streitenden hinter den Schilden nach. Er wollte sogar ein eigenes Instrument erfinden. Während seines dreijährigen Siechtums (er starb zu Wien am 15. November 1787) kehrte der Lieblingsgedanke an die Komposition der Hermanns-Schlacht immer wieder. Er verjüngte sich, wenn er einzelne Strophen sang. Bei der Strophe:

Wodan, unbeleidigt von uns
fielen sie bei den Altären uns an!
Wodan, unbeleidigt von uns
erhoben sie ihr Beil gegen Dein freies Volk!
flossen ihm die hellen Tränen über die Wangen herab."[27]

Auch der Maler Johann Heinrich Tischbein d.Ä., der bereits zu Schlegels Hermann ein Gemälde geschaffen hatte, war von Klopstocks „Hermanns Schlacht" so begeistert, daß er zwei ergreifende Szenen auf der Leinwand festhielt. Es sind die Gemälde „Siegmar nimmt Abschied von Brenno" und „Hermann entdeckt Siegmars Leiche" (Abb. 3), beide im Format 57 x 73 cm, um 1770 entstanden, die heute im Lippischen Landesmuseum in Detmold hängen. In den Jahren 1782/83 entstand ein Zyklus von vier weiteren Gemälden zu Klopstocks „Hermanns Schlacht", von denen sich zwei im Hessischen Landesmuseum in Darmstadt befinden. Sie tragen die Titel „Hermann und Thusnelda nach der Schlacht" und „Hermann und Thusnelda an der Leiche Siegmars". Alle Bilder sind im gleichen Stil gemalt und zeigen die gleiche Ausstattung wie „Der Triumph Hermanns nach seinem Sieg über Varus", der bereits im vorangegangenen Kapitel besprochen wurde. Hermann und Thusnelda sind immer gleich gekleidet, Hermann trägt immer den Helm mit dem springenden Pferd und die Mitte des Bildes füllt immer eine mächtige Eiche.

Auch in Herders Geschichtsverständnis ist der Einfluß Klopstocks deutlich feststellbar. Auch er sieht in der Ethik der Germanen ihre hohe Kultur, die sie befähigt habe, Roms Erben zu werden und die gesamte abendländische Gesellschafts- und Kulturentwicklung zu begründen. Diese natürliche, ursprüngliche Ethik sei allerdings durch den Bazillus römischer Dekadenz nachhaltig infiziert worden. Es sei deshalb notwendig, sich auf die reinen Ursprünge zurückzubesinnen, und dies könne nur durch eine neue, gesellschaftlich engagierte Dichtung geschehen. Ganz im Geiste Klopstocks erklärt er: Die alten Deutschen „fochten mit dem Gesange wie mit dem Schwert", und „Solange es Barden gab, war der Nationalgeist dieser Völker unbezwinglich, ihre Sitten und Gebräuche unauslöschbar".[28] Deshalb fordert er eine Kunst im Geist der nationalen Frühgeschichte, eine gegenwartsbezogene Bardendichtung, die dem ursprünglichen und natürlichen Denken und Empfinden der Deutschen am besten entspreche und mit einem patriotischen Bewußtsein den Weg zu neuer politischer Freiheit ebne. Darüber hinaus fordert er eine „Geschichte der Deutschen", nicht eine Geschichte ihrer Kaiser und Fürstenhäuser, sondern der deutschen Nation, ihrer Verfassung, Wohlfahrt und Sprache.

Klopstock plante, offenbar auf Anregung des Landgrafen Friedrich V. von Hessen-Homburg, auch die Errichtung eines Hermannsdenkmals im Teutoburger Wald. Es sollte auf dem Winfeld südlich der bei Detmold gelegenen Grotenburg, auf der heute Bandels Denkmal steht, errichtet werden. Seit der gelehrte Paderborner Bischof Ferdinand von Fürstenberg 1669 in seinen „Monumenta Paderbornensia" erstmals den Namen Winfeld als Feld des Gewinnens, Gewinnfeld, und damit als Ort der Varusschlacht gedeutet hatte, wurde diese These bis in die jüngste Vergangenheit von engagierten Heimatforschern leidenschaftlich vertreten. Nach einem Besuch des Landgrafen bei Klopstock in Hamburg, wo dieser Denkmalsplan besprochen wurde, schickte Klopstock am 18. Oktober 1782 dem Landgrafen eine Zeichnung, die leider verlorengegangen ist.[29] Nach Klopstock sollte das Denkmal die Gestalt eines 12-14m hohen Obelisken erhalten, der von einer Kugel mit der Inschrift „Die Irminsäule" bekrönt wurde. Der 4 m hohe Sockel sollte auf drei Seiten folgende Inschriften tragen:

1. „Lerne Hermann kennen, Reisender, und verdiene ihn zu kennen. Die Römer hatten alle Völker, bey denen sie Raub antrafen, unter das Joch gebracht. Jezo beherrschte sie Augustus, zu dessen Zeit Christus gebohren ist. Dieser Kaiser sandte sein tapferstes Heer nach Deutschland, und gab ihm, um es noch furchtbarer zu machen, Obersten, und nicht wenige Freywillige aus den stolzesten Geschlechtern Roms. Hermann, Siegmars Sohn, noch ein Jüngling, vertilgte dieß Heer, in einer dreytägigen Schlacht. Diese große That, die am Knochenbache, hier, und auf der Senne geschah, legte den Grund dazu, daß Deutschland nicht ist erobert worden."

2. „Hundert, und … Jahre später hat ein edler und wahrhafter Römer in seiner unvergänglichen Geschichte so von ihm gezeugt: Hermann war der Befreyer Deutschlands. Er griff nicht, wie andere Könige und Feldherren, die beginnende Macht der Römer an, sondern unser Reich in seiner vollen Größe. Er war glücklich und unglücklich in Schlachten; unüberwunden im Kriege. Seitdem er uns Varus und drey Legionen getödtet hatte, hielten wir wohl Triumphe über die Deutschen, aber wir besiegten sie nicht. Hermann hat sieben und dreißig Jahre gelebt, und zwölfe das Heer geführt. Er wird bis auf den heutigen Tag unter seinem Volke besungen. Und jezo, gegen das Ende des acht-

zehnten Jahrhunderts, wird ihm dieses gewidmet. Friedrich Ludewig Wilhelm Christian, Landgraf von Hessen-Homburg hat es vorgeschlagen, ... gesetzt, und Klopstock die Aufschrift gemacht."

3. „Unsrer Vorfahren Lieder von Hermann sind nicht mehr, allein er wird auch noch jetzt unter uns besungen.

Hermann sprach: Sieg! oder Tod!

Der Römer: Sieg!

Und drohend flog ihr Adler.

Das war der erste Tag.

Sieg! oder Tod! Begann

Ihr Feldherr nun, Hermann schwieg,

Schlug. Der Adler flatterte.

Das war der zweyte Tag.

Der dritte kam. Sie schrien: Flucht! oder Tod!

Flucht ließ er den Freyheitsräubern nicht!

Flucht nicht den Säuglingsmördern!

Das war ihr letzter Tag!"[30]

Obwohl der Landgraf von der Gräfin Christine zur Lippe die Erlaubnis erhielt, das Denkmal auf dem Winfeld zu errichten, gelangte der Plan nicht zur Ausführung.

Auch ein anderer Plan des Landgrafen Friedrich V. von Hessen-Homburg zu einem weiteren Hermannsdenkmal wurde nicht umgesetzt. Er wollte in der Nähe von Homburg einen dem Patriotismus geweihten Hain errichten, an dessen Eingang eine Ehrenpforte stehen sollte „zu Ehren Hermanns, von Steinen errichtet, die alle von römischen Gräbern genommen werden, die sich hier in großer Anzahl befinden, mit einer Inschrift, die die Deutschen an ihren alten Ruhm erinnert."[31] Dahinter sollte sich ein Denkmal für Siegmar, den Vater des Arminius, in Form eines Obelisken erheben und schließlich „ein Tempel der berühmten Deutschen, den das Bild, oder das Kupfer, oder das Medaillon von den Kernmännern der alten und neuen Nation zieren wird."[32] Die Idee eines solchen Tempels wurde dann 60 Jahre später durch den Bayernkönig Ludwig I. mit der „Walhalla" Leo von Klenzes realisiert.

Das Scheitern seines Plans zur Errichtung eines Hermannsdenkmals tat dem Ruf Klopstocks jedoch keinerlei Abbruch. Er stand bis zu seinem Tode in hohem Ansehen. Als er im Jahre 1803 starb, wurde sein Begräbnis zu einer nationalen Feier.

Neben Johann Heinrich Tischbein d.Ä. machte auch Angelika Kauffmann (1741-1807) Arminius zum Gegenstand ihrer Kunst. Ihre in klassizistischem Grundton gehaltenen Gemälde erfreuen sich noch heute großer Wertschätzung. Auch sie brachte Szenen aus Klopstocks Bardiet „Hermanns Schlacht" zur Darstellung. Ihr um 1785 entstandenes Gemälde „Hermann nach der Schlacht" (Abb. 5), heute im Tiroler Landesmuseum Ferdinandeum in Innsbruck,[33] zeigt die Ankunft des jugendlichen Hermann nach siegreicher Schlacht. Im Zentrum des Bildes unter einer Eiche stehend, gibt er letzte Befehle an seine Krieger, die drei erbeutete Legionsadler emporrecken. Vor Hermann beugt die weiß gekleidete Thusnelda das Knie, um ihrem Helden den Siegerkranz zu überreichen: „Empfang von Thusnelda den Kranz des heiligen Laubes, Befreyer des Vaterlands!" Hinter ihr sieht man jubelnde Jungfrauen und im Vordergrund rechts einen Barden, der Blick und Arme zum Himmel erhoben hat, den Göttern dankend für den großen Sieg. Ein weiteres Gemälde Angelika Kauffmanns mit dem Titel „Hermann und Thusnelda" befindet sich im Wiener Kunsthistorischen Museum.

Der Kupferstich von Sysang, der Schönaichs Epos „Hermann oder das befreyte Deutschland" (1753) ziert,[34] ist dagegen noch ganz in barockem Stil gehalten (Abb. 6). Er zeigt Arminius, wie er sich zu einer fülligen, sich gerade erhebenden Germania herabbeugt und ihr die Ketten von den Handgelenken löst. Hinter ihm steht Thusnelda mit Helm und Speer, eine männlich wirkende, untersetzte Gestalt. Über der Gruppe schwebt ein Engel, der im Begriff ist, Arminius einen Lorbeerkranz aufs Haupt zu setzen. Im fernen Hintergrund sieht man Getümmel, Feuer und Rauch. Darunter steht folgender Text:

„Hermann löst nach dem Siege über die Römer der bis dahin gefesselten Germania die Ketten ab, wobey ihm die Kattische Princessin Thusnelda, seine Verlobte, Gesellschaft leistet, die deutschen Kriegsleute aber das eroberte römische Lager verbrennen."

# Arminius als Vorbild im
# Befreiungskampf gegen Napoleon

Nach dem Scheitern der Französischen Revolution und dem Aufstieg Napoleons hatte die Vorbildfunktion, die Frankreich seit Ludwig XIV. für viele Deutsche, die Fürsten, den Adel und weite Teile des Bildungsbürgertums ausgeübt hatte, endgültig ausgedient. Schon eine Generation vorher hatte man sich im Zuge der Nationalgeist-Debatte von Frankreich emanzipiert und das nationale Selbstverständnis auf den eigenen Nationalcharakter und die eigene Vergangenheit gegründet. So hatte sich Lessing über seine Zeitgenossen, die noch immer kritiklos alles Französische bewunderten, mokiert: „Wir sind noch immer die geschworenen Nachahmer, die unterthänigen Bewunderer der nie genug bewunderten Franzosen; alles, was uns von jenseits dem Rheine kommt, ist schön, reizend, allerliebst, göttlich; lieber verleugnen wir Gesicht und Gehör, als daß wir es anders finden sollten; lieber wollen wir Plumpheit für Ungezwungenheit, Frechheit für Grazie, Grimasse für Ausdruck, ein Geklingle von Reimen für Poesie, Geheule für Musik uns einreden lassen, als im Geringsten an der Superiorität zweifeln, welches dieses liebenswürdige Volk, dieses erste Volk in der Welt, wie es sich selber zu nennen pflegt, vom Schicksal zu seinem Antheile erhalten hat."[1] Ersetzt man in diesem Text die Wörter Franzosen und Rhein durch Amerikaner und Ozean, so ist er höchst aktuell.

Aber dieses Besinnen auf den eigenen Wert hatte nichts mit Nationalismus zu tun. Während der Epoche der deutschen Klassik waren die politisch interessierten Deutschen durchweg kosmopolitisch eingestellt. Die große Masse aber, insbesondere die Landbevölkerung, die noch in Leibeigenschaft gehalten wurde und ohnehin nichts zu sagen hatte, war politisch völlig desinteressiert. Das alles änderte sich erst mit dem Aufkommen eines französischen Nationalismus und der rücksichtslosen Eroberungspolitik Napoleons, der Ausbeutung der unterdrückten europäischen Völker und der brutalen Unterdrückung jeglicher Freiheitsbestrebungen.

Erinnern wir uns: Dem Sturm auf die Bastille, dem französischen Staatsgefängnis, Symbol monarchischer Gewaltherrschaft, am 14. Juli 1789 folgten Bauernerhebungen in ganz Frankreich. In einer großen patriotischen Aufwallung wurden alle Feudalrechte aufgehoben, die gesamte mittelalterliche Ordnung wurde hinweggefegt, die Bauern wurden befreit, Ämter- und Gewerbefreiheit eingeführt, die Kirche verstaatlicht, die Klöster und Orden aufgehoben, Kirchen- und Krongüter eingezogen, das Heer aufgelöst und an seiner Stelle eine Nationalgarde unter Führung des Revolutionsgenerals La Fayette gegründet und es wurden unveräußerliche Menschenrechte – Freiheit, Gleichheit, Brüderlichkeit – proklamiert. König Ludwig XVI. wurde nach einem gescheiterten Fluchtversuch nach Paris zurückgebracht und politisch völlig entmachtet. Frankreich steigerte sich in einen nationalen Rausch.

Als der nach Deutschland emigrierte französische Adel zum Kampf gegen die Revolution hetzte und Preußen und Österreich ein Bündnis zum Schutz des Königtums schlossen, erklärte Frankreich im April 1792 Österreich den Krieg. In diesem ersten Koalitionskrieg (1792-97) – es folgten noch vier weitere – erlitten die Franzosen anfangs militärische Niederlagen. Da das Land außerdem unter Hungersnöten, Inflation, Unruhen und Aufständen litt, radikalisierte sich die Revolution. Die Partei der Jakobiner unter Führung des Advokaten Robespierre errichtete eine Diktatur und Schreckensherrschaft. Im Januar 1793 wurde König Ludwig XVI. durch die Guillotine, ein von dem Arzt Guillotin befürwortetes Fallbeil zur „Humanisierung" der Todesstrafe, hingerichtet, und innerhalb eines Jahres wurden weitere 1251 sog. Verdächtige in Paris guillotiniert, darunter auch die Königin Marie Antoinette, eine Schwester des regierenden österreichischen Kaisers Leopold. Schließlich fiel im Juli 1794 Robespierre selbst samt 21 seiner Anhänger dem Fallbeil zum Opfer.

Diese chaotische, unübersichtliche Situation begünstigte den Aufstieg des kleinen, aus Korsika stammenden Artillerieoffiziers Napoleon. Der Erfolg seines Angriffsplans bei der Rückeroberung von Toulon im Dezember 1793 brachte ihm die Beförderung zum jüngsten General der Revolutionsarmee. Er wurde nun vom fünfköpfigen Direktorium, das seit 1795 die Staatsgeschäfte Frankreichs führte, nacheinander mit der Niederschlagung des royalistischen Aufstandes in Paris, mit dem Feldzug in Italien und der Expedition nach Ägypten beauftragt, und überall war er erfolgreich. Bereits jetzt zeigte sich, daß Napoleon ein genialer Feldherr und skrupelloser Machtmensch war.

Grundlage seines beispiellosen militärischen Erfolges war die völlige Umwandlung der Wehrverfassung und Kriegführung. Die Einführung der allgemeinen Wehrpflicht bewirkte eine emotionale Bindung von Volk, Heer und Nation. An die Stelle von Söldnertruppen trat jetzt das nationale Volksheer. Die Kabinettskriege wurden durch den totalen Volkskrieg abgelöst. Der Masseneinsatz von Soldaten erlaubte offensive Entscheidungsschlachten, in denen an die Stelle des Angriffs in geschlossener Front, wie er seit den Kriegen Roms gelehrt und praktiziert wurde, bewegliche Operationen in lockerer Schützenlinie traten. Schnelle Märsche und der systematische Einsatz der Artillerie bewirkten Überraschung und Durchschlagskraft. Die kämpfende Truppe versorgte sich durch rücksichtslose Requirierung selbst, so daß die Magazinverpflegung entfiel. Befördert wurde nach Tapferkeit und Leistung und nicht mehr nach dem adeligen Geburtsstand des Offiziers mit der Folge, daß Napoleon hervorragende Generale zur Seite standen.

Diese Identifizierung des Volkes mit Heer und Nation, verbunden mit dem stolzen, rauschhaften Gefühl der Selbstbefreiung durch die Revolution, leitete die Epoche des Nationalismus ein. Bereits zu Beginn des ersten Koalitionskrieges entstand die Marseillaise, jenes blutrünstige, nationalistische Kampflied der Revolution, das noch heute die Nationalhymne Frankreichs ist. Es war die Geburtsstunde der „Grande Nation".

Napoleons Popularität ermöglichte ihm 1799 den Sturz des Direktoriums, an dessen Stelle drei auf zehn Jahre gewählte Konsuln traten, von denen Napoleon der erste und mächtigste war. Drei Jahre später machte er sich zum Konsul auf Lebenszeit und 1804 krönte er sich in der Kathedrale Notre-Dame zu Paris selbst zum erblichen „Kaiser der Franzosen". Er installierte nun in der Art eines absolutistischen Monarchen einen Neuadel, ernannte Herzöge, Grafen und Barone, machte seine Minister und Generäle zu Großwürdenträgern und Marschällen und seine Brüder zu Königen der eroberten Länder. Joseph wurde König von Spanien, Louis König von Holland und Jérome König von Westfalen. Zugleich modernisierte er Verwaltung und Erziehungswesen, schaffte mit dem Code civil ein fortschrittliches Zivilrecht und sanierte Wirtschaft und Finanzwesen. Die Grundrechte waren aber praktisch abgeschafft, und das gesamte Geistesleben unterlag einer strengen Zensur durch den radikalen Polizeiminister Fouché.

Die Deutschen, soweit sie politisch interessiert waren, verfolgten in ihrer Mehrheit die französische Revolution zunächst mit Sympathie, wandten sich von der Schreckensherrschaft der Jakobiner jedoch angewidert ab und beobachteten dann gebannt und staunend den Aufstieg Napoleons. Erst allmählich wurde ihnen die tödliche Bedrohung bewußt, die dieser Gewaltmensch für ganz Europa bedeutete.

Die Durchsetzung seines Plans, das Deutsche Reich zu liquidieren, die linksrheinischen deutschen Lande zu annektieren, Preußen und Österreich stark zu schwächen und die übrigen deutschen Staaten zu einem französischen Protektorat zu machen, gelang Napoleon erstaunlich leicht. Zwar versuchten die übrigen europäischen Mächte, vor allem Großbritannien, Österreich, Preußen und Rußland, in wechselnden Koalitionen Frankreich in Schach zu halten, doch trotz einiger militärischer Siege ohne durchschlagenden Erfolg. In den Friedensschlüssen von Lunéville 1801 und Amiens 1802 mußte das übrige Europa arg Federn lassen. Frankreich annektierte alles Land links des Rheins und brachte Italien und die Schweiz in vollständige Abhängigkeit; Großbritannien mußte auf alle kolonialen Eroberungen verzichten. Trotz dieser demütigenden Bedingungen wurde der Frieden in Deutschland überwiegend mit Erleichterung aufgenommen. Nur wenige erkannten, daß Napoleon ihn nur als Waffenstillstand betrachtete, um kurz Atem zu schöpfen, daß sein Machthunger und sein Eroberungs- und Unterwerfungsdrang unstillbar waren. Bezeichnend dafür ist sein Ausspruch, den er anläßlich der Vorbereitungen für eine Invasion Englands tat: „Beherrschen wir für sechs Stunden den Kanal, sind wir die Herren der Welt!"

Indessen war für jeden aufmerksamen Beobachter schon jetzt erkennbar, daß Napoleon vor nichts Achtung hatte und vor nichts zurückschrecken würde, denn Staaten, Völker, Grenzen, Regierungen und ihre Monarchen wirbelte er durcheinander wie Spielbälle. Nachdem er das linksrheinische Deutschland annektiert hatte, sollten diejenigen Staaten, die dadurch Gebietsverluste erlitten hatten, rechtsrheinisch entschädigt werden. Hierzu wurden kurzerhand nach französischem Vorbild und auf französischen Druck alle geistlichen Fürstentümer beseitigt, ebenso kleinere Fürstentümer und Grafschaften sowie 45 der 51 freien Reichsstädte, insgesamt 112 Reichsstände. Bezeichnend für die Art, wie skrupellos Napoleon mit fremden Staaten umsprang, war auch das Beispiel des Kurfürstentums Hannover, dessen Herrscher seit 1701 zugleich Könige von England waren. Als schon bald nach dem Friedensschluß von Amiens die Feindseligkeiten zwischen Großbritannien und Frankreich neu aufflammten, ließ Napoleon kurzerhand seine Truppen nach Hannover einmarschieren und das Land besetzen (1803). Großbritannien bildete daraufhin mit Österreich, Rußland und Schweden eine neue Koalition gegen Frankreich. In dem nun folgenden dritten Koalitionskrieg (1805) konnte sich Großbritannien zwar durch den Sieg Nelsons in der Seeschlacht von Trafalgar die Seeherrschaft sichern, aber Österreich und Rußland wurden in der sog. Dreikaiserschlacht bei Austerlitz, in der Napoleon seine überragende Feldherrnkunst demonstrieren konnte, entscheidend besiegt. Um nun England zu treffen, sprach Napoleon das Kurfürstentum Hannover Preußen zu, das in diesem Krieg aus Unentschlossenheit neutral geblieben war und jetzt Hannover im Tausch gegen kleine Exklaven tatsächlich annahm (Vertrag zu Schönbrunn 12.12.1805). Als Napoleon jedoch wenige Monate später zu einem Ausgleich mit Großbritannien kam, bot er unter Bruch seines Vertrages mit Preußen Hannover den Engländern an.

Schlimmer konnte man Preußen kaum demütigen, das sich noch immer stolz in der Stärke und Tradition Friedrichs des Großen wähnte. In völliger Überschätzung seiner militärischen Kräfte erklärte es daraufhin, ganz auf sich allein gestellt, Frankreich den Krieg mit der Folge, daß die veraltete preußische Armee in der Doppelschlacht von Jena und Auerstädt (Oktober 1806) vernichtend geschlagen wurde. Napoleon zog in Berlin ein, und der Preußenkönig Friedrich Wilhelm III. floh nach Königsberg und schließlich nach Memel.

Schon vorher (Juli 1806) hatte Napoleon alle west- und süddeutschen Staaten veranlaßt, sich vom Deutschen Reich loszusagen und den „Rheinbund" zu gründen, der von Napoleon abhängig war und ihm Heeresfolge zu leisten hatte. Daraufhin legte Kaiser Franz II. am 6. 8. 1806 die deutsche Kaiserkrone nieder. Das „Heilige Römische Reich Deutscher Nation" hatte nach fast 1000 Jahren aufgehört zu existieren. Deutschland und die Deutschen befanden sich auf einem absoluten Tiefpunkt. Als daraufhin der Nürnberger Buchhändler und Verleger Johann Philipp Palm eine anonyme, antifranzösische Flugschrift mit dem Titel „Deutschland in seiner tiefsten Erniedrigung" verfaßte und verbreitete, wurde er auf Anweisung Napoleons verhaftet und standrechtlich erschossen.

Damit war allen klar, was die Stunde geschlagen hatte. Es begann für Deutschland eine siebenjährige harte Besatzungszeit mit umfangreichen Requirierungen, Einquartierungen und rigoroser Beschränkung der Meinungs- und Pressefreiheit. Jede antifranzösische Aktion wurde hart geahndet. Während die meisten, wie immer in solchen Zeiten, abtauchten, um ihr privates Glück zu retten, gab es einige wenige beherzte Männer, die ohne Rücksicht auf die eigene Person alles daransetzten, um Deutschlands Freiheit und Einheit zu erringen. Aber es waren nicht die Herrschenden, die Könige und Fürsten, deren Aufgabe dies eigentlich gewesen wäre, sondern Männer aus dem Volke. Zu ihnen gehörten die Dichter Ernst Moritz Arndt, Heinrich von Kleist, Theodor Körner, Joseph von Eichendorff, Max von Schenkendorf, der Publizist Joseph Görres, der Theologe Friedrich Schleiermacher, der sog. Turnvater Friedrich Ludwig Jahn, der Philosoph Johann Gottlieb Fichte, die preußischen Militärs Scharnhorst, Gneisenau und Clausewitz und auch die Minister Stein und Hardenberg.

Arndts Ruf „Ein neuer Hermann muß her!" schallte wie eine Fanfare durchs Land und war den zur Tat entschlossenen Patrioten aus der Seele gesprochen. Sein „Vaterlandslied: Der Gott, der Eisen wachsen ließ, der wollte keine Knechte," in dessen dritter Strophe es heißt: „So ziehn wir aus zur Hermannsschlacht und wollen Rache haben" traf den Nerv der Zeit. Er führte dem deutschen Volk Arminius als leuchtendes Vorbild im Kampf um die Freiheit vor Augen.

Ernst Moritz Arndt war eine außergewöhnliche Persönlichkeit. Als Bauernsohn auf Rügen geboren – sein Vater war noch Leibeigener des Grafen von Putbus gewesen – erfuhr er durch glückliche Umstände eine umfassende Bildung, studierte in Greifswald und Jena Theologie und Geschichte, bereiste als junger Mann Deutschland, Österreich, Ungarn, Italien und Frankreich und wurde mit 30 Jahren Privatdozent an der Universität Greifswald. Arndt war leidenschaftlicher Patriot und beobachtete den Aufstieg Napoleons mit realistischer Klarheit. Während seine Professorenkollegen in Greifswald selbst nach der Liquidierung des Deutschen Reiches und der Besetzung Deutschlands noch immer Napoleon bewunderten,[2] erkannte Arndt schon frühzeitig die wahre Natur dieses „Unmenschen". In seiner Schrift „Geist der Zeit", dessen 1. Teil 1806 noch vor Preußens Zusammenbruch in der Schlacht von Jena und Auerstädt erschien, schreibt er[3]:

„Er (Napoleon) trägt das Gepräge eines außerordentlichen Menschen, eines erhabenen Ungeheuers, das noch ungeheurer scheint, weil es über und unter Menschen herrscht und wirkt, welchen es nicht angehört. Bewunderung und Furcht zeugt der Vulkan und das Donnerwetter und jede seltene Naturkraft, und sie kann man auch Napoleon nicht versagen. Geh' nach Italien, schlage Livius auf, frage die Römergeschichten und versetze das Alte mit neuer Geistigkeit, mit größerem Prunk der Worte, mit etwas politischer Sentimentalität, so findest du, was der Mann ist und wohin du ihn stellen sollst. Die ernste Haltung, des Südens tief verstecktes Feuer, das strenge, erbarmungslose Gemüt des korsischen Insulaners, mit Hinterlist gemischt, eiserner Sinn, der furchtbarer sein wird im Unglück als im Glück, innen tiefer Abgrund und Verschlossenheit, außen Bewegung und Blitzesschnelle; dazu das dunkle Verhängnis der eigenen Brust, der große Aberglaube des großen Menschen an seine Parze und an sein Glück, den er so auffallend zeigt – diese gewaltigen Kräfte, von einer wildbegeisterten Zeit ergriffen und vom Glücke emporgehalten, wie mußten sie siegen! So standen die Römerfeldherren in der Schlacht, kalt und doch begeistert, und blickten über das Würgen und den Tod von Zehntausenden ruhig hin, so jagten sie mit grausamer Freundlichkeit die Könige aus oder führten die Schlachtopfer gebückt zum Kapitol, so endigten sie mit Gewalt, was sie mit Freundschaft begannen, oft gerecht, selten mild, nie edelmütig, öfter grausam."

Und an anderer Stelle[4]: „Unaufhaltsam stürzt er sich fort mit Blitzesschnelle wie Dschingis und Attila, mit dem Eigensinn eines Fabricius und Marius, mit der Freundlichkeit und List eines Scipio und Cäsar, wenn der Unholdere sie ganz gebrauchen könnte. Ihr hofft auf einen Umschlag seines Glückes. Es ist möglich. Laßt ihn unglücklich sein, dann erst beginnt seine Furchtbarkeit, neue, unbekannte Kräfte werden in ihm erwachen. Kennt ihr denn die Römer nicht? Nie waren sie furchtbarer als nach verlorenen Schlachten."

Arndt verglich die Franzosen Napoleons mit den Römern zur Zeit des Arminius. Napoleon war für ihn die Verkörperung der rücksichtslosen, grausamen römischen Feldherren Drusus, Tiberius , Varus und Germanicus, gegen deren Gewaltherrschaft die Deutschen dringend einen neuen Arminius benötigten, einen charismatischen Führer, der mit seiner Unerschrockenheit und Klugheit den Kampf um die Freiheit aufnahm und zum Erfolg führte.

„Arndt war der eigentliche Troubadour der deutschen Freiheitsbewegung",[5] ein Mann von ungewöhnlicher Zivilcourage, realistisch, bodenständig, Gegner jeder lebensfernen Theorie und Ideologie, ein Mann der Mitte. Arndt war außerordentlich populär, seine Schriften, Lieder und Gedichte erzielten von allen Freiheitsaufrufen seiner Zeit die größte Wirkung und Verbreitung. „Geist der Zeit" war eine der wirkungsvollsten Streitschriften. Bereits zwei Jahre nach ihrem Erscheinen lag die 2. Auflage vor. Lieder wie „Der Gott, der Eisen wachsen ließ, der wollte keine Knechte" und „Was blasen die Trompeten? Husaren heraus!" fanden großen Wiederhall in der Bevölkerung. Der Mann aus dem Volke beherrschte die Sprache des Volkes, derb, bild- und pointenreich, aber zugleich präzis, traf er Herz und Verstand seiner deutschen Zeitgenossen. Sichelschmidt formuliert es so[5]: „Das tiefste Geheimnis dieses bäuerlichen Menschen aber kann man nur enträtseln, wenn man begreift, daß er sowohl mitten im Volk als auch zugleich darüber stand. Dadurch besaß er anderen gegenüber allerdings den beachtlichen Vorteil, Volkstümlichkeit nicht vorspiegeln zu müssen. Er war ein Volksschriftsteller par excellence nicht deswegen, weil er seine Themen dem Volksleben entnahm, sondern weil er das Schicksal seines Volkes zutiefst miterlebte und es wie wenige in seine sinnlich-klare Sprache zu transponieren verstand."

Um nicht das Schicksal Palms zu erleiden, zog Arndt sich nach Preußens Niederlage in der Schlacht von Jena und Auerstädt nach Schweden zurück, wo er mit schwedischen Gesinnungsgenossen den agitatorischen Kampf gegen Napoleon fortsetzte.

Das Jahr 1809 ließ Europa noch einmal Hoffnung schöpfen. Spanien erhob sich gegen Napoleon. Daraufhin rief auch Österreich zum nationalen Widerstand auf, und in der Schlacht von Aspern bei Wien wurde Napoleon zum ersten Mal besiegt. Der Preußenkönig Friedrich Wilhelm III. konnte sich wiederum – wie schon 1805 – nicht entschließen, Österreich zu unterstützen und ebenfalls loszuschlagen. Major Ferdinand von Schill, Kommandant der königlichen Leibgarde, beschwor seinen König, endlich zu handeln. Vergeblich. Daraufhin verließ Schill mit seinem Regiment Berlin und nahm eigenmächtig den Kampf gegen die französischen Truppen auf. Nach Anfangserfolgen wich er auf Stralsund zurück, wo er bei der Verteidigung der Stadt im Straßenkampf den Tod fand. Napoleon reagierte brutal. Er ließ 11 von Schills Offizieren standrechtlich erschießen und verfrachtete die übrigen, mehr als 500 Soldaten, auf französische Galeeren. Zeitgleich erhoben sich die Tiroler unter Andreas Hofer. Aber auch sie unterlagen der französischen Übermacht, und auch Andreas Hofer wurde standrechtlich erschossen. Schließlich unterlag auch die österreichische Armee in der Schlacht von Wagram. Damit waren erneut alle Befreiungsversuche gescheitert. Napoleon hielt die europäischen Völker weiterhin mit eiserner Faust in seiner Gewalt.

Arndt hielt es nun nicht mehr in Schweden. Unter falschem Namen segelte er in die Heimat, wo er bei Verwandten Unterschlupf fand. Aber auch von dort war er der Rufer der Nation. Im „Geist der Zeit", 2. Teil, der jetzt erschien, nannte er Napoleon „Scheusal der Welt" und „Ungeheuer", und immer wieder beschwor er den Kampf- und Freiheitsgeist des Arminius. In seiner „Friedensrede eines Deutschen" rief er aus: „Deutsche, vergesset Hermann nicht, flehet die Vorsehung an um einen solchen Mann und Befreier."

Andere nahmen seinen Ruf auf. G.A. von Selchow dichtete „Reiters Morgenlied", in dem „Hermanns Erb und Gut" verteidigt wird gegen jene, die schon 9 n. Chr. „vor meinen Vätern flohn". Für Leonhard Graf Rothkirch waren die Verbündeten gegen Frankreich die „Enkel Hermanns". Theodor Körner rief die Seelen der gefallenen Freiheitshelden nach Walhalla zum „Mahle zwischen Hermann und Thusnelden". Und J. Kerner beschwor die Auferstehung der germanischen Helden: „Und aus heil'gen Särgen heben Heldengeister sich erwacht." Entsprechend malte Caspar David Friedrich 1813/14 auf seinen beiden Fassungen des „Arminiusgrabes" sich öffnende Sarkophage germanischer Heroen. Auf seinem 1812 entstandenen Ölbild „Gräber alter Helden", das sich heute in der Kunsthalle Hamburg befindet, kriecht über das eingestürzte Grab mit der Aufschrift „Arminius" eine Schlange als Sinnbild des Bösen in den Farben der französischen Trikolore. Der aus dem eingefallenen Grab aufwachsende Baum und die blühenden Sträucher in der Umgebung symbolisieren die Hoffnung auf Befreiung und eine neue Blüte Deutschlands in Einheit und Freiheit, für die Arminius das Symbol ist.[7] Ja, der Baumeister Wilhelm Tappe plante bereits 1807, ein Jahr nach der Gründung des Rheinbundes und der Liquidierung des Deutschen Reiches, ein Hermannsdenkmal. Auf der Spitze eines hohen Felsens wollte er einen Turm errichten, der von einem erzenen Standbild des Arminius, der seinen Fuß auf einen römischen Adler stellt, bekrönt wird. Er veröffentlichte diesen Plan noch im selben Jahr in seinem „Handbuch für die Freunde der verschönerten Natur", eine eindeutige Kampfansage an die französischen Unterdrücker.[8]

Arndt reiste nun heimlich nach Berlin, wo er Kontakt mit den Männern des preußischen Widerstandes aufnahm: Scharnhorst, Gneisenau, Chasot, Eichhorn, Gruner, Jahn, mehrmals trifft er auch Kleist, später auch Blücher. Alle diese Widerständler einte das gleiche Ziel: Die Freiheit und Einheit Deutschlands. Sie fühlten sich in erster Linie als Deutsche und nicht als Preußen, Hessen oder Mecklenburger. Bekannt ist der Ausspruch Steins: „Ich habe nur ein Vaterland und das heißt Deutschland!" Stein plante ein deutsches Heer, auf dessen Fahnen man den Hut der Freiheit sehen sollte, dazu die Namen der Befreier Arminius, Heinrich I., Otto I., Wilhelm von Oranien.[9] Den meisten von ihnen schwebte vor, daß nach der Befreiung ein geeintes Deutschland als konstitutionelle Monarchie mit demokratischen Grundstrukturen nach dem Vorbild Großbritanniens entstehen sollte.

Die Militärs modernisierten unter Scharnhorsts Führung das preußische Heer. Sie öffneten das Offizierskorps für Bürgerliche, Beförderung erfolgte künftig nach Leistung, die Prügelstrafe wurde abgeschafft und die allgemeine Wehrpflicht vorbereitet. Sie legten damit die Basis für den Massenaufstand von 1813 und den Erfolg im Befreiungskrieg.

Friedrich Wilhelm Jahn, der heute nur noch als Turnvater bekannt ist, war ebenfalls ein leidenschaftlicher Vorkämpfer für Deutschlands Freiheit und Einheit. Das Turnen war nur Teil seines Bemühens um Volkserziehung zum Deutschtum. Nach außen gab man als Ziel des Turnwesens die Entwicklung der körperlichen Kraft und Gesundheit an, nach innen arbeitete man für deutsche Gesinnung und die Befreiung.[10] Jahn war ein mitreißender Redner, der die Menschen, insbesondere die Jugend zu begeistern wußte. Und er war – genau wie Arndt – ein Mann von großer Zivilcourage. Unter den Augen der französischen Besatzung warb er unermüdlich für die Besinnung auf die eigenen Werte, für ein selbstbewußtes Deutschtum, für Freiheit und Einheit des Vaterlandes. 1810 gründete er in Berlin mit Freunden und Gesinnungsgenossen den „Deutschen Bund", einen Geheimbund, der sich die Freiheit und Einheit Deutschlands zum Ziel gesetzt hatte und durch Überzeugungsarbeit, Schriftstellerei und körperliche Ertüchtigung – Turnen, Fechten, Schwimmen – darauf hinwirken wollte.[11] Und Jahn war bei aller Königstreue Demokrat, auch hier in Übereinstimmung mit Arndt. „Auf dem Turnplatz wurden ständische Schranken im Umgang miteinander nicht geduldet. Auf das brüderliche Du wurde großer Wert gelegt. Es gab eine einheitliche Turnkleidung, eine Art grauer Drillichanzug. Außerhalb des Turnplatzes bürgerte sich besonders bei Primanern und Studenten die „Deutsche Tracht" ein: schwarzer einfacher Rock, ebensolche Hosen und weißer Schillerkragen ohne Halstuch, sowie schwarzes Barett".[12] Auch für Jahn war Arminius das große Vorbild im Befreiungskampf gegen Napoleon. Er plante eine alljährliche Nationalfeier der Deutschen am Tag der Hermannsschlacht.

Als Arndt Heinrich von Kleist in Berlin begegnete, hatte dieser sein Drama „Hermannsschlacht" schon vollendet und sich intensiv, jedoch vergeblich, um Druck und Aufführung bemüht. Für Kleist war Preußens Niederlage in der Schlacht von Jena und Auerstädt das Schlüsselerlebnis gewesen. Es wandelte diesen unangepaßten, aufmüpfigen Geist, der sich keinem Zwang unterordnen wollte, zum leidenschaftlichen deutschen Patrioten und Napoleonhasser. Von nun an verfaßte er nur noch patriotische Schriften, Aufsätze wie „Was gilt es in diesem Kriege" und „Katechismus der Deutschen" und Gedichte wie „Germania an ihre Kinder" und „Kriegslied der Deutschen". Er stellte seine ganze Schaffenskraft in den Dienst des Kampfes gegen Napoleon für Deutschlands Freiheit und Einheit, ohne Schonung der eigenen Person. So wurde er 1807 unter dem Verdacht der Spionage von den Franzosen verhaftet und in das Gefangenenlager Charlons-sur-Marne gebracht, aus dem er erst sechs Monate später nach dem Frieden von Tilsit entlassen wurde.

Mit seinem Schauspiel „Hermannsschlacht" ging es Kleist nicht um geschichtliche Fakten, nicht um eine geschichtsgetreue Darstellung der Geschehnisse im Jahre 9 n. Chr., sondern um die Demonstration, daß die Deutschen, sofern sie sich einig sind und alle Kräfte bündeln, auch einen so schrecklichen Gegner wie Napoleon besiegen können, und daß im Befreiungskrieg gegen einen brutalen Eroberer und Unterdrücker alles erlaubt ist, was dem Erreichen des Zieles dient. Es war, wie er selbst schreibt, „auf diesen Augenblick berechnet".[13] Es war ein indirekter Aufruf zum Befreiungskrieg. Obwohl Kleist die Berichte der antiken Autoren selbstverständlich kannte, sind daher bei ihm Hermann und Marbod nicht Gegner, sondern Verbündete, und Segestes kommt in dem Stück überhaupt nicht vor. Hermann und die Cherusker stehen für Preußen, Marbod und die Sueven für Österreich, Varus und die Römer für Frankreich und die Germanenfürsten, die sich mit ihren Scharen den Römern angeschlossen haben, für den Rheinbund.

Die Ausgangslage ist folgende: Die Römer sind mit Marbod verbündet. Dennoch beabsichtigen sie, Marbod und seine Sueven anzugreifen und zu unterwerfen. Um ihr Ziel zu erreichen, bedrängen sie Hermann und die Cherusker, sich mit ihnen zu verbünden und gemeinsam mit den Römern gegen Marbod zu marschieren.

186

Hermann geht zum Schein auf dieses Ansinnen ein, sendet aber zugleich einen Vertrauten zu Marbod, der diesem die Pläne der Römer offenbaren und ein Bündnis zwischen Cheruskern und Sueven anbieten soll, um gemeinsam gegen die Römer zu kämpfen. Hermann versichert, daß er keine persönlichen Herrschaftsansprüche hege, sondern sich Marbod unterordnen werde. Um seine Aufrichtigkeit zu unterstreichen, gibt er dem Boten seine beiden Söhne als Unterpfand mit.

Marbod ist zunächst mißtrauisch. Weil sich römische Offiziere und Mannschaften im Lager Marbods aufhalten, hält Attarin, Marbods Berater, den Antrag Hermanns für eine Finte. Er behauptet, die Kinder, die den Abgesandten Hermanns begleiten, seien gar nicht die Söhne Hermanns. Im Gespräch mit den Kindern erkennt Marbod dann jedoch deren Echtheit. Als Marbod nun den Anführer der Römer rufen will, um ihn zur Rede zu stellen, erfährt er, daß die Römer sich gerade ins Cheruskerland abgesetzt haben. Nun ist alles klar.

Währenddessen sind die Römer ins Cheruskerland einmarschiert. Dabei kommt es zu Greueltaten der Römer, die morden, brennen und sengen. Hermann läßt diese Berichte aufbauschen und verbreiten, um seine Cherusker noch rachedurstiger zu machen.

Neben dieser Haupthandlung läuft parallel eine Nebenhandlung, in der Ventidius, ein Legat Roms, Thusnelda, die bildschöne Frau Hermanns, umturtelt. Thusnelda ist im Einverständnis Hermanns, um dessen Pläne nicht zu gefährden, nett zu Ventidius, hält ihn aber auf Distanz. Ventidius aber ist aufdringlich und bittet Thusnelda um eine ihrer blonden Locken. Als Thusnelda entrüstet ablehnt, schneidet Ventidius ihr heimlich eine Locke ab und schickt sie mit einem Brief an die Kaiserin Livia. Darin verspricht er der Kaiserin die ganze Lockenpracht der Thusnelda, sobald Hermann niedergeworfen sei. Der Brief wird abgefangen, und Hermann gibt ihn Thusnelda zu lesen. Diese ist zutiefst verletzt und schwört Rache. Sie lockt den nichtsahnenden Ventidius in ein Raubtiergehege, wo er von einem Bären zerrissen wird.

Inzwischen rückt Varus, der sich noch immer im Bunde mit Hermann wähnt, mit seinem Heer in Richtung Weser vor, um die am jenseitigen Ufer vermutete Streitmacht Marbods zu überraschen und zu vernichten. Marbod hat jedoch im Einverständnis mit

Hermann bereits die Weser überschritten und greift seinerseits die völlig überraschten Römer an. Gleichzeitig stürzt sich Hermann mit seinen Cheruskern, die den Römern – angeblich als Hilfstruppen – gefolgt sind, auf das römische Heer, das nun eingekesselt ist und vollständig vernichtet wird.

Die Deutschen, die sich den Römern angeschlossen hatten, also die Germanenfürsten, die hier für die Rheinbundfürsten stehen, fallen im letzten Moment von Varus ab und schließen sich Hermann an. (Eine prophetische Vorausschau auf die Völkerschlacht von Leipzig 1813) Hermann schont sie:

„Es soll kein deutsches Blut an diesem Tage von
deutschen Händen fließen!
Varus und die Cohorten, sag ich dir,
das ist der Feind, dem dieser Busen schwillt!"[14]

Nur Aristan, Fürst der Ubier, steht bis zum Schluß zu den Feinden des Vaterlandes und muß deshalb sterben.

Der Schluß ist noch einmal ein Appell an die Einigkeit der Deutschen: Marbod duldet nicht, daß Hermann sich ihm unterordnet. Er ruft seinerseits Hermann zum König aller Deutschen aus.

Kleist hat das Stück Ende 1808 fertiggestellt und schickt es gleich am 1. Januar 1809 an den Verleger Collin in Wien mit der dringenden Bitte, dafür zu sorgen, daß es am Wiener Burgtheater aufgeführt wird. Als er keine Antwort erhält, hakt er im April nach: „Wie stehts, mein teuerster Freund, mit der Hermannsschlacht? Sie können leicht denken, wie sehr mir dieses Stück, das einzig und allein auf diesen Augenblick berechnet war, am Herzen liegt. Schreiben Sie mir bald: es wird gegeben; jede Bedingung ist mir gleichgültig, ich schenke es den Deutschen; machen Sie nur, daß es gegeben wird."[15] In Dresden, wo Kleist sich damals aufhielt, geht das Manuskript heimlich von Hand zu Hand. Als die Österreicher unter ihrem Erzherzog Karl in der Schlacht von Aspern siegreich sind, ist Kleist euphorisch und schickt das Manuskript auch an Erzherzog Karl. Doch in Wien reagiert man zurückhaltend. Gänzlich verzweifelt ist Kleist, als nur zwei Monate nach Aspern die Österreicher in der Schlacht von Agram geschlagen werden und damit alle Freiheitsbestrebungen gescheitert sind. Er taucht für Monate unter. Bis 1810 bleibt er auch für seine Freunde verschollen.[16]

Doch dann nimmt Kleist seinen Kampf für Deutschlands Freiheit und Einheit wieder auf. Er gründet im Oktober 1810 in Berlin das erste Boulevardblatt Deutschlands, die „Berliner Abendblätter". Er will mit diesem Blatt Erziehungsarbeit leisten, und zwar vom Untertan zum Bürger, der sich für Volk und Vaterland verantwortlich fühlt. Kleists „Berliner Abendblätter" waren die erste deutsche Zeitung, die es wagte, die Grenzen der Zensur zu sprengen. „Kleist war der Redakteur dieser Blätter und der Mann, der das mitreißende Wort führte, er war es, der Ziele und Wünsche eines ganzen Kreises patriotisch gesinnter Männer offen aussprach und mit allen Mitteln versuchte, flammende Begeisterung für die Sache des Vaterlandes zu wecken."[17]

Doch schon im November 1810 ordnet der preußische König an, daß die Zeitung der „strengsten Zensur" zu unterwerfen sei. Dagegen fordert Kleist „gänzliche Freiheit der Meinung". Der preußische Staatskanzler Hardenberg antwortet ihm, „so viel Pressefreiheit könne sich Preußen nicht leisten".[18] Er will den offenen Affront gegen die französische Besatzungsmacht vermeiden.

Als die Zeitung am 31. März 1811 ihr Erscheinen einstellen muß, sind Kleists Möglichkeiten erschöpft, zumal er auch finanziell am Ende ist. Am 21. November 1811 nimmt sich dieser kompromißlose, hochbegabte junge Mann, 34 Jahre alt, das Leben. „Kleist erlag seiner düsteren Hoffnungslosigkeit, seiner Verzweiflung am Vaterland, soviel ich weiß, keiner anderen Leidenschaft. Sein Tod hat eine Lücke in mein Leben gerissen, die niemals ausgefüllt ist", schreibt Friedrich Christoph Dahlmann, Historiker und Zeitgenosse Kleists.[19]

Kleists „Hermannsschlacht" wurde erst 1821 gedruckt und 1839 in Bad Pyrmont uraufgeführt. Sie konnte also während der napoleonischen Zeit nicht die Wirkung erzielen, die Kleist ihr zugedacht hatte. Gleichwohl ist dieses Stück unbestritten das beste aller Arminiusdramen und hat bis heute die meisten Aufführungen erlebt. Die größte Beliebtheit erfuhr es während des Kaiserreiches von 1871-1918. In der NS-Zeit erlebte es eine Renaissance und diente als Muster erbarmungsloser Kriegführung. Aus diesem Grunde hat man sich nach dem Kriege von ihm distanziert, jedenfalls in Deutschland, nicht jedoch bei der französischen Resistance.[20] Was auf den ersten Blick paradox erscheint, ist jedoch nur konsequent. Kleists Hermannsschlacht ist das Modell eines Befreiungskrieges, des Widerstandes gegen einen brutalen Eroberer und Unterdrücker, um einem unterdrückten Volk die Freiheit wiederzugeben, also auch ein Modell des Kampfes der Resistance. Kleist propagiert nicht Brutalität und Unmenschlichkeit zwecks Erreichung nationaler Ziele, sondern er zeigt, daß Verrat, Treulosigkeit und List notwendig sind, damit Widerstandskämpfer gegen mächtige Unterdrücker überhaupt eine Chance haben. Seine Freiheit gegen Unterdrücker zu verteidigen, gilt aber gerade heute als gutes Recht. Dafür ist vorübergehend, zwecks Erreichung der Freiheit, jedes Mittel recht. „Der Holocaust-Film zeigte, wie Warschauer Ghettoinsassen eindringende SS-Männer aus dem Hinterhalt abknallen und darüber triumphieren. Bezichtige man jene Juden doch einmal der Inhumanität", so der Historiker Wolfgang Wittkowski.[21] Hermanns Kampf gilt gerade der Nichtachtung der Freiheit. Dieser Kampf zwingt ihn, alle Mittel aufzubieten, auch Verrat, List und Grausamkeit. „Der tyrannische Eingriff in fremde Autonomie gipfelt auch hier darin, daß er die Betroffenen nötigt, zu ihrer Verteidigung gegen Unmenschlichkeit selbst unmenschlich vorzugehen, Schuld auf sich zu laden – „der Übel größtes" (Schiller). Noch größere Schuld wäre freilich, sich um den opfervollen Kampf zu drücken und sich dazu womöglich auf Humanität zu berufen." [22]

Die Vereinnahmung Kleists durch die Nationalsozialisten war daher eine Perversion. Kleist haßte in Napoleon den Eroberer, „Völkermörder", Unterdrücker der Freiheit. Genau dies war aber auch Hitler.[23]

Insofern handelte Claus Peymann, damals Intendant und Regisseur des Schauspielhauses in Bochum, ganz im Sinne unserer Freiheitsethik, als er 1984 Kleists „Hermannsschlacht" zum ersten Mal seit dem 2. Weltkrieg wieder zur Aufführung brachte. Die Kritiker und politischen Tugendwächter waren allerdings entsetzt und verstanden überhaupt nicht, wie Peymann es wagen könne, ein solch „chauvinistisches Tendenzstück" wiederzubeleben. In einem Streitgespräch mit Hans-Joachim Kreutzer, dem Herausgeber des Kleist-Jahrbuchs, sagt er dazu: „Man hat mich in der öffentlichen Rezeption, also in den Pressekritiken zu meiner Aufführung, immer wieder vor meinen eigenen Argumenten in Schutz genommen und gesagt: Herr Peymann kann doch gar nicht so dämlich sein, das wirklich ernst zu meinen. Er ist aber so dämlich. Ich habe tatsächlich in der „Hermannsschlacht" so etwas wie das Modell eines Befreiungskrieges gesehen, mit all seinen Widersprüchen. Ich habe mich interessiert für das Modell eines Befreiungskrieges, für das Modell einer Revolution gegen den übermächtigen Gegner, ... den Imperialisten, den Eroberer."[24]

Indessen gerät bei dem Streit über Kleists Ethik oft das großartige Kunstwerk „Hermannsschlacht" aus dem Blickfeld. Kleist war ein genialer Dramatiker. Jedes seiner Dramen zeugt davon. Peymann nennt ihn den „größten deutschen Dramatiker, nur dem Universum Shakespeare zu vergleichen."[25] Schon deshalb möchte man der „Hermannsschlacht" auch künftig noch viele Aufführungen wünschen.

Während für die Nachwelt Kleist derjenige ist, der im Freiheitskampf gegen Napoleon Arminius als leuchtendes Vorbild gepriesen hat, war es in der Realität vor allem Ernst Moritz Arndt. Sein Ruf: „Deutsche, vergesset Hermann nicht, flehet die Vorsehung an um einen solchen Mann und Befreier!" erreichte die Menschen in allen Teilen Deutschlands und wurde von vielen aufgenommen. Das Beispiel eines unerschrockenen, klugen, listenreichen Mannes, der ganz auf sich allein gestellt, trotz vieler innerer und äußerer Feinde, es fertig brachte, eine Weltmacht zu besiegen, die bis dahin als unüberwindlich galt, machte Mut und war leuchtendes Vorbild.

Als Arndt im Februar 1810 in Berlin eintraf und dort mit den preußischen Widerständlern Kontakt aufnahm, hatte er alles hinter sich gelassen, um sein Leben ganz für Deutschlands Freiheit in die Waagschale zu werfen.[26] Gruner, Polizeipräsident von Berlin und Mitverschworener, übermittelte ihm eine Einladung des Freiherrn vom und zum Stein nach St. Petersburg. Stein hatte in den letzten Jahren als preußischer Minister durch mutige Reformen – Bauernbefreiung, Gewerbefreiheit, städtische Selbstverwaltung – Preußen modernisiert, war jedoch zweimal auf Drängen Napoleons entlassen worden und weilte jetzt als politischer Berater des russischen Zaren in St. Petersburg. Arndt folgte der Einladung und wurde Steins Privatsekretär.

In der Folgezeit verschlechterten sich die Beziehungen zwischen Frankreich und Rußland zusehends, insbesondere weil der Zar sich wegen einer Wirtschaftskrise genötigt sah, die Kontinentalsperre gegen Großbritannien aufzuheben. Napoleon entschloß sich, Rußland anzugreifen. Er zwang Preußen und Österreich zu Militärbündnissen und ließ die „Große Armee", das bisher größte Heer der Geschichte, aufmarschieren. In ihr marschierten auch die Kontingente des Rheinbundes, dem inzwischen alle deutschen Staaten außer Preußen und Österreich angehörten. Mit dem Untergang dieser „Großen Armee" mußten daher auch Zigtausende deutscher Soldaten ihr Leben lassen.

Im Juni 1812 überschritt die „Große Armee" ohne Kriegserklärung – auch hier eine Parallele zu Hitler – den Njemen, und bereits drei Monate später zog Napoleon in Moskau ein. Stein bedrängte den Zaren, den Kampf fortzusetzen, so daß dieser alle Friedensangebote Napoleons ausschlug. Der Brand Moskaus, Nachschubschwierigkeiten und der hereinbrechende Winter zwangen dann Napoleon zum Rückzug. Ständig verfolgt und bedrängt von russischen Truppen kam es zu der bekannten Katastrophe, dem Untergang der „Großen Armee", der allgemein als Gottesurteil empfunden wurde: „Mit Mann und Roß und Wagen hat sie der Herr geschlagen!"

Indem der preußische General Yorck im Dezember 1812 auf eigene Faust die Neutralität der preußischen Hilfstruppen Napoleons erklärte, öffnete er Ostpreußen der russischen Armee. Stein und Arndt trafen nun in Königsberg ein, um dort die allgemeine Volkserhebung zu schüren. Und wirklich: In Ostpreußen schlugen die Wellen der nationalen Begeisterung hoch. Von überallher strömten die Freiwilligen zu den neu gegründeten Landwehrverbänden. Arndts Aufruf „An die Preußen" wirkte wie ein Fanal. In wenigen Wochen erfaßte der Aufstand ganz Deutschland. Jetzt befanden sich die Deutschen im nationalen Rausch. So wie 1789 das Geburtsjahr des französischen Nationalismus war, ist 1813 das Geburtsjahr des deutschen Nationalismus. Erstmals fühlten sich alle Schichten des Volkes für ihr Land, für Deutschland, verantwortlich und waren bereit, für Freiheit und Einheit des Vaterlandes zu kämpfen. Alle fühlten sich jetzt als Deutsche und nicht mehr als Angehörige eines der vielen deutschen Kleinstaaten. Am Ende dieses Befreiungskrieges sollte ein einiges Deutschland stehen! Nur der ewig unentschlossene Preußenkönig Friedrich Wilhelm III. mußte erst durch die deutschen Patrioten, allen voran Scharnhorst und Hardenberg, gezwungen werden, Frankreich den Krieg zu erklären.

Wer unverständlicherweise trotz allem Schrecklichen, das geschehen war, noch immer in seiner Napoleon-Bewunderung verharrte, war Goethe. Als Arndt ihn im März 1813 in Dresden im Hause Körner traf, mußte er aus Goethes Mund die Worte hören: „Rüttelt nur an euren Ketten, ihr werdet sie nicht zerbrechen. Der Mann ist euch zu groß."[27]

Doch Arndt und die anderen deutschen Patrioten ließen sich nicht beirren. Jahn hatte bereits Ende 1812 die Bildung einer „Deutschen Freischar" bei der preußischen Regierung angeregt. Als dann am 18. Februar 1813, noch vor der Kriegserklärung Preußens an Frankreich, das „Königlich Preußische Freikorps" unter Major von Lützow gebildet wurde, waren Jahn und sein Freund und Kollege Friesen – beide waren Lehrer am Plamannschen Institut in Berlin, das später auch der junge Bismarck besuchte – die ersten, die eintraten.[28] Dieses „Lützowsche Freikorps", wegen seiner schwarzen Uniform auch „Schwarze Schar" genannt, stand den Freiwilligen aus allen deutschen Landen offen und wurde binnen kurzem, nicht zuletzt dank der Werbung von Arndt, Görres und Jahn, ein Sammelbecken der gebildeten deutschen Jugend. Gymnasiasten, Studenten, Turner und junge Akademiker, alle erfüllt von der Begeisterung für den bevorstehenden Freiheitskampf, strömten hier zusammen. Da das Freikorps seine Offiziere selbst wählte, geschah es, daß Jahn, obwohl ungedient, Bataillonskommandeur im Range eines Hauptmanns wurde. Jahn genoß großes Ansehen. Er war der geistige Kopf des Freikorps[29] und warb hier eifrig für seine Ideen: Deutschtum, Burschenschaft, Freiheit und Einheit Deutschlands. „Das kameradschaftliche Zusammensein, gemeinsame Fronterlebnisse, der Austausch von Ideen und Gefühlen, die Lieder von Arndt, Körner, Jahn, Salchow und Schenkendorff – es gab einen „Jägerchor" – wirkten anregend und begeisternd."[30] Von jungen Berlinerinnen erhielt das Freikorps eine selbstgestickte Fahne. Sie war schwarz-rot längs gestreift mit goldenen Fransen. Die deutschen Farben waren geboren! Sie wurden nach dem Kriege von der Deutschen Burschenschaft übernommen und 1848 von der Frankfurter Nationalversammlung offiziell zu den deutschen Bundesfarben erklärt.

Der Blutzoll des Freikorps war allerdings sehr hoch. Kurze Ausbildungszeit, mangelhafte Ausrüstung, aber Begeisterung und Todesverachtung hatten hohe Verluste zur Folge. Der junge Schriftsteller Theodor Körner, Verfasser vieler patriotischer Dichtungen, u.a. des Liedes „Lützows wilde Jagd", fiel – nicht einmal 22 Jahre alt – schon im August 1813. Auch Friesen gehörte zu den Gefallenen. Als auch General Scharnhorst, der Hauptverantwortliche für die preußische Heeresreform und treibende Kraft zum Befreiungskrieg, seiner schweren Verwundung erlag, die er in der Schlacht von Großgörschen als Stabschef Blüchers erlitten hatte, pries Arndt ihn in seinem Gedicht „Auf Scharnhorsts Tod" als den besten deutschen Helden, der allein würdig sei, Arminius die Botschaft von der Befreiung Deutschlands zu überbringen:

Wer mag Hermann seine Rechte reichen
Und der Väter Angesichter schaun?
...

Nur ein Held mag Helden Botschaft tragen,
Darum muß Germaniens bester Mann,
Scharnhorst muß die Botschaft tragen:
Unser Joch das wollen wir zerschlagen,
Und der Rache Tag bricht an.

Napoleon wurde nun endgültig niedergerungen. Die Völkerschlacht von Leipzig im Oktober 1813, die über 100.000 Tote und Verwundete forderte, brachte die Entscheidung. Die Völker Europas waren nun wieder frei. Doch bei den deutschen Freiheitskämpfern mischte sich in die anfängliche Euphorie bald bittere Enttäuschung, weil nach Erringung der äußeren Freiheit die innere Freiheit verweigert wurde, der preußische König die versprochene Verfassung nicht gewährte und insbesondere die sehnlichst herbeigewünschte staatliche Einheit Deutschlands nicht zustande kam, sondern statt dessen das alte, überholte System der Kleinstaaterei mit absoluten Monarchen wieder aufgerichtet wurde. Diese Entwicklung „versetzte eine ganze Generation von Freiheitskämpfern, die

194

ihre ehrliche Haut zu Markte getragen hatten, in Resignation und Verbitterung. ... Eine Ernüchterung griff um sich, die nach den Worten Wilhelm von Humboldts den Eindruck erweckte, als verlöschten nach einem glänzenden Fest nach und nach die Lampen."[31]

Aber viele setzten unerschrocken ihren Kampf um Demokratie und die Einheit Deutschlands fort, und zwar nicht nur die alten Herolde des Freiheitskrieges wie Arndt und Jahn, sondern in großer Zahl auch die deutschen Studenten. Bereits im Wintersemester 1814/15 gründeten in Jena alte Lützower die „Wehrschaft",[32] aus der bald darauf die Deutsche Burschenschaft hervorging, die dann am 12. Juni 1815 auf dem Marktplatz zu Jena feierlich proklamiert wurde. Idee und Anstoß zur Gründung der Deutschen Burschenschaft gehen auf Jahn zurück, der bereits 1811 zusammen mit seinem Freund Friesen einen Konstitutionsentwurf „Ordnung und Einrichtung der deutschen Burschenschaften" ausarbeitete[33] und später unter den Lützowern intensiv und erfolgreich für seine Idee warb. Bis dahin gab es an den deutschen Universitäten nur landsmannschaftliche Zusammenschlüsse. Sie galten als Ausdruck deutscher Zerrissenheit und Kleinstaaterei und widersprachen daher der Vorstellung von einem einigen deutschen Volk. Jetzt sollten dem deutschen Studenten das deutsche Volk in seiner Gesamtheit und das deutsche Vaterland über alles gehen.[34] „Ehre, Freiheit, Vaterland" hieß die Parole. Diese Urburschenschaft war eine echte Jugendbewegung. Nie wieder hat die deutsche akademische Jugend ein derartiges Streben erfaßt, das zugleich sittlich und reformerisch war: national, demokratisch und religiös.

Die Bewegung breitete sich rasch aus. In kurzer Folge entstanden an allen deutschen Universitäten deutsche Burschenschaften. Höhepunkt dieser Entwicklung war dann das Wartburgfest am 18. Oktober 1817, auf dem auf Einladung der Jenaer Burschenschaft mehr als 500 Studenten aus ganz Deutschland zusammenkamen und unter aufsehenerregenden Begleiterscheinungen die staatliche Einheit Deutschlands, eine Verfassung, Rede- und Pressefreiheit, Gleichheit vor dem Gesetz u.a. forderten. Das Fest stand unter der Schirmherrschaft des Großherzogs Carl August von Sachsen-Weimar-Eisenach, wurde jedoch von den anderen deutschen Monarchen sehr kritisch beäugt. Und schon bald nach dem Fest begannen auf Druck Österreichs und Rußlands Repressalien gegen die studentische Bewegung. Diese eskalierten, als im März 1819 der radikale Student Sand den Dichter Kotzebue ermordete, der in seinem „Literarischen Wochenblatt" die liberalen Ideen der Burschenschafter verspottet hatte und angeblich für den russischen Geheimdienst arbeitete, was nie vollständig geklärt werden konnte. Derselbe Kotzebue hatte übrigens das Opernlibretto „Hermann und Thusnelda" geschrieben, das allein viermal vertont wurde, und zwar 1815 von Julius Miller und Georg Valentin Röder, 1819 von Bernhard Anselm Weber und 1831 von Ägidius Ferdinand Karl Lickl.[35]

Nach dem Mord an Kotzebue ergingen auf Veranlassung und unter der Regie Metternichs die Karlsbader Beschlüsse, durch die alle Bestrebungen für Demokratie und deutsche Einheit schärfstens verfolgt wurden. Es begann die sog. Demagogenverfolgung. Burschenschaften und Turnbewegung wurden verboten und alle kritischen Köpfe verhaftet oder ihrer Ämter enthoben und unter Polizeiaufsicht gestellt. Auch gegen so verdiente Männer wie Arndt und Jahn ging man rigoros vor.

Arndt hatte noch nie ein Blatt vor den Mund genommen. Schon vor Jena und Auerstädt griff er in seiner Schrift „Geist der Zeit", 1. Teil, die deutschen Fürsten hart an: „Deutsche Fürsten, ihr schreit in eurer Not zur deutschen Nation, ihr gebärdet euch, als wenn ihr an eine solche glaubtet. Verbrecher an ihr, ihr habt sie nie geglaubt, sie nie geliebt noch gekannt. Daß keine mehr ist, daß letzte gemeinschaftliche Gefühle gemeinschaftlichen Stammes und gleicher Sprache, daß der Wahn langer Gewohnheit, das heiligste Leben der Völker erkaltet und abgestorben ist, es ist euer Werk!"[36] Und weiter: „Das Volk ist nicht da, damit Fürsten sind, sondern Fürsten sind nur da als Diener und Beamte des Volkes und sie müssen aufhören, sobald das Volk ihrer nicht mehr bedarf und sobald sie sogar das Verderben des Volkes sind."[37] Als Preußen dann durch die Niederlage bei Jena und Auerstädt die Quittung erhielt, schrieb Arndt: „Es ist an der Zeit, daß das Geburtsrecht verrufen und das Naturrecht herrsche, weil die Welt sonst untergeht. Jedes Große und Tapfere, wo es sich findet, muß aus dem Volke frei ausgehen und den geradesten und geschwindesten Weg zu seiner Herrlichkeit laufen dürfen. Ich sage, die Aristokratie der Geburt ist veraltet, sie ist ein Verbrechen an dem Zeitalter."[38]

Nach dem Befreiungskrieg kämpfte Arndt weiter öffentlich für Einheit und Demokratie. Er unterstützte und ermunterte die Studentenbewegung. 1818 erschien der 4. Teil vom „Geist der Zeit", in dem er unmißverständlich erklärte, daß demokratische Freiheit und nationale Einheit kein Gnadengeschenk der Herren seien, sondern ein unabdingbarer Rechtsanspruch des Volkes.[39] Ab jetzt galt Arndt als Demagoge. Nach der Ermordung Kotzebues wurde er verhaftet und für mehr als 20 Jahre seines Amtes als Professor an der Universität Bonn enthoben.

Jahn erging es noch schlimmer. Während Arndt nach kurzer Haft wieder freikam, wurde Jahn, der zuvor bis in höchste preußische Regierungskreise als Freund und Vertrauter galt, der noch 1815 den Staatskanzler Hardenberg als „Berater in historischen Fragen" zum Wiener Kongreß begleitet hatte, in der Nacht zum 14. Juli 1819, als er am Bett seiner todkranken Tochter saß, verhaftet und für 6 Jahre inhaftiert.[40] Nach seiner Entlassung durfte er sich weder in Berlin noch in einer anderen deutschen Universitätsstadt aufhalten und wurde an seinem Wohnsitz in Freyburg in Thüringen unter Polizeiaufsicht gestellt.[41] Der Preußenkönig Friedrich Wilhelm III., der diesen Patrioten die Rettung seines Throns verdankte, blieb bis zu seinem Tode ihr unversöhnlicher Gegner. Erst als sein Sohn Friedrich Wilhelm IV. 1840 den Thron bestieg, also nach mehr als 20 Jahren, wurden die Demagogenverfolgungen eingestellt, wurden alle Verfolgten rehabilitiert, Arndt und Jahn wieder in ihre Ämter eingesetzt.

Nach der Revolution von 1848 wurden beide als Abgeordnete in die Frankfurter Nationalversammlung gewählt. Arndt, jetzt fast 80 Jahre alt, wurde Alterspräsident und erhielt für seine spontane Antrittsrede frenetische Ovationen.[42] Es war ein später Triumph für diese verdienten Männer, auch für die Burschenschafter, von denen 150 in dieses Parlament einzogen. Zu ihnen gehörte auch der Präsident der Nationalversammlung, Heinrich von Gagern.

Leider brachte auch das Jahr 1848 den Deutschen weder die Einheit noch die Demokratie. Als der Preußenkönig Friedrich Wilhelm IV. die ihm angetragene Kaiserkrone ablehnte, die er schon vorher als „Hanswurst-Brezel", die „von Meister Bäcker und Metzger, aber nicht von Gottes Gnaden" komme, diskreditiert hatte,[43] war das Frankfurter Werk gescheitert.

Es liegt eine große Tragik über dem Leben dieser deutschen Freiheitskämpfer und damit auch über dem Schicksal des deutschen Volkes, denn wenn die Ziele und Wünsche dieser Männer in Erfüllung gegangen wären und wir bereits 1815 als Frucht eines siegreichen Befreiungskrieges ein einiges, demokratisches Deutschland bekommen hätten, wäre die deutsche Geschichte vermutlich ganz anders verlaufen.

Heute sieht man in diesen Männern vielfach nur noch die Geburtshelfer des deutschen Nationalismus. Und nachdem wir wissen, in welche Katastrophe uns dieser Nationalismus geführt hat, ist es leicht und billig, sich lächelnd über diese Männer zu erheben. Damals waren sie jedoch Vorreiter der Moderne. Der renommierte Historiker Thomas Nipperdey bemerkt hierzu: „Der Nationalismus war im 19. Jahrhundert eine notwendige Stufe auf dem Weg der Modernisierung, der Mitbeteiligung und Demokratie. Der Prozeß erfaßt alle Nationen. Die nationale Bewegung hat in diesem Jahrhundert unzweifelhaft ihre historische Legitimität gehabt. Darüber sich mit der vermeintlichen Klugheit einer vielleicht postnationalen Position erheben zu wollen, ist romantische, wirklichkeitsfremde Albernheit."[44] Und weiter: „Die Nationalbewegungen, der politische Glaube und der politische Kult mit politischer Architektur, politischen Festen und Zeremonien sind mit der Französischen Revolution ins Leben getreten. Das Politische rückt in eine Sphäre höchster Werte, bekommt eine theologische Dimension. Dies gilt insbesondere für die Freiheitsbewegungen, zu denen auch der Nationalismus gehört, der lange eine demokratisch-revolutionäre Bewegung war."[45]

Dieser nationale Kult, eine fast religiöse Verehrung galt seitdem auch der Galionsfigur des Befreiungskrieges, Arminius, der seit Luther im Volksmund nur Hermann genannt wird. Der Ruf Arndts, des „Troubadours der deutschen Freiheitsbewegung": Ein neuer Hermann muß her! hatte ein vielfaches Echo gefunden. Und spätestens jetzt war Arminius *der* deutsche Nationalheld, Symbol für Freiheit und Einheit Deutschlands.

# Arminius, Schwarm der deutschen Romantik

Die geistes- und stilgeschichtliche Epoche der Romantik, deren Anfänge bereits vor der Jahrhundertwende (1800) erkennbar sind und deren Auswirkungen bis weit über die Mitte des 19. Jahrhunderts spürbar bleiben, ist so vielschichtig, daß sie sich jeder klaren Definition entzieht. Entstanden ist sie aus einer geistigen Gegenströmung zur Aufklärung. Während die Aufklärung die Vernunft als einzige und letzte Instanz der Erkenntnis betrachtete, stellte die Romantik die Gefühle, die Empfindsamkeit, ja das ganze Innenleben des Menschen und der Natur der Vernunft gleichwertig zur Seite. Dabei ist es interessant zu beobachten, daß die Abkehr von der Alleinherrschaft der Vernunft zur Folge hatte, das man das Vollkommene nicht mehr in der Zukunft sah, sondern in der poetisch verklärten Vergangenheit suchte. In der Frühzeit der Völker glaubte man dem göttlichen Ursprung und der wahren Bestimmung der Menschheit zu begegnen. Diese Auffassung ist als Grundströmung auf allen Gebieten spürbar. In der Architektur zeigt sie sich in der Hinwendung zur Antike und zur Gotik. So baute Schinkel, der führende deutsche Architekt dieser Epoche, sowohl klassizistisch als auch neugotisch. Auch die Malerei der Romantik war der Vergangenheit zugewandt. Hünengräber waren ein beliebtes Sujet, und die idealisierten Landschaftsbilder wurden gern mit antiken Ruinen versehen. Die gleiche Tendenz zeigt sich in der Musik, am augenfälligsten im Musikschaffen Richard Wagners.

Diese Hinwendung zur Vergangenheit förderte ganz ungemein die Geschichtswissenschaft, und zwar auf allen Gebieten. Die Brüder Schlegel begründeten die Literaturwissenschaft, die Brüder Jacob und Wilhelm Grimm mit ihren Arbeiten zur germanischen Sprach-, Religions-, Rechts- und Dichtungsgeschichte die Germanistik, F. Diez die Romanistik, F. C. von Savigny die Rechtsgeschichte, G. F. Creuzer, J. Görres und J. J. Backofen die Religions- und Mythengeschichte. Es ist die Zeit der Geschichts-, Altertums- und Heimatvereine, die jetzt überall vom gebildeten Bürgertum gegründet und mit großem Engagement mit Leben gefüllt werden und in denen teilweise wertvolle Forschungsarbeit geleistet wird. Und es ist die Zeit der Denkmalsbewegungen, Denkmalsfeste und Denkmalsbauten. In Wittenberg entsteht 1817-21 das Luther-Denkmal von Gottfried Schadow, in Nürnberg 1837-40 das Dürer-Denkmal von Christian Daniel Rauch und bei Regensburg hoch über der Donau 1830-42 nach dem Entwurf von Leo von Klenze die Walhalla als Ruhmestempel mit den Büsten berühmter Deutscher. Das in der Gestalt eines klassischen griechischen Tempels errichtete Ehrenmal zeigt im Nordgiebel ein von Ludwig Schwanthaler geschaffenes Relief der Varusschlacht mit einem Arminius, dessen nackter Körper nur halb durch eine römische Toga bedeckt ist (Abb. 7). Den linken Fuß hat er auf ein Liktorenbündel gesetzt, in der rechten Hand hält er das gezückte Schwert und auf dem lang wallenden Haupthaar trägt er einen Flügelhelm. Derselbe Ludwig Schwanthaler schuf von 1837-48 auf der Theresienwiese in München die Kolossalstatue der Bavaria.

Obwohl das Zentrum der Romantik in Deutschland lag, war sie eine gesamteuropäische Bewegung. Dies gilt auch für die Hinwendung zur Frühgeschichte. So gehört für die Franzosen die Identifikation mit den Kelten seit der Revolution von 1789 zur festen Tradition ihrer Nationalbewegung. Dem keltischen Freiheitshelden Vercingetorix setzten sie in Clermont-Ferrand und Alison riesige Denkmäler. In England entwickelte sich – der deutschen Hermannsbewegung vergleichbar – ein Kult für den angelsächsischen König Alfred den Großen. Gleiches vollzog sich in anderen Nationen.[1]

In Deutschland war Arminius/Hermann als Galionsfigur des siegreich beendeten Befreiungskrieges der unbestrittene Nationalheld. Keine andere Gestalt unserer Geschichte eignete sich so hervorragend als Symbol für Freiheit und Einheit. Erinnert sei an die Nationalgeistbewegung des 18. Jahrhunderts und die ergebnislose Suche der deutschen Klassiker nach einem anderen deutschen Nationalhelden. Niemand sonst war so unbelastet von der dynastisch-territorialen Zersplitterung Deutschlands und zugleich ein leuchtendes Beispiel für den Kampf um die Freiheit. Bei der Hinwendung zur Frühgeschichte in der deutschen Romantik stand daher Hermann der Cherusker im Zentrum des Interesses und nationalen Bewußtseins. Seine Verehrung und Verherrlichung steigerte sich noch durch die Enttäuschung über die Ergebnisse des Wiener Kongresses und die bald darauf einsetzende „Demagogenverfolgung". Arminius/Hermann war Zuflucht für die Enttäuschten und Unterdrückten, er war Symbol und einigendes Band für die nie nachlassende Sehnsucht nach einem einigen Deutschland in Freiheit nach innen und außen, einem Deutschland, wie es letztlich erst 1990 verwirklicht werden konnte.

Arminius wurde daher nach den Befreiungskriegen nicht nur politisch, sondern auch musikalisch, literarisch und künstlerisch in vielfacher Weise gefeiert.

In den Jahren 1813-1850 entstanden zwölf weitere Arminius-Opern, deren Hauptthema nicht mehr die Liebesgeschichte zwischen Arminius und Thusnelda ist, sondern die „Befreiung Deutschlands" durch den Freiheits- und Nationalhelden Arminius. Schon die Titel dieser Opern weisen deutlich auf die Verschiebung der Akzente hin. Allein drei Opern, die zwischen 1835 und 1848 entstanden, tragen den Titel „Hermannsschlacht". Der Komponist Franz Volkert betitelt seine 1813 in Wien uraufgeführte Oper „Hermann, Germania`s Retter", und die von Hermann Küster 1850 in Berlin uraufgeführte Arminius-Oper heißt „Hermann der Deutsche".

Schier unübersehbar sind die literarischen Bearbeitungen des Arminiusthemas in dieser Epoche.[2] Von den zahlreichen Hermannsdramen, Hermannsromanen und Hermannsgedichten hat indessen allein Grabbes Drama „Die Hermannsschlacht" bleibende Bedeutung erlangt. Dabei ist Grabbes Drama eher untypisch für den Hermannenthusiasmus der Romantik. Obwohl dieses Drama seinen größten Zuspruch während der NS-Zeit erfuhr, wo Grabbe als „Künder und Seher" des 3. Reiches gefeiert wurde,[3] war Grabbe kein Nationalist, ja nicht einmal Patriot. Er war ein großer Verehrer Napoleons, und für die nationalen und demokratischen Bestrebungen der Burschenschaften hatte er nur Spott übrig. Im Grunde war er ein unpolitischer Mensch, der an den politischen Geschehnissen seiner Zeit nur wenig Anteil nahm. Außer einigen geschichtlichen Heldengestalten, die er verehrte, bedachte er alles und jeden mit

abfälligem Spott, offenbar aus einer großen inneren Unzufrieden-
heit heraus, die sich aus der Diskrepanz zwischen seiner Geltungs-
sucht und seinem hohen dichterischen Anspruch einerseits und seiner zügellosen, chaotischen Lebensführung andererseits ergab.

Dietrich Christian Grabbe[4] wurde 1801 als einziges Kind eines
Zuchthausaufsehers in Detmold geboren. Da die elterliche Woh-
nung innerhalb des Zuchthauses lag, erreichte man sie nur nach
Passieren etlicher Wachen und verriegelter Türen. Ob die düstere
Atmosphäre dieser Situation zu seiner inneren Zerrissenheit beigetragen hat, ist möglich, aber letztlich Spekulation. Jedenfalls neigte
Grabbe schon als Schüler des Gymnasiums in Detmold zu alkoho-
lischen Exzessen und einem unkonventionellen Lebensstil. Nach
dem Abitur studierte er ohne großes Interesse Jura in Leipzig und
Berlin. Hauptsächlich beschäftigte er sich mit Schreiben und Dichten, und es gelang ihm, mit seiner Tragödie „Gothland", einem
sprachgewaltigen, phantasievollen, aber unaufführbaren Helden-
drama, das Interesse der literarischen Kreise in Leipzig zu erregen.
Seit dieser Zeit hielt er sich für ein Genie und meinte, man müsse
ihm aus diesem Grunde seinen Alkoholismus und sein provokan-
tes, ja teilweise menschenverachtendes Auftreten verzeihen. Obwohl er ständig von einer Schar junger Leute umgeben war, die ihm
schmeichelten und bei seinen Orgien Gesellschaft leisteten, war er
ein launischer Einzelgänger, der sich in nüchternen Momenten seiner rücksichtslosen und selbstzerstörerischen Lebensweise durchaus bewußt war.

Es gelang Grabbe nicht, sich eine Existenz aufzubauen. Nachdem seine Bemühungen bei verschiedenen Theatern, als Schauspie-
ler angenommen zu werden, gescheitert waren, kehrte er nach Detmold zurück, wo er sich wiederholt erfolglos um eine Anstellung
im Staatsdienst bewarb. Erst nach Jahren erhielt er dank der Für-
sprache einflußreicher Gönner den Posten eines Aditeurs, also
eines Militärgerichtsbeamten. Dieses Amt führte er jedoch so unor-
dentlich, willkürlich und ohne jedes Verantwortungsbewußtsein,
daß er schließlich im September 1834 entlassen wurde. Fluchtartig
verließ er daraufhin Detmold, um der Häme des kleinen Residenz-
städtchens zu entgehen, in dem jeder jeden kannte und Klatsch und
Tratsch blühten. Nach kurzen Aufenthalten in Frankfurt/Main und

Düsseldorf kehrte er jedoch im Mai 1836 völlig abgebrannt und als körperliches Wrack notgedrungen nach Detmold zurück, wo er wenige Monate später starb. Er wurde nur 34 Jahre alt.

Trotz dieses unrühmlichen Privatlebens hat Grabbe als Dichter Großes geleistet. Er gilt als wichtiger Wegbereiter des modernen Dramas. Sein Biograph Karl Ziegler sagt von ihm, sein eigentlicher Beruf sei die Heldenpoesie gewesen.[5] Grabbes Liebe und Verehrung galt den großen Heldengestalten der Weltgeschichte, also Figuren, die in krassem Gegensatz zu seiner eigenen verkorksten Existenz standen. In sie legte er all das hinein, was ihm selbst fehlte. Sie waren seine Traumwelt. Dabei spielte die Nationalität des Helden keine Rolle. Die Tragik des Helden bestand darin, daß die Volksmassen seine Ziele nicht verstanden. Zu Grabbes bedeutendsten Dramen zählen „Napoleon oder Die hundert Tage" und „Hannibal", die beide während seiner Detmolder Jahre entstanden. „Die Hermannsschlacht" ist sein letztes Werk, er schrieb es 1835/36 in Düsseldorf.

All seine Dramen zeichnen sich dadurch aus, daß Grabbe zugleich mit dem Helden auch dessen Epoche auf die Bühne bringt. Dazu dienen ihm Massenszenen und eine mehr epische Darstellungsform, was sich allerdings auf die Spielbarkeit der Stücke nachteilig auswirkte.

Im Gegensatz zu seinem vorangegangenen Schaffen spielte für die Entstehung der „Hermannsschlacht" nicht nur die Heroenverehrung eine Rolle, hier also die Begeisterung für den Helden Arminius, sondern in gleich starkem Maße die Liebe zu seiner lippischen Heimat. Grabbe hatte nicht nur die antiken Autoren gelesen, sondern mehrfach auch die Schrift seines Schwiegervaters, des lippischen Archivrats Christian Gottlieb Clostermeier: „Wo Hermann den Varus schlug". Clostermeier versucht darin nachzuweisen, daß die Varusschlacht in den Bergen um Detmold stattgefunden habe. Dies brachte Grabbe auf die Idee, das große Schlachtendrama mit einer Schilderung seiner geliebten lippischen Heimat zu verbinden. So schrieb er aus Düsseldorf in einem Brief an seine Frau:

„... der Gedanke an die Heimat, (der einem in der Ferne wohl kommt, jedoch nicht mit Heimweh zu verwechseln ist) hat mich auf etwas aufmerksam gemacht, was mir so nahe lag: nämlich ein großes Drama aus der Hermannsschlacht zu machen; alle Täler, all das Grün, alle Bäche, alle Eigentümlichkeiten der Bewohner des lippischen Landes, das Beste der Erinnerungen aus meiner (...) Kindheit und Jugend sollen darin grünen, rauschen und sich bewegen!"[6]

Dementsprechend zeichnet Grabbe seine germanischen Darsteller als derbe, eigenwillige westfälische Bauern und kontrastierend dazu die Römer als disziplinierte, gedrillte Soldaten, nimmt hier und da auf westfälische Sitten Bezug und beschreibt genau die Örtlichkeiten seiner Heimat, an denen die einzelnen Szenen spielen. Kein Dichter hat je zuvor versucht, die Schlacht selbst darzustellen. Auch in Klopstocks Bardiet „Hermanns Schlacht" erfährt man vom Schlachtgeschehen nur durch Botenberichte. Anders Grabbe: Er bringt beide Heere in voller Stärke auf die Bühne – technisch freilich undurchführbar – und läßt die Zuschauer das Kampfgeschehen unmittelbar miterleben. Beide Heere sind gleich stark, die Schlacht wogt lange unentschieden hin und her, auf beiden Seiten gibt es Beispiele des Heldenmutes und der Todesverachtung, Varus ist ein gleichwertiger Gegner, ein großer Feldherr und tapferer Soldat. Dadurch kommt die Größe und Schwere der Schlacht voll zur Wirkung.

Das Stück ist unterteilt in sechs Akte: Erster Tag, Erste Nacht, Zweiter Tag, Zweite Nacht, Dritter Tag und Dritte Nacht, dazu Einleitung und Schluß. Grabbe hielt sich zwecks Erzielung besonderer Effekte jedoch nicht getreu an die Berichte der antiken Autoren. So schildert er in der Einleitung eine breite ländliche Szene auf Hermanns Bauernhof, in der Hermann als Familienvater fungiert. Er ist bereits mit Thusnelda verheiratet und sein Sohn Thumelicus, der in Wahrheit erst Jahre später in der Gefangenschaft geboren wurde, unterhält sich mit der Mutter. Den Bauernhof siedelt Grabbe auf der Grotenburg an, also dort wo heute das Hermannsdenkmal steht.

Am ersten Tag offenbart Hermann seinem Volk, daß er nur zum Schein zum Bundesgenossen der Römer wurde, um den Aufstand ungestört vorbereiten zu können.

„Hermann: Er ist da, der Tag der Rache und Roms Siegestraum ist aus!

Viele Cherusker: Er wird wieder unser!

Hermann: Wars immer! Welch ein Dummbart wär ich, wollt ich was sein ohne mein Volk? Kein Joch, und wär es sterngeschmückt oder wetterleuchtend, wie der Himmelsbogen, soll fortan uns niederzwängen oder einschüchtern."[7]

Hermann schleudert seine römische Rüstung samt Waffen von sich und „die Deutschen" lassen ihn hochleben.

Es geht Hermann nur um die Freiheit, nicht um Macht.

„Hermann: Marbod, kämst du nur, ich begnügte mich gern mit der zweiten Stelle."[8]

Während in der ersten Nacht Varus seinen schönen Jahren in Syrien nachtrauert, sprengt Hermann hoch zu Roß über den Wall des römischen Lagers und entreißt dem Signifer der 19. Legion die Adlerstandarte. Gleichzeitig hallt von den Bergen der Gesang der Germanen, die trotz Regens und Sturm guten Mutes sind. Am zweiten Tag verläuft der Kampf unentschieden mit leichten Vorteilen für die Römer. In der zweiten Nacht bringt Grabbe einen sehr pessimistischen Dialog über die deutsche Einheit, der bezeichnend für die enttäuschten Hoffnungen seiner Generation ist. In Hermanns Zelt sind die Herzöge der verbündeten germanischen Stämme versammelt.

„Hermann: Hier ist fast alles versammelt, was Deutschland Edles und Großes hat! Soll denn immer erst eine Not wie die jetzige es bewirken, daß wir uns vereinen? Wärs nicht besser, wir täten es von selbst, und lebten auch im Frieden unter einem gemeinschaftlichen Oberhaupt?

Der Herzog der Engerer: So daß du uns der Knoten im Haar oder eine Art König würdest?

Hermann: Nein. Jeden, den ihr wählt, erkenn ich als meinen Herrn.

Der Ravensberger Herzog: Du weißt recht gut, daß man dich wählen würde.

Hermann: Lassen wir es gut sein. Seien wir Freunde und kämpfen wir vom nächsten Sonnenaufgang an mit dem Feinde wie gestern und heut. Das Andere und Klügere bleibt ohnehin nicht aus, – (für sich) nach Jahrtausenden, wenn wir und unsere Urenkel tot sind, ists da."[9]

Der dritte Tag besiegelt das Schicksal des Segest, ebenfalls im Widerspruch zu den antiken Quellen. Nachdem seine Truppen von ihm abgefallen sind und sich Hermann angeschlossen haben, begibt sich Segest zu Varus und beteuert seine Treue zu Rom. Doch Varus stößt ihn zurück.

„Varus: Geh du mir aus dem Wege – Ich traue keinem Germanen mehr, sie lügen und trügen mit offenster Stirn, und habens desto weiter hinter den Ohren und Bergen. Platz, sag ich, Schwächling und Heuchler zugleich! (Er stürzt ihn zur Erde, und Segest verröchelt unter den über ihn marschierenden Legionen)

Segest (im Sterben): Das mein Lohn?

Varus: Münze für Verrat. Wer seine Landsleute an Fremde verrät, wirds zuletzt mit den Fremden nicht besser machen."[10]

Die dritte Nacht bringt schließlich die Entscheidung. Anfangs wogt die Schlacht mit wechselndem Glück noch hin und her, und Hermann wird am Kopf verwundet. Doch dann werden die römischen Legionen niedergerungen und vernichtet, und Varus stürzt sich ins Schwert. Nach dem Sieg fragt Hermann:

„Und ihr Fürsten, Herzöge und Völker, was meint ihr, wenn wir nun vorwärts gingen, die römischen Festungen am Rhein eroberten und zuletzt in Rom selbst den Welttyrannen Gleiches mit Gleichem vergölten?

Viele im Volk: Was geht uns Rom an. Wir haben seine Soldaten und Schreiber jetzt vom Halse. Wir können nun ruhig nach Hause gehen und da bleiben.

Ein Herzog (für sich): Ich müßt ein Narr sein, unter seinem Befehl einen weiteren Feldzug mitzumachen. Er reckt den Kopf doch schon zu hoch, und würde wohl uns alle nach der Eroberung Roms als Unterbediente behandeln.

Manche der übrigen Großen: Die Unternehmung ist zu weit aussehend. – Nicht?

Der Rest der Großen: Ja.

Hermann: Gut. Ihr wollt euch lieber angreifen lassen als angreifen. Rom wird mit erneuerten Kräften wiederkommen, und ob es siegt oder nicht, unser Boden bleibt die wüste Schlachtbank, welche wir wo anders hin verlegen könnten …

Da Varus und seine Römer tot sind und ihr nicht Lust habt, den Sieg weiter zu verfolgen, so lad ich euch zum Schmaus in meinen Hünenringen ein.

Alle: Es wird uns eine Ehre sein!

Hermann (beiseit): – Ach! – Wüßte das Palatium, daß diese sonst so tapfren Leute nur ein paar Meilen weit sehen und lieber in der Nähe äßen und trinken, als es zu zertrümmern, so würd es bei der Nachricht meines Siegs nicht so erbeben, als es mit seinem zähne-klappernden Herrn und Gestein tun wird."[11]

Hier zeigt Grabbe den bodenständigen Realitätssinn der westfä-lischen Bauern, denen die gerade errungene Freiheit genügt und die daher den strategischen Überlegungen ihres Führers eine Absage erteilen und ihm damit zugleich seine Grenzen aufzeigen.

Der Schluß schildert die Szene in Rom, als Kaiser Augustus im Beisein von Livia und Tiberius die Nachricht vom Untergang sei-ner drei besten Legionen erhält. Nach dem historischen Ausspruch: „Varus, Varus, gib mir meine Legionen wieder!" sieht er prophe-tisch den Untergang des römischen Weltreiches durch den Ansturm germanischer Heerscharen der Völkerwanderungszeit voraus. Zugleich erkennt er die bevorstehende Veränderung der Welt durch das Christentum.

„Augustus: Es beginnt eine neue Zeit. Nicht bloß aus dem Nor-den, auch aus Osten naht sie. Der Schilf des Jordans flüstert wun-derbare Sagen. Herodes schreibt mir: Drei Könige aus Äthiopien, Arabien und Indien hätten einen Stern gesehen, der ihnen mit Strahlen nach Bethlehem gewinkt haben soll. Sie sind dem Stern gefolgt, sind dort zusammengetroffen und haben ein Kindlein gefunden, zwar nur in einer Krippe liegend, doch samt seiner Mut-ter umleuchtet von nie geahntem Himmelsglanz. Man sagt dort schon: Unsere Götterlehre sei Posse, und dieses Kind sei der rechte Sohn der rechten Gottheit.

Tiberius: Ich werde dem dortigen Präfekten Pontius Pilatus und dem Judenkönig Herodes aufgeben, daß sie dieses Kind sobald als möglich aus dem Wege räumen.

Augustus: Ihr machts dadurch nur schlimmer. – Der Gedanke an seine Sendung ist im Volk und je mehr ihr das Kind verfolgt, so größer wird es. Jesus Christus nennt man den Wunderknaben."[12]

Dann stirbt Augustus und das Drama ist aus.

Dieser Schluß zeigt deutlich, daß „Die Hermannsschlacht" Grabbes alles andere als ein nationalistisches Tendenzstück ist. Es entspricht vielmehr genau den unpolitischen Motiven seines Autors: Es ist ein Heldenepos wie seine früheren Dramen auch, nur angesiedelt in den heimatlichen Bergen seines Lipperlandes und daher mit viel heimatlichem Kolorit versehen. Dennoch erfuhr es während der NS-Zeit seine größte Wertschätzung, und zwar deshalb, weil sich in diesem Drama Grabbes – im Gegensatz zu den früheren – das Volk nicht gegen den Helden stellt, sondern ihn unterstützt und trägt. Allenfalls wirkt es „als Bremse eines Fortschritts, der letztlich nichts einbringen würde",[13] wie der zitierte Dialog Hermanns mit seinen Mannen nach dem errungenen Sieg zeigt. Dieses Zusammenwachsen von „Führer und Volk zu einer unverbrüchlichen Gemeinschaft" sei in der „Hermannsschlacht" am herrlichsten zum Ausdruck gebracht worden. Die Voraussetzung für den Sieg der Germanen über die Römer sei die Einheit von Führer und Volk gewesen, „die absolute Einordnung des Helden in einen völkischen Willen".[14] So erlebte das Drama, das wegen seiner Massenszenen bis dahin als unaufführbar galt, 1936 anläßlich des hundertsten Todestages Grabbes seine Uraufführung im Düsseldorfer Schauspielhaus. Dabei wurde der Epilog wegen seines Hinweises auf den Beginn einer neuen Zeit durch die Geburt Jesu fortgelassen, ebenso die Stelle, an der Varus sehnsüchtig an Syrien zurückdenkt.[15] Sie lautet:

„Varus: Syrien ist ein schönes Land.

Eggius: Wie kommst du auf Syrien?

Varus: Ich war dort sechzehn Jahr Statthalter bis Pontius Pilatus mich ablöste. Auch die Juden dort sind so übel nicht."

Diese Auslassungen zeigen, daß den NS-Ideologen durchaus bewußt war, daß die „Hermannsschlacht" Grabbes nicht als nationalistisches Tendenzstück gedacht war. Und hätten sie sich etwas intensiver mit Grabbes Leben befaßt, so wäre ihnen auch klar gewesen, daß Grabbe nichts ferner lag, als ein solches zu schreiben. Aus heutiger Sicht wirkt diese Vereinnahmung der „Hermannsschlacht" durch die NS-Ideologen nur abwegig und peinlich.

Es gab in dieser Epoche auch humorvolle Dichtungen zum Thema Varusschlacht, so etwa das Ulklied „Als die Römer frech

geworden", das erstmals 1849 in den „Fliegenden Blättern"
erschien und gern und oft in Studentenkreisen, auf Kommersen,
aber auch von Liedertafeln gesungen wurde. Überhaupt sang man
sehr gern in jener Zeit. Männergesangvereine, die man damals Liedertafeln nannte, schossen wie Pilze aus dem Boden, und es ist
bezeichnend, daß auch im Deutschlandlied, das ebenfalls in jener
Zeit entstand, – Hoffmann von Fallersleben dichtete es 1841 auf
Helgoland – der deutsche Sang gepriesen wird. So beginnt die
zweite Strophe: „Deutsche Frauen, deutsche Treue, deutscher Wein
und deutscher Sang sollen in der Welt behalten ihren alten, schönen
Klang". Und der Text der dritten Strophe, die heute unsere Nationalhymne ist, drückt mit den Worten „Einigkeit und Recht und
Freiheit für das deutsche Vaterland" genau jene Sehnsüchte aus, für
die damals Arminius das Symbol war. Hoffmann von Fallersleben
war wie viele andere Arminiusbegeisterte ein verfolgter Demokrat.
Wegen seiner nationalliberalen Gesinnung verlor er 1842 sein Amt
als Professor für deutsche Sprache und Literatur an der Universität
Breslau und wurde des Landes verwiesen, nach der Revolution von
1848 jedoch rehabilitiert.

Neben teils ernster, teils humorvoller Behandlung des Arminiusthemas gab es auch Stimmen, denen die allgemeine Arminiusbegeisterung zu weit ging und die sich darüber lustig machten, so insbesondere Heinrich Heine. Dabei hatte Heine durchaus eine posi-
tive Grundeinstellung zur Person des Arminius und seiner Lebens-
leistung. Über seinen Unterricht, den er 1822 in Berlin in der
Unterrichtsanstalt des „Vereins für Kultur und Wissenschaft der
Juden" erteilte, heißt es u. a.:

„Mit großer Begeisterung, ja mit einem unnachahmlichen poetischen Schwunge schilderte er die Siege Hermanns oder Arminius'
des Deutschen und die Niederlage des römischen Heeres im Teutoburger Walde. Hermann oder Arminius war ihm das Muster eines
großen Helden und Patrioten, der sein Leben, sein Alles wagte, um
seinem Volke die Freiheit zu erkämpfen und das römische Joch
abzuwälzen. Als Heine mit überlauter Stimme, wie einst Augustus,
ausrief: „Varus! Varus! Gib mir meine Legionen wieder!" froh-
lockte sein Herz, seine schönen Augen glänzten und sein ein-
drucksvolles männliches Gesicht strahlte vor Freude und Wonne."[16]

An dieser positiven Grundeinstellung änderte sich auch später nichts. Aber bei Heine stand der Gedanke der Freiheit im Vordergrund, die Anerkennung und Bewunderung für die Befreiung von fremder Tyrannei. Was ihn dagegen abstieß, ja ihm regelrecht zuwider war, und das er deshalb mit seinem beißenden Spott geißelte, war die maßlose Übertreibung, die sich in einer Flut von Hermannsgedichten, Hermannsliedern, Hermannsdramen und Hermannsromanen größtenteils geringer Qualität äußerte, und war die Instrumentalisierung des Arminius für ein Nationalbewußtsein, das sich in einem Stolz ausdrückte, als hätten die Deutschen des 19. Jahrhunderts persönlich Varus und seine Legionen besiegt. Besonders attackierte er den raktionären Schriftsteller Wolfgang Menzel und den Münchner Professor Hans Ferdinand Maßmann, über dessen „Armin's Lieder" er sich wiederholt lustig machte.

Heine, der seit 1831 in Paris im Exil lebte, wurde von vielen seiner deutschen Zeitgenossen zu Unrecht als Franzosenfreund und Vaterlandsverräter beschimpft. Heine war Patriot. Er wollte zwischen Frankreich und Deutschland vermitteln. Deshalb war ihm jeder dümmlich-primitive Nationalstolz verhaßt. Ebenso haßte er die Monarchie, den preußischen Militarismus, die katholische Kirche und das Spießbürgertum. All dies nahm er in seinem Epos „Deutschland. Ein Wintermärchen", das er im Januar 1844 im Anschluß an eine Deutschlandreise verfaßte, kräftig auf die Schippe. In Caput XI ist es der nationale Rummel um Arminius.[17]

Das ist der Teutoburger Wald,
Den Tacitus beschrieben,
Das ist der klassische Morast,
Wo Varus stecken geblieben.
Hier schlug ihn der Cheruskerfürst,
Der Hermann, der edle Recke;
Die deutsche Nationalität,
Die siegte in diesem Drecke.
Wenn Hermann nicht die Schlacht gewann,
Mit seinen blonden Horden,
So gäb es deutsche Freiheit nicht mehr,
Wir wären römisch geworden!

Nach diesen drei Eingangsstrophen verspottet Heine verschiedene
deutsche Zeitgenossen, darunter auch seinen Intimfeind Maßmann,
indem er beschreibt, was ihnen als Römer widerfahren wäre, um
dann fortzufahren

> Gottlob! Der Hermann gewann die Schlacht,
> Die Römer wurden vertrieben,
> Varus mit seinen Legionen erlag,
> Und wir sind Deutsche geblieben.

Der Schlußvers lautet

> O Hermann, dir verdanken wir das!
> Drum wird dir, wie sich gebührt,
> Zu Detmold ein Monument gesetzt;
> Hab selber subskribieret.

Ob Heine tatsächlich für die Finanzierung des Hermannsdenkmals
gespendet hat, ist allerdings umstritten. Während Gössmann[18] die
letzte Zeile des Caput XI für eine Selbstpersiflage hält, erachtet Woesler[19] diese Angabe für zutreffend. Erwiesen ist jedenfalls, daß der Detmolder „Verein für das Hermannsdenkmal" die Pariser Buchhand-
lung Brockhaus und Avenarius am 7. Mai 1838 bat, ein Exemplar seines beigefügten Spendenaufrufs mit der Zeichnung des geplanten
Denkmals „dem Herrn Heine ... gefälligst zustellen zu lassen".

Heine und Grabbe waren übrigens während ihrer Berliner Zeit
befreundet, und Ziegler schreibt,[20] daß dieser Umgang nicht ohne
Einfluß auf „die eigentümlich witzige Manier" Heines geblieben
sei. Da Heine Zieglers Grabbe-Biographie auf Bitten des Hambur-
ger Verlegers Julius Campe vor der Drucklegung durchgesehen und
diesen Passus nicht beanstandet hat, dürfte er wohl zutreffend sein.

In der Malerei schuf Wilhelm Lindenschmit d. Ä. (1806–1848)
mit seinem Gemälde „Hermannschlacht", das heute in der Staatlichen Kunsthalle Karlsruhe zu bewundern ist, eine der herausragenden künstlerischen Darstellungen dieses Ereignisses (Abb. 8).
Die Wucht und Dynamik der rasenden Schlacht kommen so lebendig zum Ausdruck, daß dem historisch engagierten Betrachter der
Atem stockt. Mittelpunkt der heftig aufeinander prallenden Reiter-
und Fußkämpfer ist Arminius auf einem dahinjagenden Schimmel,
dicht bedrängt von zahlreichen Feinden. Im Hintergrund steht
dicht und dunkel der Bergwald, während im lichtdurchfluteten

Vordergrund gefallene Krieger beider Seiten übereinander lagern, so wie sie hingestürzt sind.

Den stärksten und nachhaltigsten Ausdruck fand die Arminius-begeisterung indessen in dem monumentalen Hermannsdenkmal im Teutoburger Wald. Pläne zur Errichtung eines Denkmals für Arminius hatte es schon früher gegeben. Außer den bereits erwähnten Planungen Klopstocks und des Landgrafen Friedrich V. von Hessen-Homburg gab es auch einen Entwurf des lippischen Archivars Ludwig Knoch, der bereits 1786 auf der Grotenburg, dort wo heute Bandels Hermannsdenkmal steht, ein dem Arminius geweihtes Freiheitsdenkmal in Form einer Pyramide errichten wollte. Er vertrat die Meinung, daß die Grotenburg früher Teuteberg geheißen habe entsprechend einem Hof am Fuße des Berges, der Teuthoff hieß, und daß sich folglich die Angabe des Tacitus, die Varusschlacht habe im saltus Teutoburgiensis stattgefunden, auf diesen Berg beziehe.[21] Aber auch sein Plan gelangte nicht zur Ausführung.

Hingegen wurde im Seifersdorfer Tal bei Dresden, das die Eheleute Graf und Gräfin von Brühl in den Jahren 1781-1791 zu einem offenen Landschaftspark des englischen, sentimental-empfindsamen Stils der schwärmerischen Naturverehrung ausgestalteten, ein Hermannsdenkmal Realität. Neben vielen Tempeln, Kapellen, Altären, Statuen, Säulen, Büsten, Sarkophagen, Gedenkplatten, Urnen und Vasen, die den unterschiedlichsten Personen und Themen gewidmet waren, sah man dort auf einem Felsvorsprung, 24m über dem Tal der Röder, am Ast einer mächtigen Eiche die riesigen Waffen Hermanns hängen: Schwert, Schild, Speer und Streitkolben. Am Fuße der Eiche stand ein aus Granitblöcken errichteter Altar mit einer Nische unter der Deckplatte, in der eine größere Urne stand, symbolisch als Graburne mit der Asche des Arminius gedacht. Neben diesem „Aschenkrug" stand ein kleinerer „Tränenkrug", eine „volkstümliche Bezeichnung der kleinen Beigefäße vor- und frühgeschichtlicher Gräber für die Grabbeigaben, von denen man im Volksglauben annahm, daß in ihnen die Tränen der Hinterbliebenen eingefangen und gesammelt wurden."[22]

Wilhelm Gottlieb Becker (1753-1813) hat in einem Büchlein „Das Seifersdorfer Tal", erschienen 1792 in Leipzig, dieses Hermannsdenkmal ausführlich beschrieben und dazu angemerkt: „Wer ist würdiger des Gesangs, als die Helden des Vaterlands, die für Freiheit fochten und starben, oder fürs Vaterland lebten und Frieden erhielten? Beide sind eins, wenn die Pflicht es gebeut, und nur unter verschiedenen Lagen verschieden. Der menschenfreundliche Held ist groß wie der Friedenserhalter, wenn nicht Eroberungswuth, sondern edles Freiheitsgefühl die Waffen ihm stählte, das Vaterland gegen blutgierige Feinde zu schützen. ... Hermanns Thaten, die ihn in den Jahrbüchern der Deutschen unsterblich machen, erscheinen um so wahrer und fabelfreier, da eben die Feinde sie aufzeichneten, die es den Deutschen nie verzeihen konnten, daß sie ihren Nacken nicht beugen wollten. Wie tief mußten sie die Wunde fühlen, die ihnen dieser tapfere Fürst der Cherusker, Siegmars edler Sohn, im Teutoburger Walde schlug, und wodurch er ihren Hoffnungen, Deutschland zu unterjochen, ein Ziel setzte! Selbst der letzte kühne Römer, der noch einen Versuch dazu wagte, Germanicus, einer der fürchterlichsten Heerführer, die den römischen Adler in Deutschland aufzupflanzen suchten, konnte sich allenfalls nur mit ihnen messen, ohne einen anderen Vortheil zu erreichen, als den Römern die sichere Botschaft zu bringen, daß Hermann und seine Deutschen unüberwindlich seien. Thusnelde, Hermanns schwangere Gemahlin, zierte seinen Triumph als Sklavin, blos um den hohen Muth ihres Volkes vor sich her zu tragen; und die Römer begriffen, was Hermann seyn müsse, da der stolze Sieger sich mit dessen gefangenem Weibe brüsten konnte."

Heute ist von diesem Hermannsdenkmal nichts mehr zu sehen.

Ernst von Bandel hegte bereits in sehr jungen Jahren den Plan, dem Arminius ein Denkmal zu errichten. Im Jahre 1800 in Ansbach als Sohn des preußischen Regierungsdirektors Georg Karl Friedrich von Bandel geboren, waren die Jahre der französischen Besatzung und der siegreiche Befreiungskrieg, über den Hermann der Cherusker als leuchtendes Vorbild schwebte, wie für viele seiner Altersgenossen die prägenden Eindrücke seiner Jugend. In seinen Lebenserinnerungen hat er ausführlich darüber berichtet.[23] Von seinem Vater, der seinen Kindern die deutsche Geschichte in Erzählungen nahebrachte, erfuhr er damals, daß es vor sehr langer Zeit schon einmal vorgekommen sei, daß fremde Heere Deutschland

213

besetzt und seine Bewohner unterjocht hätten. Damals seien es aber nicht die Franzosen, sondern die Römer gewesen. Doch damals sei unserem Volk ein Retter erstanden, jung, aus fürstlichem Geschlecht, Arminius der Cherusker, der in einer großen Schlacht die Römer besiegt und Germanien befreit habe. Bandel hat später seinen Kindern und Enkeln oft erzählt, er habe sich schon als Sechsjähriger so für Arminius begeistert, daß er den Plan gefaßt hätte, ihm einmal ein Denkmal zu errichten.[24] Ob diese Erzählung wörtlich zu nehmen ist, sei dahingestellt. Jedenfalls fertigte Bandel schon 1819, gerade 19 Jahre alt, erste Skizzen für ein Hermannsdenkmal.

Bandels Vater war übrigens Mitglied des preußischen Richterkollegiums gewesen, das den berühmten Prozeß des Müllers Arnold entschieden hatte, der in keiner Biographie Friedrichs des Großen fehlt. Obwohl die Richter, wie man heute weiß und wie der König später selbst erkannt hat, richtig entschieden hatten, enthob Friedrich der Große sie ihres Amtes, verpflichtete sie, mit ihrem Privatvermögen dem Müller den erlittenen Schaden zu ersetzen und inhaftierte sie sogar zeitweilig in der Festung Spandau, um ein Exempel zu statuieren, das europaweit für Aufsehen sorgte.[25] Bandels Vater wurde jedoch nach dem Tode Friedrichs des Großen durch dessen Nachfolger rehabilitiert, wurde Regierungsdirektor in Ansbach und später sogar in den Adelsstand erhoben.

Damit ein solches Kolossaldenkmal wie das Hermannsdenkmal realisiert werden konnte, bedurfte es des Zusammentreffens mehrerer wichtiger Faktoren. Das waren erstens die allgemeine Arminiusbegeisterung der großen Mehrheit des deutschen Volkes, zweitens ein willensstarker, von seiner Idee besessener und zugleich genialer Baumeister und Bildhauer wie Ernst von Bandel und drittens das Wohlwollen und die finanzielle Unterstützung mehrerer deutscher Herrscherhäuser.

Seit ihm in seiner Jugend die Idee zum Bau eines Hermannsdenkmals gekommen war, ließ dieser Gedanke Bandel nicht mehr los. Obwohl es noch viele Jahre dauern sollte, bis er an die Ausführung seines Planes gehen konnte, beschäftigte er sich neben seiner Ausbildung und den vielen Arbeiten, die er als Bildhauer in den folgenden Jahren ausführte, immer wieder mit diesem Projekt.

Sehr früh offenbarte sich sein eigenwilliger Charakter. Er war sehr ehrgeizig und selbstbewußt. 1825 schrieb er an seine Verlobte Caroline von Kohlhagen: „Ich will Künstler werden, denn nur als Künstler kann ich verachtend auf die Erbärmlichkeiten schauen, die der Menschen Glück immer zerstören. Doch nur ganz kann ich es, wenn ich mich erst unter die ersten zählen kann. Daß ich dies bald kann, weiß ich, wenn meine Kräfte nicht zuvor unterliegen. ... Ich weiß, welchen Weg ich zu gehen (habe), und kein Wille wird mich davon abbringen. Mich jetzt schon in die bürgerliche Verbindung zu schwingen, macht mich zum Handwerker, zum Sklaven eines anderen Künstlers und Pfuschers. Das ist gegen meine Natur."[26]

Durch diesen hohen Anspruch stieß er nicht nur alle großen Kollegen seiner Zeit, sondern auch viele seiner Gönner vor den Kopf. Er lehnte es rundheraus ab, irgend jemandes Schüler zu sein. So hatte Kronprinz Ludwig, der spätere Bayernkönig Ludwig I., der ihm sehr gewogen war, gehofft, Bandel werde auf seiner Italienreise von 1825-27 Schüler von Bertel Thorvaldsen werden, des angesehensten Bildhauers seiner Zeit, der in Rom lebte und arbeitete. Der Kronprinz hatte Bandel vor dessen Abreise den Auftrag gegeben, eine Büste Franz von Sickingens für die Walhalla bei Regensburg anzufertigen und die fertige Arbeit Thorvaldsen vorzustellen. Als Thorvaldsen in Rom die Arbeit besichtigte, fiel ihm ein Fleck in Höhe des Unterkiefers auf. Daraufhin schlug Bandel zum Entsetzen Thorvaldsens der Büste kurzerhand die Nase ab.[27]

Nach seiner Rückkehr nach München stieß Bandel auf gleiche Weise den Bildhauer Christian Daniel Rauch, einen der Hauptmeister des deutschen Klassizismus, vor den Kopf. Bandel hatte von König Ludwig I. den Auftrag erhalten, eine Giebelfigur in Marmor für die Münchener Antikensammlung, die sogenannte Glyptothek, anzufertigen, und zu Rauchs Aufgaben zählte es, die Ausführung dieser Arbeiten zu überwachen. Bandel ließ Rauch sogleich wissen, daß er nicht sein Schüler werden wolle und sich auch nicht seine Kritik anhören werde. Als Rauch dennoch – entsprechend seiner Aufgabe – sich Bandels Arbeit besah und dabei Änderungswünsche äußerte, geriet Bandel in Rage und zerstörte sein Gipsmodell vor den Augen Rauchs. Dennoch gelang es ihm, die Arbeit pünktlich zur Zufriedenheit des Königs fertigzustellen. Als der König ihn bat, das Kunstwerk mit seinem Namen zu versehen, stieß er auch den König vor den Kopf. Er weigerte sich mit der Begründung: „Nur Arbeiten, die von der Erfindung bis zur Ausführung von mir sind, nenne ich meine."[28]

Ähnliche Vorfälle wiederholten sich. Sie brachten ihn immerhin zu der Einsicht, „daß man die Wahrheit nicht so gerade heraus sagen darf; man schadet sich immer damit."[29] Bandel lehnte es auch grundsätzlich ab, Arbeiten auszuführen, für die andere das Modell geschaffen hatten. Dieses Prinzip hielt er auch in seiner größten Notzeit durch, als in den Jahren 1846-62 die Arbeiten am Hermannsdenkmal ruhten und er sich und seine Familie – er war verheiratet und hatte sieben Kinder – mit Gelegenheitsarbeiten notdürftig über Wasser hielt. Rückblickend bekennt er: „Ich war ein eigensinniger, eigenmächtiger Kerl ... immer mit dem Kopf durch die Wand."[30]

Als Bandel 1834 nach Berlin übersiedelte, ließ ihn der berühmte, greise Schadow, u.a. Schöpfer der Quadriga auf dem Brandenburger Tor, sogleich wissen, daß er in Berlin nichts werden könne. Dabei dürfte eine Rolle gespielt haben, daß Schadow selbst ein Hermannsdenkmal plante und dafür bereits eine Statue gefertigt hatte. Als Bandel sie nach langem Drängen zu Gesicht bekam, war er entsetzt und machte aus seiner Bestürzung keinen Hehl. Vor seinen Augen stand „ein nackter Mensch in einer Bärenhaut".[31]

Ab jetzt konzentrierte sich Bandel ausschließlich auf sein Vorhaben zur Errichtung des Hermannsdenkmals. Er hatte bereits in der Vergangenheit mehrere Zeichnungen und kleinere Modelle gefertigt. Jetzt stellte er auf der Berliner Kunstausstellung ein größeres Modell der Öffentlichkeit vor. Wenig später durchwanderte er zu Fuß den Teutoburger Wald auf der Suche nach dem idealen Standort für sein Denkmal. Als er nach Detmold kam, führte ihn ein etwa zwölf Jahre alter Junge auf die Grotenburg, die höchste Erhebung des Teutoburger Waldes, die eine großartige Fernsicht in alle Himmelsrichtungen gewährt. Spontan rief Bandel aus: „Hier werde ich das Denkmal errichten!"

Bandel sicherte sich zunächst die Unterstützung des Fürsten Leopold II. zur Lippe, auf dessen Territorium die Grotenburg lag. Er erhielt diese Unterstützung in reichem Maße. Leopold II. spen-

216

dete nicht nur sehr großzügig für die Finanzierung des Denkmals, sondern kaufte auch mehrere Kunstwerke Bandels, u. a. eine lebensgroße Thusnelda, die Bandel auf seiner zweiten Italienreise in Carrara schuf und die heute im Bandelraum des Detmolder Landesmuseums zu sehen ist. Ja, 1841 stellte er Bandel und seiner vielköpfigen Familie das Fürstliche Palais als Wohnung zur Verfügung.

Das nächste Problem war die Finanzierung des Denkmals. Auf Anregung Bandels bestimmte Fürst Leopold II. fünf Mitglieder seiner Regierung, einen „Verein für das Hermanns-Denkmal" zu gründen. Dessen Aufgabe war es, Gelder für das Denkmal zu sammeln und dem Künstler die gesamte Schreib- und sonstige Büroarbeit abzunehmen. Der Verein erließ einen Aufruf, dem in den folgenden Jahren noch viele weitere folgten, für das große nationale Vorhaben zu spenden, und veranlaßte, daß in fast allen größeren Städten Deutschlands gleiche Vereine entstanden, von denen die in Hannover und Berlin besonders aktiv und erfolgreich waren.[32]

Das Echo, das diese Aufrufe auslösten, war riesengroß, und zwar nicht nur bei den Konservativen, sondern auch und gerade bei den nationaldemokratischen Linken, den von der Restauration Verfolgten und Unterdrückten, denen die innere Freiheit mindestens so wichtig war wie die Einheit Deutschlands.[33] Selbst der Spötter Heinrich Heine, der sich in seinem Epos „Deutschland. Ein Wintermärchen" über den Hermannskult seiner deutschen Zeitgenossen lustig machte, gehörte – wie dargetan – sehr wahrscheinlich zu den Spendern.

Ja, manche Monarchisten nahmen Anstoß daran, daß Hermann vorrangig als Volks- und Freiheitsheld gefeiert wurde. Sie hätten ihn gern mehr als Fürsten herausgestellt. Und der Bayernkönig Ludwig I. reagierte auf einen Denkmalsaufruf von „Freunden der Freiheit" ausgesprochen sauer.[34]

Aber nicht nur Menschen aus den deutschsprachigen Ländern spendeten für das Hermannsdenkmal, sondern auch viele aus dem Ausland: Holländer, Belgier, Engländer, Italiener, Amerikaner aus Nord-, Mittel- und Südamerika, die Könige von Belgien, Dänemark, Griechenland und der Niederlande sowie Prinz Albert, der Gemahl der britischen Thronfolgerin.[35] Erinnern wir uns: Der Germanismus war damals der Inbegriff des Freiheitswillens. Die „altgermanische Freiheit" war als kulturhistorischer Begriff eine Idee, die an keine Nation gebunden war, sondern von jeder Nation als Recht auf Unabhängigkeit und eigenständige Entwicklung in Anspruch genommen werden konnte.[36] Und Arminius war das Symbol dieses Freiheitswillens. Daher fand der Plan, ihm ein Denkmal zu errichten, auch international große Zustimmung. Erst der Nationalsozialismus hat durch seine Lehre von der Überlegenheit der nordischen Rasse den Germanismus zum Rassismus pervertiert und damit für lange Zeit diskreditiert.

Bandel bemühte sich auch persönlich und mit Erfolg um Spenden. Der Bayernkönig Ludwig I. war ihm trotz aller zwischenzeitlichen Irritationen weiterhin gewogen. Er unterstützte das Vorhaben wiederholt mit größeren Summen und nahm auch Einfluß auf die endgültige Gestaltung des Denkmals. Das gleiche galt für den preußischen Kronprinzen Friedrich Wilhelm IV., der künstlerisch sehr interessiert und begabt und Bandel sehr gewogen war. Die große Masse der Spenden kam jedoch vom Volke. Sogar ganze Schulklassen, von Volksschulen bis Gymnasien, spendeten für das große nationale Vorhaben. Deshalb sollte das Denkmal auch Eigentum des deutschen Volkes sein. Dies war nicht nur der Wunsch Bandels, sondern auch des Denkmalsvereins und so stand es auch in den Aufrufen, mit denen um Spenden geworben wurde.[37]

Bandel selbst verzichtete auf jegliches Honorar, ja er investierte sein gesamtes nicht unerhebliches Privatvermögen (40.000 Taler) in dieses Projekt und verschuldete sich sogar. Er hatte daher auch keinerlei Verständnis für die Pingeligkeiten des Denkmalsvereins. Als dieser Bandel aufforderte, noch vor Baubeginn einen soliden Kostenvoranschlag vorzulegen, lehnte Bandel das rundheraus ab. Er bezeichnete das Ansinnen als „eine lächerliche Zumutung". Die Kosten des Denkmals seien gar nicht kalkulierbar, weil es etwas Vergleichbares bisher nicht gäbe. Das Denkmal müsse des deutschen Volkes würdig sein, und für das gesamte Volk seien die Kosten in jedem Falle eine Kleinigkeit.[38]

Bandel begann kurzentschlossen mit den Bauarbeiten für den Sockel des Denkmals, und als zu einem späteren Zeitpunkt der Denkmalsverein die Bezahlung der Wochenrechnungen verweigerte, weil Bandel am Bau eine Änderung vorgenommen hatte, ohne zuvor die Einwilligung des Vereins einzuholen, beglich er die Rechnungen aus seinen Privatmitteln. In seinen Erinnerungen schreibt er: „Das hieß nichts anderes, als ich sollte Männern, die nicht das Geringste von meinen Aufgaben verstunden, diese, sie belehrend, verständlich machen, damit sie mir als meine Vorgesetzten die Erlaubnis zur Ausführung geben könnten ... Bandel wollte nicht und blieb Bandel."[39] Und weiter: „Ohne alle Rücksichtnahme schritt ich nun vorwärts und konnte auch nur so vorwärts kommen. ... Daß ich das Denkmal sei, solange es aus meinem Kopf nicht ganz hervorgegangen, das wollten oder konnten sie nicht begreifen, die Leutchen, die die Ehre meines Wollens und Könnens für sich in Anspruch nahmen."[40] Es zeigte sich, daß der Verein aus Krämerseelen bestand und dadurch für Bandel bis zum Schluß ein Hemmschuh war. Statt ihm den Weg freizumachen, warfen sie ihm ständig neue Steine in den Weg.

Bandel hatte von Anfang an eine recht genaue Vorstellung davon, wie das Denkmal aussehen sollte. Er war der Überzeugung, daß ein deutsches Nationaldenkmal auch in einem deutschen Baustil errichtet werden müsse. Deshalb lehnte er antike und klassizistische Formen von vornherein ab. Bereits auf seiner ersten Italienreise hatte er mit Blick vom Kapitol auf das alte Forum Romanum ausgerufen: „An all diesen Resten klettert nun junges Künstlervolk herum, um die Kunstregeln zu erforschen, nach welchen solch großartige Werke zur Darstellung gebracht wurden. Deutsche junge Künstler suchen mit Zirkel und Maßstab zu erforschen, wie die alten Römer ihrer Phantasie freien Lauf gelassen. Törichte! Laßt eurem deutschen Sinn freien Lauf, strebt himmelan wie eure alten Meister, denkt deutsch durchs deutsche Leben, schaut, wie die Römermacht gemordet, und baut ein festeres Deutschtum, schwingt euch auf und krabbelt nicht am Verfallenen herum."[41]

Ebenso verspottete er den „Griechentempel" Walhalla von Leo von Klenze, in dem die Büsten der großen Deutschen auf „griechischen Konsolen" stünden. Sie sei ein steingewordenes Beispiel künstlerischer und politischer Fremdherrschaft. Und mit dieser Kritik stand er keineswegs allein. Warum dieses größte deutsche Ehrenmal absolut griechisch sein müsse, verstanden viele seiner Zeitgenossen nicht.[42]

Für Bandel kam daher für das Hermannsdenkmal nur ein Sockel in neugotischem Stil in Betracht, denn seit Goethes 1772 verfaßtem Hymnus auf das Straßburger Münster galt die Gotik als Inbegriff deutscher Kunst. Entsprechend sah sein Modell aus, das er vor Baubeginn im Jahre 1838 präsentierte (Abb. 9): Um den Schaft einer mächtigen Mittelsäule lief ein von zehn Säulen eingefaßter Rundgang, so daß eine Art Rundtempel entstand. Die schlichten Kapitelle der Säulen trugen Spitzbögen, deren gotische Verzierungen eine Krone bildeten, und inmitten dieser Krone stand auf einem Felsen die Figur. Die Gestalt des Arminius suchte Bandel durch Aktstudien des norddeutschen Männertypus, der für ihn der Typ des Germanen war, herauszufinden.[43] Hinsichtlich der Frage der Bekleidung entschied er sich für die historische Treue, also die Kleidung des germanischen Mannes, wie Tacitus sie beschrieben hat. Mit der Linken stützt Arminius sich auf einen mächtigen Langschild, in der hocherhobenen Rechten hält er in Siegerpose das Schwert. Mit dem linken Fuß zertritt er einen römischen Legionsadler und ein Liktorenbündel, die Symbole römischer Zwangsherrschaft. Ein Phantasieprodukt ist lediglich der Flügelhelm. Hierzu erklärte Bandel, es seien die Flügel des deutschen Adlers, der über den römischen Adler, nämlich über den Legionsadler, siegreich geblieben sei.[44]

Nach der öffentlichen Präsentation dieses Modells und seiner Verbreitung durch eine lithografisch vervielfältigte Zeichnung begann eine rege Diskussion um das Denkmal.[45] Alle maßgeblichen deutschen Zeitungen setzten sich in kritischen Kommentaren mit dem Vorhaben auseinander, und eine Flut von Leserbriefen zeigte, wie groß die Anteilnahme der Bevölkerung an diesem Vorhaben war. Mit Recht wurde darauf hingewiesen, daß die Errichtung eines Nationaldenkmals die ganze Nation angehe, und neben viel Zustimmung gab es auch heftige Kritik: Der Sockel sei zu verspielt und die Figur zu massig und plump. Ein Kommentar im Cottaschen „Kunstblatt" forderte im Anschluß an eine sehr detaillierte Kritik gar die Ausschreibung eines allgemeinen Wettbewerbs.[46]

Der eigensinnige Bandel reagierte auf diese vielfältige Kritik zunächst gar nicht. Doch dann präsentierten plötzlich im März 1839 die beiden berühmten, hoch angesehenen Künstler Schinkel und Rauch einen gemeinsamen Entwurf für ein völlig anderes Denkmal.

Karl Friedrich Schinkel hatte bereits 1813/14 einen eigenen Entwurf für ein Hermannsdenkmal vorgestellt (Abb. 10). Die sorgfältig ausgeführte Zeichnung zeigt Arminius zu Pferde, wie er einen Signifer, einen römischen Adlerträger, mit der Lanze niederstößt. Sie ist bekannten Darstellungen des heiligen Georg, der den Drachen tötet, nachempfunden und sollte offensichtlich beim Betrachter den Eindruck einer Sakralisierung des Arminius erwecken, ganz im Geiste der Befreiungskriege, als Arminius als „Gotteskrieger" im „heiligen Krieg" gegen Napoleon bezeichnet wurde.[47] Schinkel stellt seine Figurengruppe auf einen mehrfach abgestuften, mit Feuerpfannen versehenen Sockel, der seinerseits auf einer Bergkuppe steht. Darüber spannt sich ein Regenbogen. Verglichen mit den winzigen menschlichen Gestalten, die auf einer Sockelstufe zu sehen sind, hätte die Figurengruppe mindestens die Ausmaße des heutigen Hermannsdenkmals erreicht.

Der jetzt gemeinsam mit Christian Daniel Rauch über den Berliner Denkmalsverein präsentierte Entwurf zeigte Arminius in nachdenklicher Pose auf einem 30-40m hohen Podest stehend, das aus riesigen, rohen Felsblöcken zyklopenartig zusammengefügt war, in der Spitze jedoch aus großen, regelmäßigen Quadersteinen bestand. Arminius stützte sich auf das gesenkte Schwert und trat mit dem linken Fuß auf einen römischen Legionsadler (Abb. 11).

Bandel weilte zu diesem Zeitpunkt in Italien und der Detmolder Denkmalsverein wußte nicht, was er tun sollte. Man neigte dazu, dem Entwurf der berühmten Berliner Künstler den Vorzug zu geben.[48] Als Bandel zurückgekehrt war und den Entwurf der Kollegen sah, war er entsetzt und urteilte: „Aus einer Ebene, mit großen Eichen besetzt, (also ohne alle Localkenntnis), erhebt sich ein gemauerter Felsenhaufen, auf diesem stund auf römischem Säulensockel meine Arminiusfigur, anstatt mit erhobenem mit gesenktem Schwert. Ein gemauerter Felsen ist eine Lächerlichkeit, noch mehr der römische Säulensockel für Armin, und durch das Senken des Schwertes war der Sinn des ganzen Denkmals aufgehoben."[49] Zu einem Sieges- und Freiheitsdenkmal gehöre die Siegerpose, nämlich das zum Himmel gereckte Schwert. Auf dem Entwurf von

221

Schinkel und Rauch stehe Arminius „wie ein Kehrer auf dem Schornstein".[50]

Doch der Einfluß der berühmten Berliner Konkurrenten war außerordentlich groß. Daß ihr Entwurf dennoch nicht zum Zuge kam, hatte mehrere Gründe. So hatten die Denkmalsvereine in Hannover und München gedroht, die ausschließlich für Bandels Vorhaben gestifteten Gelder zurückzufordern, falls dem Schinkel-Rauch-Entwurf der Vorzug gegeben würde. Ausschlaggebend war aber wohl, daß der preußische Kronprinz, der spätere König Friedrich Wilhelm IV., sich für Bandels Konzept aussprach. Allerdings mußte Bandel an seinem Entwurf von 1838 noch einige Änderungen vornehmen, die teils auf Wünsche des preußischen Kronprinzen, teils auf eine Anregung des Bayernkönigs Ludwig I. zurückgingen, der seinem Vorschlag dadurch besonderen Nachdruck verlieh, daß er ihn zur Bedingung einer Spende von 10.000 Gulden machte. Daraufhin wurden am Unterbau die vielgliedrigen Säulen durch massive Pfeiler ersetzt und die gotischen Verzierungen oberhalb der Spitzbögen stark reduziert. Als oberen Abschluß erhielt der Unterbau eine Kuppel statt des bisher vorgesehenen Felsens. Der Unterbau wirkte dadurch harmonischer und insgesamt monumentaler. Schließlich nahm Bandel auch an der Figur noch kleinere Änderungen vor. Sie wurde gestrafft und in sich gestreckt, so daß sie noch jugendlicher und heldischer wirkte.

Der Blick des Arminius ist dorthin gerichtet, woher die Römer kamen, nämlich nach Westen. Den Rhein überquerend, waren sie lippeaufwärts marschiert. In jüngster Zeit wird diese Ausrichtung der Figur immer wieder als Drohung gegen Frankreich interpretiert, was schließlich in der Forderung gipfelte, das Denkmal im Interesse der deutsch-französischen Freundschaft abzureißen. Diese Interpretation ist historisch falsch. In seiner Aufbauphase war das Denkmal ausschließlich ein Symbol für die Freiheit und Einheit Deutschlands. Erst nach dem Sieg über Frankreich im Kriege 1870/71 trat der Gedanke der Macht hinzu, verbunden mit einer ausdrücklichen Warnung an französische Eroberungsgelüste. 1838 jedoch legte Bandel eine Kupfertafel in das Fundament des Denkmals, die folgende Aufschrift trägt: „Hier hat Ernst von Bandel zur Zeit, als Paul Alexander Leopold Fürst zur Lippe regierte,

222

die Tafel gelegt, um über ihr Armin, dem Befreier Deutschlands, ein Denkmal zu errichten als ein Mahnzeichen zur Einigkeit aller deutschen Stämme."

Und auch auf der Feier zur Schließung des Grundsteingewölbes, die im Jahre 1841 mit Tausenden von Gästen stattfand und die zugleich eine erfolgreiche Werbeaktion für die Finanzierung des Denkmals war, stand die Befreiungstat des Arminius im Mittelpunkt. Der Festredner Kanzleirat Petri, Vorsitzender des Detmolder Denkmalsvereins, pries in seiner pathetischen Ansprache[51] Arminius als „Retter und Gründer" am Beginn der deutschen Geschichte, der die eigenständige Existenz der Deutschen, ihre Sprache und Sitten vor römischer Überfremdung und Tyrannei gerettet und die Freiheit gebracht habe. „Diese Freiheit, welche den Unterschied getilgt hat zwischen Herren und Sklaven, zwischen Bürger und Fremdling, welche dem fremden Rechte die nämliche Achtung zollt, die sie für das eigene fordert, und welche, alle Verhältnisse des Lebens mit ihren erwärmenden Strahlen durchdringend, einen jeglichen in seinem eigentümlichen Wesen teilnehmen läßt an der Entwicklung des Ganzen. Und um den Kern germanischer Bildung und Gesittung haben sich im freien Verbande gelagert die übrigen Völker der Erde. Auch sie wurden frei durch den Teutoburger Sieg, der das Weltreich und seine Tyrannei stürzte und der zum ersten Male lehrte, daß auch das Volk dem Volke gegenüber Rechte hat, die nicht ungestraft verletzt werden. Völker und Völker sehen wir seitdem im freien friedlichen Verkehre miteinander, ein jedes sein eigentümliches Wesen entfalten, und alle sich wechselseitig dem Ziele entgegen tragen, das dem Menschen gesteckt ist." Und weiter: „Das Denkmal wird fragen, ob die Nachfahren neben der Achtung fremder Sitte, fremden Rechts, fremder Freiheit ungekränkt zu bewahren und zu schützen wissen die eigene Sitte, das eigene Recht, die eigene Freiheit." Und in einem der zeitgenössischen Kommentare heißt es: „Freie nationale Entwicklung einer jeden Nation in ihrer eigenen Geschichte, Verfassung, Bildung und Kultur", wobei sich die Nationen gegenseitig heben, ergänzen und vermitteln sollten.[52]

Es gab also keine Frontstellung gegen Frankreich oder irgend eine andere Nation. Arminius galt vielmehr als Befreier aller Völker, der vom Festredner sogar Christus gleichgestellt wurde. Das Denkmal sei ein Tempel der Freude, errichtet an geweihter und heiliger Stätte für Arminius, den Retter, der das Heil gebracht, die Saat gesät habe. „Siebenhundertfünfzig Jahre hatte Rom die Welt geknechtet … Da ging an zweien Enden der Welt das zwiefache Gestirn auf, welches fortan den Völkern der Erde leuchten sollte statt der untergehenden Sonne Roms. Dort an Syriens Küsten das eine, hier in Teutoburgs Wäldern das andere".[53] Diese Sakralisierung des Cheruskerfürsten macht deutlich, welches Ausmaß die Arminiusbegeisterung und -verehrung damals erreicht hatte.

Die Feier klang aus mit einem machtvollen Bekenntnis zur Einheit Deutschlands. Nachdem in einer Vertiefung des Grundsteingewölbes 63 Gedenk- und Mahnzeichen „aus allen deutschen Gauen": Silber- und Kupferplatten mit Inschriften, Medaillen, Münzen aus dem Befreiungskrieg u. ä. niedergelegt worden waren, sang die vieltausendköpfige Menge alle Strophen des Liedes „Was ist des Deutschen Vaterland?" von Ernst Moritz Arndt. Arndt fragt in diesem Lied: „Ist's Preußenland, ist's Schwabenland, ist's Bayernland, ist's Westfalenland" usw., und jede Strophe endet mit „O nein, nein, nein! Sein Vaterland muß größer sein!", bis schließlich die Antwort kommt

„So weit die deutsche Zunge klingt,
Und Gott im Himmel Lieder singt,
Das soll es sein!
Das ganze Deutschland soll es sein!"

Bandel schreibt in seinen Erinnerungen:[54] „Nach jedem Vers wurden vom Denkmal drei Kanonenschüsse als Interpunktion abgegeben, und es ist wohl nie ein Lied mit solcher Begeisterung und würdiger Wirkung ausgeführt worden."

Mit großer Energie und unermüdlichem Arbeitseinsatz, der bis an die Grenzen seiner physischen und psychischen Leistungsfähigkeit ging, trieb Bandel, der sich fast täglich bei Wind und Wetter von morgens früh bis abends spät auf der Grotenburg aufhielt, wo er unter primitiven Verhältnissen in einer Hütte lebte, nun den Bau voran, so daß der Unterbau im Jahre 1846 vollendet war. Doch leider waren jetzt auch die finanziellen Mittel erschöpft. Die Euphorie, die von den ersten Aufrufen und der Gründungsfeier ausging,

224

war langsam verebbt und mit ihr auch der Fluß der Spendengelder allmählich versiegt. Nachdem Bandel dann auch noch sein gesamtes Privatvermögen investiert hatte, mußte der Bau gestoppt und stillgelegt werden. In den folgenden Jahren wirkte sich die Enttäuschung über das Scheitern der Revolution von 1848 zusätzlich lähmend auf das Vorhaben aus, denn das Streben nach Freiheit und Einheit Deutschlands, für das Arminius das Symbol war, hatte erneut einen herben Rückschlag erlitten.

So blieb die Baustelle 16 Jahre lang verwaist. Als die Arbeiten schließlich wieder aufgenommen werden konnten und das vollendete Denkmal 1875 eingeweiht wurde, hatte sich die politische Situation durch den siegreichen Krieg von 1870/71 gegen Frankreich und die Reichsgründung Bismarcks grundlegend gewandelt. Diese Wandlung hatte auch deutliche Auswirkungen auf das Hermannsdenkmal. Deshalb gehört die Vollendung und Einweihung des Denkmals in das nächste Kapitel „Arminius, Nationalheld einer Weltmacht".

# Arminius, Nationalheld einer Weltmacht

Ohne die Hartnäckigkeit, ja Besessenheit Bandels in der Verfolgung seines Lebensziels, dem Arminius ein Denkmal zu setzen, wäre das Hermannsdenkmal niemals vollendet worden.

Nach der Stillegung der Baustelle auf der Grotenburg war Bandel nach Hannover gegangen, wo er sich und seine Familie mit kleinen Steinmetzarbeiten notdürftig über Wasser hielt. Doch während dieser langen Not- und Durststrecke von 16 Jahren arbeitete er in der Stille weiter an der Vollendung seines Lebenswerkes. Er fertigte schließlich mit Unterstützung seines Sohnes Roderich ein Modell der Figur im Maßstab 1:10 an, berechnete das riesige Holzgerüst, das zur Aufstellung der Figur erforderlich war und schuf die eiserne Röhrenkonstruktion, die das Standbild im Inneren zusammenhalten und stabilisieren sollte. Und mit großer Befriedigung nahm er das Gutachten des Hannoverschen Architekten- und Ingenieurvereins[1] zur Kenntnis, das seiner fortschrittlichen Röhrenkonstruktion „eine 40 bis 60fache Sicherheit" bescheinigte, die garantierte, daß die Figur nach menschlichem Ermessen allen Naturgewalten standhalten würde.

Doch in Detmold hatte man das Denkmal offenbar abgeschrieben. Zunächst hatte man den Unterbau und das auf der Grotenburg lagernde Baumaterial notdürftig gesichert. Als jedoch Teile des Kupfers, das für die Figur vorgesehen war, ja sogar ein fertiger Arm der Figur, gestohlen wurden, lagerte man das restliche Kupfer im Keller des Detmolder Gymnasiums ein. Als dann 1853 Dr. Laurenz Hannibal Fischer Minister in Detmold wurde mit dem Auftrag, die demokratischen Reformen der Jahre 1848/49 wieder zu beseitigen, wollte dieser gleichzeitig das Denkmal liquidieren und die noch vorhandenen Kupfervorräte verkaufen.[2] Und der Detmolder Denkmalsverein, mit dem Bandel heillos zerstritten war, unternahm hiergegen nichts. Nur die Bedenken des Fürsten verhinderten das endgültige Aus des Denkmals.

Als der Detmolder Denkmalsverein sich dann sogar weigerte, eingegangene Spenden, die Bandel dringend für den Fortschritt sei-

ner Arbeiten benötigte, an ihn auszuzahlen, sondern diese statt dessen für 2 ½ % Zinsen bei der Lippischen Leihkasse anlegte, kehrte
Bandel dem Verein endgültig den Rücken. Er suchte und fand neue
Gönner in Hannover, die ihm in kurzer Zeit 5000 Taler zur Verfügung stellten und auf einem Grundstück, das die Stadt Hannover
bereitstellte, eine Werkstatt mit allen erforderlichen Geräten und
Werkzeugen einrichteten (Abb. 12). Da Bandel kein Unternehmen
für die Kupferschmiedearbeiten fand, weil niemand sich traute, eine
so mächtige Figur nach dem relativ kleinen Modell zu schmieden,
entschloß er sich, trotz seiner 62 Jahre selbst noch schmieden zu
lernen, und – wie das Ergebnis zeigt – mit gutem Erfolg.

Im Jahre 1869 besuchte König Wilhelm von Preußen, der spätere
deutsche Kaiser, Bandel in seiner Werkstatt, was dem Projekt neue
Popularität und damit neue Spenden bescherte. Die große Wende
zum endgültigen Erfolg kam dann mit dem Sieg über Frankreich im
Krieg 1870/71 und der Proklamation des Deutschen Reiches am 18.
Januar 1871. Da es fast eine Schmach war, daß nach der Verwirklichung der Einheit Deutschlands das Mahnmal für diese Einheit
noch immer unvollendet auf der Grotenburg stand, bewilligte der
Reichstag umgehend die Summe von 10.000 Reichstalern. Damit
war die Fertigstellung des Denkmals gesichert.

Schon ein Jahr später waren alle Einzelteile der Figur fertiggestellt, die kurz darauf von Hannover zur Grotenburg transportiert
wurden, wo nun der schwierige Aufbau begann. Bandel zog in eine
kleine Hütte am Fuße des Denkmals und leitete und überwachte
alle Arbeiten, die noch mehrere Jahre in Anspruch nahmen.
Zunächst mußte das mächtige Holzgerüst angefertigt und aufgestellt werden. Dann folgte die Verankerung des großen Eisengerü-
stes im Unterbau, der allein 28 m hoch war, und schließlich die
Befestigung der einzelnen Kupferplatten der Figur. Den Schluß bildete die Einfügung des 7 m langen und 11 Zentner schweren
Schwertes. Mit ihm hatte das Denkmal eine Höhe von 55,5 m
erreicht. Im Juli 1875 war das Werk endlich vollendet.

Seit dem Sieg über Frankreich im Kriege 1870/71 hatten sich
allerdings die Akzente der Arminiusbegeisterung verschoben.[3] Es
war jetzt weniger von Freiheit die Rede, dafür vermehrt von der
Einigkeit der Deutschen und der daraus resultierenden Stärke und

Macht. Dieser Sieg hatte gezeigt, wozu die Deutschen fähig sind, wenn sie einig zusammenstehen. Erstmals seit dem Mittelalter waren die deutschen Stämme wieder gemeinsam und geschlossen aufgetreten, ihre Heere hatten unter gemeinsamem Oberkommando die Franzosen in allen Schlachten besiegt und Frankreich innerhalb weniger Monate niedergerungen. Und Frankreich war der Angreifer gewesen. Erinnern wir uns: Der französische Gesandte hatte den in Bad Ems kurenden preußischen König Wilhelm auf der Kurpromenade angesprochen und nicht nur den Verzicht auf die Thronkandidatur eines Hohenzollern in Spanien gefordert, sondern zusätzlich eine garantierte preußische Verzichtserklärung hinsichtlich eventueller künftiger Thronkandidaturen. König Wilhelm hatte dieses Ansinnen zurückgewiesen und seinen Kanzler Bismarck telegrafisch über das Gespräch informiert. Bismarck veröffentlichte diese „Emser Depesche" in gekürzter und redigierter Form, wodurch die französische Diplomatie bloßgestellt wurde. Die Antwort war die Kriegserklärung Frankreichs an Preußen. Aufgrund der Schutz- u. Trutzbündnisse, die Preußen unter Bismarcks Führung 1867 mit den süddeutschen Staaten geschlossen hatte, befanden sich nun alle deutschen Stämme, befand sich das ganze Deutschland mit Frankreich im Krieg. Da wieder ein Napoleon die Franzosen anführte – Napoleon III., ein Neffe des großen Eroberers – war die Erinnerung an die napoleonische Unterdrückung von 1805-1813 wieder hellwach und machte der klare Sieg über Frankreich bewußt, was schon damals 1805 möglich gewesen wäre, wenn Deutschland zusammengestanden hätte.

Aus dieser Stimmung heraus wurde jetzt durch Inschriften auf dem Hermannsdenkmal die deutsche Einigkeit beschworen und eine deutliche Warnung an Frankreich gerichtet. Das Schwert erhielt in vergoldeten Lettern die Inschrift „Deutsche Einigkeit meine Stärke, meine Stärke Deutschlands Macht". In einer Nische des Sockels wurde ein bronzenes Relief Kaiser Wilhelms I. angebracht, das aus einer bei Gravelotte eroberten französischen Kanone gegossen war und folgende Inschrift erhielt:

Der lang getrennte Stämme vereint mit starker Hand,
Der welsche Macht und Tücke siegreich überwand,

Der längst verlorene Söhne heimführt zum Deutschen Reich,
Armin, dem Retter, ist er gleich.

Darunter steht die von Bandel verfaßte, in Stein gehauene Inschrift:

Am 17. Juli 1870 erklärte Frankreichs Kaiser, Louis Napo-
leon, Preußen Krieg, da erstunden alle Volksstämme
Deutschlands und züchtigten von August 1870 bis Januar
1871 immer siegreich französischen Übermut unter Führung
König Wilhelms von Preußen, den das deutsche Volk am 18.
Januar zu seinem Kaiser erkor.

Die nächste Nische beschwört die Erinnerung an die Freiheits-
kriege von 1813-1815. Sie enthält die Inschrift:

Nur weil deutsches Volk verwelscht und durch Uneinigkeit
machtlos geworden, konnte Napoleon Bonaparte, Kaiser der
Franzosen, mit Hilfe Deutscher Deutschland unterjochen; da
endlich 1813 scharten sich um das von Preußen erhobene
Schwert alle deutschen Stämme, ihrem Vaterlande aus
Schmach die Freiheit erkämpfend.

Die Inschrift der folgenden Nische zitiert schließlich den Text des
Tacitus aus Annalen II, 88:

Arminius liberator haud dubie Germaniae
et qui non primordia populi Romani,
sicut alii reges ducesque,
sed florentissimum imperium lacessierit:
proeliis ambiguus, bello non victus.

Und darunter die deutsche Übersetzung:

Arminius ist zweifellos der Befreier Deutschlands,
weil er nicht wie andere Könige und Herzöge
das römische Volk in seinen Anfängen, sondern in der höchsten Blüte des Reiches herausgefordert hat:
Gefechte blieben unentschieden,
aber im Kriege ist er nie besiegt worden.

Entsprechend wurde die Feier zur Einweihung des Denkmals vom
14.-16. August 1875 nicht nur ein großes Volksfest, sondern
zugleich eine Demonstration nationaler Einigkeit und Stärke. Nach
der Vorstellung Bandels sollte die Feier in erster Linie dazu dienen,
das Denkmal dem deutschen Volk zu übergeben. Er hatte von
Anfang an betont und dies bereits in seinem ersten Gespräch mit

Fürst Leopold II. zur Lippe im Jahre 1837 zum Ausdruck gebracht, daß dieses Denkmal ein Geschenk an das deutsche Volk sein solle und daß er deshalb auch seine gesamte Arbeitsleistung für das Denkmal als Geschenk einbringe.[4] Dementsprechend sollte das Volk das Fest selbst gestalten. So schrieb er bereits im November 1874 an den Detmolder Bürgermeister Dr. Heldmann:[5]

„Diese Geschichte geht das ganze Volk an und kann eine Übergabe des Denkmales an dasselbe nicht von der Stadt Detmold ausgehen und hat der Verein für das Denkmal die Übergabe in einfachster Form zum Ausdruck zu bringen; es handelt sich dabei nicht um große Festlichkeiten, diese müssen unserem großen Volke zur eigenen Ausführung überlassen werden. Daß Detmold dazu ein Festkleid anlege, kommt von selbst und darf nicht befohlen werden. Ich schlage vor: In guter Jahreszeit, nicht an einem Tage irgendeines Sieges über Fremde, werde eine ganze oder halbe Woche festgesetzt als Zeit, in der das vollendete Denkmal dem Deutschen Volke übergeben werde, es möge es dann selbst übernehmen und die Übernahme durch selbst gewählte Handlungen beurkunden."

Indessen mußte die kleine Stadt Detmold, die damals noch nicht an die Bahn angeschlossen war und deshalb die zahlreichen, aus ganz Deutschland anreisenden Gäste mit Pferdefuhrwerken von den Bahnstationen Bielefeld, Herford und Schieder abholen mußte, erhebliche organisatorische Anstrengungen unternehmen. Es wurde eine Anzahl von Komitees gegründet, denen jeweils bestimmte Aufgaben zugewiesen wurden, u. a. auch die Bereitstellung von Massenquartieren. Selbstverständlich wurde das Fest auch vermarktet, wie das zu allen Zeiten geschehen ist. Neben einer Flut von Festgedichten, -schriften und -kompositionen wurden Bilder, Gedenkblätter, Porträtbüsten, Denkmalmedaillen, Abgüsse des Denkmals in Bronze, Hermannsmünzen, Hermannszigarren, Hermannsregenschirme, Hermannshemdknöpfe, ja sogar ein „Deutscher Hermann-Bitter" angeboten, außerdem Fleisch- und Wurstwaren, Schuhe, Taschenhängematten, Fahnen, bengalisches Feuerwerk und vieles andere.[6]

Der Kaiser, der Kronprinz, die deutschen Bundesfürsten, Bismarck und viele andere Personen des öffentlichen Lebens wurden eingeladen und fast alle kamen.[7] Das Fest begann am Freitag, dem 14.

August 1875, mit der Einweihung des Kriegerdenkmals in Detmold für die Gefallenen des Krieges 1870/71, an der die Detmolder Schulen und Kriegervereine teilnahmen. Am Nachmittag des 15. August, einem strahlend schönen Sommertag, Kaiserwetter, „zogen dann Kaiser und Kronprinz mit Gefolge unter Glockengeläut und Kanonensalut in die festlich geschmückte Residenz ein. Ihnen zu Ehren veranstaltete die Stadt Detmold am Abend einen Fackelzug zum Schloßplatz, wo Bürgermeister Dr. Heldmann nach einer kurzen Ansprache unter dem Jubel der begeisterten Menge ein Hoch auf den Kaiser ausbrachte, der sich immer wieder am Fenster zeigen mußte."

„Der 16. August, der eigentliche Festtag, war mit einem reichhaltigen Programm ausgefüllt: Vortrag patriotischer Lieder auf dem Marktplatz, Wecken durch Militärmusik, Abnahme der Parade des 6. Westfälischen Infanterieregiments Nr. 55 auf dem Schloßplatz durch Kaiser Wilhelm. Um 9 Uhr vollzog sich auf dem Kaiser-Wilhelm-Platz die Aufstellung des Festzuges, der sich, angekündigt durch Kanonensalut, durch die geschmückten Straßen, vorbei an Ehrenpforten, in Richtung Denkmal bewegte und gegen 11 Uhr auf der Grotenburg ankam, wo nun eine Menschenmenge von 20.000-30.000 auf den Kaiser wartete, der den Festplatz gegen 12 Uhr im Wagen erreichte. Die Feier begann mit einer Ansprache des lippischen Generalsuperintendenten Koppen, der seinen Ausführungen die Bibelworte „Mit uns aber ist der Herr, unser Gott, und der Herr helfe uns und führe unseren Streit" (2. Buch Chronik 32,8) zugrunde legte. Er schloß mit den Worten: „Gott sei es geklagt, daß es noch Deutsche gibt, denen die Herrlichkeit des Deutschen Reiches ein Dorn im Auge ist und die mit aller Macht dem deutschen Geiste entgegenarbeiten. Bleibt das deutsche Volk aber nur seinem Glauben und dem Bekenntnis des Gekreuzigten treu, so werden ihm seine Feinde nichts anhaben können. Möge denn jeder Deutsche im Anblicke dieses Denkmals heilige Treue dem Vaterlande geloben, möge auch jeder Deutsche durch das gen Himmel gerichtete Schwert Armins des Wortes gedenken: meine Hilfe kommt vom Herrn."[8]

Nach dem Vortrag der „Hermannskantate" von Ruhl, der mit einer Enkelin Bandels verheiratet war, folgte die Festrede des Geheimen Regierungsrates Preuß, der u. a. ausführte:

„Wir stehen wieder da, geehrt und gefürchtet im Rat der Völker, ihnen nicht bloß ein Volk der Denker und Dichter, sondern nun auch wehrbereit und waffengewaltig, ein Volk der selbstbewußten Tatkraft – und empfinden wird deren Wucht ein Jeder, der es wagen sollte, uns ferner zu stören in dem Werke des Friedens , das wir nun vorhaben, in dem Bemühen, auszubauen und lebensvoll zu gestalten unser neuerstandenes Reich, das jetzt unter Kaiser Wilhelms ruhmreichem Szepter, nicht mehr geschieden durch des Mainstroms Grenze, sondern reichend von den Alpen bis zum Meere und darüber hinaus, seinen schützenden Arm ausbreitend über jeden Deutschen auf dem Erdenrund, frei im Innern und kraftvoll nach Außen, fest verbunden ist durch das starke Band der im gemeinsamen opfervollen Kampfe erprobten Einigkeit der deutschen Stämme und ihrer Fürsten. Ja, die Träume unserer Jugend, sie haben sich verwirklicht, die Wünsche und die Hoffnungen unseres Mannesalters, sie sind in Erfüllung gegangen – wir sind wieder ein Volk und wollen es bleiben mit Gottes Hilfe von nun an immerdar." (Abb. 13)

Nach der Festrede erfolgte die Ehrung Bandels, der inzwischen fast erblindet war. Durch das ständige Hinaufschauen zum Denkmal und in die Sonne hatte er seine Augen erheblich geschädigt.[9] Auf den Arm seines Sohnes gestützt und vom Adjutanten des Kaisers geleitet, schritt Bandel durch die lautlos harrende Menge zur Kaisertribüne. Ehrerbietig erhoben sich alle, als nun der Kaiser den Dank des deutschen Volkes für die Schaffung des Denkmals aussprach. „Als dann Bandels alter Freund, Justizrat Lüders aus Hannover, die Rednertribüne besteigt und in herzlichen Worten die Verdienste des Erbauers würdigt, sucht er sich in seiner bescheidenen Art den Blicken der Menge zu entziehen. Doch beim Hoch auf Bandel, das wie ein Jubelsturm über den Berggipfel braust, ergreift ihn der alte Kaiser an der Hand und führt ihn von seinem Sitz an die Brüstung der Tribüne, um ihn der jubelnden Menge zu zeigen (Abb. 14). Dann umfahren beide das Denkmal."[10] Das anschließende fröhliche Volksfest in über 40 Zelten dauerte bis tief in die Nacht.

Die Anteilnahme des Auslandes war groß und das Echo durchweg positiv. Im Festzug marschierten neben Schweizern und

Österreichern auch mehrere Abordnungen aus den USA unter dem Sternenbanner. Überhaupt stand die Hermannsbegeisterung der Deutschamerikaner derjenigen der Reichsdeutschen in nichts nach. Überall in den USA gab es Hermannslogen, allein in Texas über 200, und in New-Ulm im Staate Minnesota wurde in den Jahren 1888-97 ein eigenes Hermannsdenkmal errichtet. Mit einer Höhe von 10,20 m für die Figur und 31,1 m für den Unterbau war es zwar 23 m kleiner als das Detmolder Hermannsdenkmal, aber dennoch beeindruckend (Abb. 16). Noch nach dem 2. Weltkrieg wurden hier regelmäßig Hermannsfeiern veranstaltet.[11]

Der Kaiser hatte Bandel angeboten, ihm sein Vermögen, das er für das Denkmal geopfert hatte, zu ersetzen. Bandel lehnte dies jedoch ab. Alles was er für das Denkmal geleistet hatte, sollte ein Geschenk an das deutsche Volk sein und bleiben. Der Kaiser gewährte jedoch dem inzwischen kranken, mittellosen, 75jährigen Bandel eine jährliche Pension von 4.000 Mark, die der Staat allerdings nicht lange zu zahlen brauchte, weil Bandel bereits im Jahr darauf starb. So total hatte er all seine geistigen und körperlichen Kräfte für die Schaffung dieses Denkmals eingesetzt, daß sie nach dessen Vollendung vollständig verbraucht waren.

Sein Werk und das große Echo der Einweihungsfeier steigerten indessen noch einmal die Arminiusbegeisterung, die während des Kaiserreiches ihren Höhepunkt erreichte. Das Hermannsdenkmal wurde zum Wallfahrtsort aller Patrioten.

Arminius war jetzt in aller Munde. Jedes Kind kannte ihn, und viele Menschen verspürten das Bedürfnis, sich auch öffentlich zu ihm zu bekennen. So entstanden in den folgenden Jahren viele Handels- und Industrieunternehmen, die in ihrem Firmennamen Arminius führten. Das gleiche gilt für Schützen- und Sportvereine, und an jeder deutschen Universität gab es jetzt eine studentische Verbindung, sei es Burschenschaft, Landsmannschaft, Turnerschaft oder Corps, die den Namen Arminia oder Cheruscia führte. Auch die kaiserliche Marine taufte einen Panzerkreuzer auf den Namen Arminius.[12]

In den Jahren des Kulturkampfes diente Arminius auch als Waffe gegen den Machtanspruch Papst Pius IX. Dieser hatte 1870 das Dogma von der päpstlichen Unfehlbarkeit verkündet und Maßnahmen eingeleitet, um die nationalen Kirchen streng an Rom zu binden. Das wurde in Deutschland als Kampfansage an Protestantismus und Liberalismus verstanden und von Bismarck mit gesetzlichen Gegenmaßnahmen beantwortet, die unter der Bezeichnung Kulturkampf in die Geschichte eingegangen sind.

Wie schon Ulrich von Hutten 1520 in seinem Sendschreiben an Kurfürst Friedrich den Weisen Arminius als Vorbild für den von ihm geforderten „Pfaffenkrieg" gepriesen hatte, so diente Arminius jetzt erneut als Leitbild im Kampf gegen das päpstliche Rom.[13] Besonders deutlich brachte dies das satirische Wochenblatt „Kladderadatsch" mit einer Karikatur zum Ausdruck, die am Tage der Einweihung des Hermannsdenkmals erschien. Darauf sieht man im Hintergrund den Petersdom, über dem sich dunkle Wolken zusammenbrauen, und im Vordergrund die Gestalten von Arminius und Luther mit dem gemeinsamen Text „Gegen Rom" und unter Arminius die Worte „Ich habe gesiegt" und unter Luther „Ich werde siegen" (Abb. 15).

Auch in Literatur, Kunst und Musik hatte Arminius jetzt Konjunktur. Die Flut von Hermannsdramen, Hermannsgedichten und Hermannsromanen überstieg die aus der 1. Hälfte des 19. Jahrhunderts noch deutlich. Doch keines dieser Werke erreichte die Qualität der Dramen von Kleist und Grabbe. Aus der Vielzahl seien einige herausgegriffen: Ein Carl Preser schrieb „Das Arminslied", ein Epos von 21 Gesängen in klappernden Nibelungenstrophen. Ernst Ege verfaßte ein Festspiel in vier Abteilungen „zur 25jährigen Jubelfeier der Kaiserproklamation" mit dem Titel „Germania", das in der ersten Abteilung „in dem üblichen greulichen Festspielstil"[14] Armins Ende behandelt. Richard Böger schrieb einen „Sang aus dem alten Cheruskerlande" mit dem Titel „Hermann, Deutschlands Held", der immerhin zwei Auflagen erreichte. Carl Ulrich verfaßte eine Trilogie „Die Cherusker", deren drei hölzerne Spiele „Segest", „Thusnelda" und „Hermann" betitelt sind, und Fr. Henkel schrieb „Hermann und die Cherusker, ein deutsches Trauerspiel in fünf Aufzügen", ebenfalls ohne dichterischen Wert.[15]

Von größerer Bedeutung für die Verbreitung der Arminius-Verehrung waren die erzählende Jugendliteratur und populärhistori-

sche Werke, die jetzt in großer Zahl erschienen. Sie zeigten eine ausgesprochen pädagogische Tendenz der Erziehung zu nationalem
Handeln und Fühlen. So richteten sich die in hoher Auflage
erschienenen Bücher Leupolds und Luise Pichlers ausdrücklich an
„Deutschlands Jugend" mit der Aufforderung, sich sowohl dem
„deutschen Helden Arminius" wie auch den „Siegen von 1870"
würdig zu erweisen.[16]

Sind diese zahlreichen literarischen Bemühungen nur ein Beleg
für die anhaltende Arminiuseuphorie, so entwickelte sich Kleists
„Hermannschlacht" zum Inbegriff des nationalen Festspiels. Sie
wurde u. a. 1863 in Leipzig zum 50. Jahrestag der Völkerschlacht
bei Leipzig, 1880 in Königsberg zum 10. Jahrestag der Schlacht von
Sedan und 1913 wiederum in Leipzig zur Einweihung des Völker-
schlachtdenkmals anläßlich des 100. Jahrestages der Schlacht in
Anwesenheit Kaiser Wilhelms II. und zahlreicher deutscher Könige
und Fürsten aufgeführt.

Kaiser Wilhelm II., der Prunk und Pomp und alles Militärische
liebte und gern alte Schlachtberichte las, war selbstverständlich auch
ein großer Arminiusverehrer. Er kleidete sich gern in Phantasieuni-
formen und schmückte sich dabei auch mit einem Flügelhelm. Allerdings trug sein Helm nicht nur Adlerschwingen wie der von Bandels
Hermann, sondern einen vollständigen Adler mit ausgebreiteten
Schwingen, der zudem eine kleine Krone auf dem Kopf trug.

Sehr ausführlich widmeten sich die Künstler dem Nationalhelden Arminius. In keiner anderen Epoche sind derart viele Gemälde
zu diesem Thema entstanden wie im Kaiserreich. In Krefeld schuf
Peter Janssen zwischen 1870 und 1873 zur Ausschmückung des
Ratssaales des Krefelder Rathauses einen ganzen Arminiuszyklus,
nämlich neun Monumentalgemälde, die folgende Themen zum
Gegenstand haben:

1. Germania, dem Heere siegreich vorausschwebend.
2. Der siegreich vordringende Hermann.
3. Der zurückweichende Varus.
4. Thusnelda im Triumphzug des Germanicus.
5. Marbod im Gefängnis zu Ravenna.
6. Flavus verweigert Arminius die Gefolgschaft.
7. Totenfeier Hermanns.

8. Segimund greift für Arminius zu den Waffen.
9. Germania hindert Drusus am weiteren Eindringen nach Germanien.

Stadtverwaltung und Kunstverein hatten zunächst gewünscht, daß der Ratssaal mit Motiven zur Stadtgeschichte ausgemalt werde. Als aber nach zwei Ausschreibungen keiner der eingereichten Entwürfe den Ansprüchen der Jury genügte, man aber von dem außer Konkurrenz vorgelegten Armininiuszyklus Peter Janssens begeistert war, veranstaltete man eine dritte Ausschreibung ohne Themenvorgabe, um Janssen den 1. Preis und damit den Auftrag zukommen zu lassen.

Die Wandbilder, von denen die vier größten 3,40 x 4,13 m messen, wurden mit Wachsfarben auf Leinwand ausgeführt. Nach Janssens Vorstellung sollte sein Zyklus „der Aufgabe der Kunst gemäß auch bildend auf die Menschen wirken, indem ich, anschließend an die damaligen Zeitverhältnisse" – d.h. den deutsch-französischen Krieg von 1870/71 – „die Folgen der Einigkeit und die der Uneinigkeit und Vaterlandslosigkeit zur Anschauung brachte."[17] Was Einigkeit vollbrachte, zeigen die beiden Schlachtbilder, auf dem einen der auf einem Schimmel heranstürmende Arminius umgeben von vorwärtsstürmenden Germanen, auf dem anderen Varus auf einem sich aufbäumendem Rappen, inmitten von Kampfgetümmel und wehklagenden Frauen und Kindern. „Schimmel und Rappe oder Weiß und Schwarz sind nicht austauschbar, sondern deuten den Vorgang als Sieg des Lichten über das Dunkel."[18]

Was andererseits „Uneinigkeit und Vaterlandslosigkeit" bewirken, zeigt das Bild „Thusnelda im Triumphzug des Germanicus". „Thusnelda mit dem Sohn auf dem Arm führt den Triumphzug als wichtigste Gefangene an. Der unmittelbar hinter ihr gehende junge Mann mit dem gesenkten Kopf wird ihr Bruder Segimund sein. Links im Hintergrund erblickt man den gekrönten Imperator mit den fünf Kindern auf dem von einem Pferdeführer gelenkten Triumphwagen, rechts, etwas weiter vorne, Segest, dem ein Römer die Bürgerkrone aufsetzen will. Dahinter huldigen Zuschauer dem Imperator, indem sie Laubkränze schwingen. Zwischen Thusnelda und dem Triumphwagen sowie vor dem Ehrensitz des Segest drohen Germanen mit gefesselten Fäusten dem Verräter."[19]

Das Rathaus in Krefeld wurde im 2. Weltkrieg zerstört. Die Bilder Janssens konnten jedoch rechtzeitig in Sicherheit gebracht werden. Sie befinden sich heute auf Tonnen gerollt in sehr schlechtem Zustand im Keller des Kaiser-Wilhelm-Museums in Krefeld, und es besteht auf absehbarer Zeit keine Aussicht, sie wieder zugänglich zumachen oder auch nur zu fotografieren.[20]

In Hildesheim stattete Hermann Prell zwischen 1889 und 1892 das Rathaus mit sechs riesigen Fresken aus, die zwar lokale Begebenheiten zum Gegenstand hatten, zugleich aber mit Höhepunkten der deutschen Geschichte verknüpft waren. Die Entwürfe wurden Kaiser Wilhelm II. zur Genehmigung vorgelegt, und der preußische Staat finanzierte das umfangreiche Bildprogramm. Eines der Bilder mit dem Titel „Hermann der Cherusker übergibt den erbeuteten Silberschatz der Priesterschaft am Galgenberge" (Abb. 17) bezieht sich auf die sensationelle Entdeckung vom Oktober 1868, als preußische Soldaten bei der Anlage eines Schießplatzes auf dem Galgenberg südöstlich von Hildesheim auf ein kostbares, silbernes römisches Tafelgeschirr stießen, von dem man damals annahm – und heute wieder annimmt[21] – daß es sich um Beute aus der Varusschlacht handelt, die hier als Opfergabe für die Götter niedergelegt wurde. Allerdings wirkt das Bild wenig überzeugend. Abgesehen von der gestelzten Theatralik, die dem Stil der Zeit entspricht, paßt das mädchenhafte Gesicht des Arminius nicht zum Bild eines großen Kriegshelden. Leider existieren diese Fresken Hermann Prells nicht mehr. Sie fielen dem verheerenden Bombenangriff vom Frühjahr 1945 zum Opfer, durch den die gesamte historische Altstadt Hildesheims vernichtet wurde.

Hingegen ist das Monumentalgemälde „Thusnelda im Triumphzug des Germanicus" des bekannten Malers Karl Theodor von Piloty noch heute zu bewundern (Abb. 20). Das Bild mit den Maßen 4,90 x 7,10 m, das 1873 im Auftrage des Bayernkönigs Ludwig II. entstand, befindet sich in der Neuen Pinakothek in München. Der zu seiner Zeit hoch angesehene Künstler Karl von Piloty war ab 1874 Direktor der Münchner Akademie. Zu seinen Schülern gehörten u. a. Defregger, von Lenbach, Makert und Max. Das Bild zeigt die lichtüberflutete Gestalt der würdevoll schreitenden, in ein langes weißes Gewand gehüllten Thusnelda, die ihren rechten Arm schützend um ihren kleinen, neben ihr gehenden Sohn Thumelicus legt, gefolgt von weiteren gefangenen germanischen Frauen und umringt von römischen Soldaten. Der ganze Zug zieht an einer Tribüne vorüber, auf der Germanicus thront, umgeben von einer illustren römischen Gesellschaft.

Ein weiteres Monumentalgemälde befindet sich in der Aula des Bessel-Gymnasiums in Minden. Es ist das 1882 von Paul Thumann geschaffene Bild „Heimkehr der Deutschen aus der Schlacht im Teutoburger Wald", auf dem der triumphale Empfang Hermanns und seiner Mannen nach dem Sieg über die Legionen des Varus eindrucksvoll dargestellt ist (Abb. 19). Die Mitte des Bildes füllt die Gestalt des Arminius. Er ist als einziger beritten und wirkt dadurch sehr dominierend. Auf einem kraftvollen Schimmel sitzend, in voller Rüstung, die Streitaxt in der rechten Faust haltend, geschmückt mit einem Flügelhelm, blickt er selbstbewußt, ernst und entschlossen auf seine jubelnden Landsleute. Ihn begleiten seine ebenfalls jubelnden Krieger zu Fuß, die zahlreiche römische Beutestücke, darunter auch einen Legionsadler, in die Höhe recken.

Dieses Gemälde ist ebenso wie das Wandfresko Hermann Prells im „Bildersaal deutscher Geschichte" abgebildet, einem 1890 herausgegebenen schwergewichtigen, volkstümlichen Werk im DIN A3-Format mit dem Untertitel „Zwei Jahrtausende deutschen Lebens in Bild und Wort" mit 483 Abbildungen und 48 Kunstbeilagen „nach Originalen hervorragender Künstler", herausgegeben von Adolf Bär und Paul Quensel und erschienen in der Union Deutsche Verlagsgesellschaft Stuttgart, Berlin, Leipzig. Es war ein sehr beliebtes Buch, das in keinem Haushalt des gebildeten Bürgertums fehlen durfte. Es konnte in 50 Einzellieferungen zu je 30 Pfennigen oder als fest gebundener Sammelband zu 15 Mark erworben werden. Außer den beiden schon erwähnten und besprochenen Bildern enthält es noch Abbildungen von zwei weiteren Gemälden zum Arminiusthema, nämlich „Arminius bei der Seherin vor der Entscheidungsschlacht mit Germanicus" von Ferdinand Leeke (Abb. 18) und „Thusnelda wird von ihrem Vater Segest dem römischen Feldherrn Germanicus übergeben" von Richard Böhm.

Das erstere Bild zeigt Arminius in Begleitung zweier Krieger, vor einer weißgewandeten germanischen Priesterin stehend, die mit vorgestreckten Armen und einem wie in Trance in die Ferne gerichteten Blick ihre Weissagung spricht. Die Gruppe steht vor einem steinernen Altar, der sich unter einer mächtigen Eiche befindet. Im Hintergrund sieht man die Erhebungen des Weserberglandes, in der Tiefe den Strom und am Himmel, hinter Wolken hervorlugend, den Vollmond. Auffallend ist, daß, seitdem Bandel seinem Hermann einen Flügelhelm aufgesetzt hat, Arminius grundsätzlich nur noch mit Flügelhelm, meistens mit echten Adlerschwingen, dargestellt wird.

Das Gemälde von Richard Böhm zeigt in der Bildmitte die mächtige Gestalt des Segestes in voller Rüstung mit darüber geworfenem Wolfsfell. Er kehrt dem Betrachter den Rücken zu, während sein Kopf, auf dem er einen Helm mit Adlerschwingen und Büffelhörnern trägt, dem links von ihm stehenden Germanicus zugewandt ist. Dieser blickt dem Segestes mit harter, unerbittlicher Miene voll ins Gesicht. Er trägt den römischen Paradehelm. Hinter ihm drängen sich römische Soldaten. Die rechte Bildhälfte zeigt Thusnelda in der Haltung, wie Tacitus sie beschrieben hat: „Keine Träne rann über ihre Wangen, keine Bitte erniedrigte ihren Mund. Sie preßte in dem Bausch ihres Gewandes ihre Hände zusammen und blickte stumm auf ihren schwangeren Leib." Sie ist umringt von wehklagenden Frauen. Das Vorwort zu diesem Bild- und Geschichtswerk schmückt eine Abbildung des Hermannsdenkmals von Bandel.

Im Lippischen Landesmuseum in Detmold ist ein großformatiges Ölgemälde von Johannes Gehrts aus dem Jahre 1884 zu sehen. Es trägt den Titel „Armin verabschiedet sich von Thusnelda" und zeigt Arminius als gerüsteten Krieger, dessen entschlossener Blick bereits die Konzentration auf die bevorstehende große Aufgabe verrät, während die liebliche Thusnelda, deren lang wallendes Blondhaar bis zum dolchbesetzten Gürtel reicht, ihre Arme um Armins Schultern legt. Ihr nur im Profil zu sehendes Gesicht drückt zärtliche Zuneigung und Sorge aus (Abb. 21).

Neben diesen künstlerischen Huldigungen für Arminius gab es aber auch in dieser Epoche Spott und Belustigung über den ausufernden Hermannskult. So erschienen seit Ende des Jahrhunderts in satirischen Zeitschriften zunehmend Karikaturen Hermanns, von denen eine ganze Anzahl im Westfälischen Landesmuseum für Kunst und Kulturgeschichte in Münster aufbewahrt werden.

Auch in der Musik hatte Hermann der Cherusker weiterhin Konjunktur. So entstanden während des Kaiserreiches sieben weitere Arminiusopern, darunter auch eine des bekannten Komponisten Max Bruch. Sogar der Jurist und Historiker Felix Dahn, Professor der Rechte in Würzburg, später in Königsberg und Breslau, vor allem bekannt durch seinen historischen Roman vom Untergang der Ostgoten „Ein Kampf um Rom", betätigte sich als Librettist. Seine Oper „Armin" wurde von Heinrich Hofmann vertont und 1872 in Dresden uraufgeführt.

Zum absoluten Höhepunkt des Arminiuskultes wurde dann die Neunzehnhundertjahr-Feier der Schlacht im Teutoburger Wald im Jahre 1909 (Abb. 22), zu der allein von auswärts mehr als 50.000 Besucher anreisten. Sie war ein riesiges, zehntägiges Volksfest, das vom 14.-23. August in Detmold gefeiert wurde. Es stand im Gegensatz zu früheren Feiern am Hermannsdenkmal nicht unter einem politischen Motto wie Freiheit und Einheit, denn beides hatte man längst ereicht. Die Reichsgründung Bismarcks lag fast 40 Jahre zurück. Nur noch die Alten konnten sich daran erinnern. Man lebte stolz und zufrieden als Angehöriger einer großen Nation, einer Weltmacht, deren Kaiser versprochen hatte, sein Volk „herrlichen Zeiten" entgegenzuführen. Und man lebte im Einklang mit der großen Vergangenheit unseres Volkes. Am Anfang unserer Geschichte standen Arminius und seine Befreiungstat, und allein diese wollte man feiern und sich dabei zugleich mit den Vorfahren, auf die man so stolz war, identifizieren.

So bildete der große Germanenzug durch die Stadt Detmold am Vormittag des 15. August den Höhepunkt der Festtage. Er bestand aus 900 Personen mit 200 Pferden und Zugtieren und sollte in seinem ersten Teil „den Siegeszug der Deutschen nach der Schlacht im Teutoburger Wald darstellen, im zweiten ein anschauliches Bild des Lebens der alten Germanen und ihrer Kultur geben," so die Festordnung. Um eine Vorstellung von dem Aufwand und Engagement zu geben, mit dem dieser Germanenzug gestaltet wurde, soll seine Zusammensetzung hier im einzelnen wiedergegeben werden.[22]

241

Alter Germane in Wehr und Waffen.

Germanischer Heerrufer, das Urhorn blasend.

Wagen der Wala (Seherin), die den Germanen-Ältesten den glücklichen Ausgang des Kampfes prophezeit.

Germanische Reiter in voller Kriegsrüstung.

Reiter mit dem germanischen Feldzeichen, Pferdeschädel und wehendem Fisch, gefolgt von römischen Fanfarenbläsern zu Pferde, die dem Siegeszug der Germanen vorspielen müssen. Diesen, da gefangen, gehen als Bewachung Germanen mit Lanzen und Schild zur Seite.

Festlich geschmückte Kinder, Knaben und Mädchen, die dem siegreichen Heere entgegengezogen sind, tragen Eichenzweige und grüne Eichenkränze im offenen wallenden Haare und singen Siegeshymnen

Germanische Reiter, hier und da einer mit Bast die Wunden verbunden, folgen.

Festlich geschmückte Frauen bringen den Kriegern in irdenen Töpfen und Hörnern Met entgegen, einige tragen die Waffen der Verwundeten, andere haben den heimgekehrten Gatten neben sich, zu dem der Knabe an des Vaters Hand stolz emporblickt.

Befreite Gladiatoren, die im Römerheer zur Unterhaltung mitgeführt waren.

Gladiator in Prunkrüstung lenkt die von vier Schimmeln gezogene erbeutete Quadriga.

Germanische Bauern.

Gefangene Römer, unter ihnen Verwundete, von Germanen bewacht.

Deutsche Krieger in buntem Durcheinander, in ihrer Mitte Frauen und Kinder.

Zwei römische erbeutete Karren mit Kriegsbeute, von römischen Gefangenen gezogen, erbeutete herrenlose Pferde nebenherlaufend.

Gefangene Römerinnen und befreite Sklavinnen.

Neugierige Kinder.

Germanen mit römischem Adler, Liktorenbeil und sonstigen Trophäen.

242

Bardensänger.

Jubelnde Kinder mit Eichenzweigen.

Germanen und Frauen. Sie alle jubeln dem nach Vaten (Wahrsa-
gern), Priestern und Priesterinnen folgenden Hermann zu,
der von germanischen Edlen umgeben ist.

Germanen, einige führen herrenlose Römerpferde, und Frauen
folgen.

Tubabläser melden das Nahen des Festwagens Thusnelda. Germanen als Ehreneskorte. Jubelnde Kinder. Ledige Rosse.

Festwagen Walhalla. Die Toten sind in Walhalla eingezogen. Vor
Odins Thron sitzen die gefallenen Helden an glänzender
Prunktafel beim Metgelag. Unter der Weltesche begießen die
drei Nornen die Wurzeln des Weltenbaumes.

Auf dem Wagen: An der Irminsäule opfern germanische Edle,
als Abgesandte Hermanns, den erbeuteten Silberschatz,
wofür der Oberpriester einem derselben einen Eichenzweig
aus dem heiligen Hain für den siegreichen Heerführer über-
reicht.

Kinder, Frauen und Greise bringen Dankopfer. Ein Knabe sein
Lieblingsschaf. Frauen führen Rinder, eine Jungfrau bringt
ihr Geschmeide.

Handwerker, Kinder und Frauen nahen. Sie gehen wieder der
gewohnten Arbeit nach.

Wagen: Schmiede. Am Amboß schmiedet ein blondlockiger
Jüngling sein Schwert, andere härten Lanzenspitzen.

Handwerker, Frauen und Kinder umgeben den Wagen des
Handwerks.

Aulosbläser spielen zum Erntefest auf.

Schnitter und Schnitterinnen ziehen dem Erntewagen voran,
dem Edelherren und Landleute folgen.

Es naht ein Hochzeitszug.

Wagen: Germanische Trauung.

Helle Urhörner erschallen. Treiber mit Hunden nahen. Jäger zu
Pferde. Germanen tragen einen erlegten Hirsch und Bären.

Germanen mit Jagdspießen. Sie kommen von der Saujagd, denn
auf dem Schlitten liegt der erlegte Eber. Es folgen Germanen
mit Fang- und Angelgeräten. Auf dem Wagen: Einbaum (aus-

243

gehöhlter Baumstamm). Im Boot eine Frau beim Netzflicken und Fischer im Begriff, das Netz auszuwerfen.

Lustige Musik ertönt. Eine Musikbande aus dem Süden spielt zum Tanz auf.

Germanen führen wacker das Methorn und lassen sich vom folgenden Wagen Metbrauerei immer wieder das köstliche Naß reichen. Es folgen Germanen auf der Wanderung. Und als Schluß des Festzuges

Erinnerungs-Wagen an den Schöpfer des Hermannsdenkmals. In den figürlichen Darstellungen dieses Wagens: Sage und Geschichte am Brunnen der Zeit, vortragender Barde, erzählender Landmann, soll versinnbildlicht werden, wie die Geschichte der Hermannsschlacht durch der Jahrhunderte Lauf erhalten geblieben und bis auf unsere Tage gekommen ist, um nun, von Ernst von Bandel in Stein und Erz geschrieben, im Gedächtnis der Deutschen auf immer lebendig zu bleiben."

In Anbetracht dieser Aufzählung bedauert man geradezu, daß es damals noch kein Fernsehen gab. Die Kassette mit der Aufzeichnung dieses Germanenzuges fände heute bestimmt großes Interesse bei Folkloreanhängern einerseits und Spöttern andererseits. In jedem Falle bekämen wir einen unmittelbaren Eindruck vom Lebensgefühl unserer Urgroßeltern und ihrem Verständnis der germanisch-deutschen Frühgeschichte.

Veddeler schreibt dazu:[23] „Heute mag man über diese Zusammenballung von eichenbekränzten, mettrinkenden und jubelnden Fellgermanen lächeln und den Festzug, der in seiner Ausstattung durch Schulbuchwissen und Phantasie geprägt ist, in die Kategorie „nationaler Kitsch" einordnen, der Zug fand jedoch, wenn man einer zeitgenössischen Pressestimme Glauben schenken darf, ‚die einhellige Bewunderung aller jener, die ihn zu sehen Gelegenheit gehabt haben.'"

Am Nachmittag desselben Tages fand am Hermannsdenkmal oben auf der Grotenburg die zentrale Feier statt. Festredner war der bekannte und allseits anerkannte Historiker Hans Delbrück, Professor an der Universität Berlin und zeitweise Mitglied des Deutschen Reichstages, der seine auf hohem Niveau stehende Rede wie folgt begann:

„Deutsche Jugend, Männer und Frauen! Mit allem, was Deutsch spricht und denkt, fühlen wir uns in diesem Augenblick in unserem Volkstum zu einer höheren Einheit verbunden. Aber nicht nur mit den Zeitgenossen verbindet uns diese höhere Einheit, sondern ebenso sehr mit den Geschlechtern der Vergangenheit. Ein Volk ist nicht nur um so größer und reicher, je mehr und je bessere Persönlichkeiten es in der Gegenwart zählt, sondern auch je mehr Generationen von Vorfahren es überschaut, Taten von ihnen erzählen, Gestaltungen in der Erinnerung nacherleben kann. Der Reichtum seiner Geschichte ist vielleicht das kostbarste Stück in der Schatzkammer eines Volkes, so kostbar, daß selbst in den Tagen des Niederganges und einer ärmlichen Gegenwart ein Volk immer noch davon sich nähren und sein Selbstbewußtsein erhalten kann. Es sagt noch nicht genug jenes schöne Wort: „Wohl dem, der seiner Väter gern gedenkt." Es sagt noch nicht genug, denn für ein Volk ist es noch nicht viel mehr als eine wohltuende Empfindung, wenn es seiner Väter gedenkt: es ist ein unentbehrlicher Teil seines Bewußtseins, eines der Elemente seines geistigen Daseins. Unserm Volke aber ist es gegeben, vor andern auf eine besonders reiche Geschichte zurückblicken zu können, deshalb, weil sie ununterbrochen von den Urwäldern und ihrer barbarischen Wildheit sich von Stufe zu Stufe verfolgen läßt bis zu den höchsten Gipfeln der Kultur."

„Im weiteren Verlauf der Rede ging Delbrück auf die Ereignisse des Jahres 9, auf die Schlacht im Teutoburger Wald ein. Zum Schluß wies er darauf hin, daß die deutsche Kultur erst durch die Synthese von germanischem Geist, römischer Kultur und christlichem Denken entstehen konnte, und erteilte damit der einseitigen Germanenverherrlichung eine Absage.

An die Festrede schloß sich das eigens für die Feier geschaffene Festspiel „Hermann der Cherusker" von A. Weweler aus Detmold in der Umwallung des kleinen Hünenringes an, bei dem ein Massenaufgebot von 100 Darstellern, 300 Sängern und 60 Musikern in Erscheinung trat."[24]

Die übrigen Festtage waren ausgefüllt mit Theatervorstellungen, Konzerten, Sportveranstaltungen und Jubel, Trubel, Heiterkeit. Es war ein großes Volksfest, an dem sich die Deutschen in glücklichem und stolzem Einverständnis mit ihrer Geschichte befanden.

# Arminius in der Ideologie
# des Nationalsozialismus

Man sollte meinen, daß während der NS-Zeit, als von offizieller Seite alles Germanische verherrlicht und der „nordische Mensch" als Herrenmensch gepriesen wurde, auch der Kult um Arminius einen neuen Höhepunkt erreicht hätte. Interessanterweise war dies aber nicht der Fall. Das hatte verschiedene Gründe.

Zunächst hatte sich nach dem verlorenen 1. Weltkrieg und dem Ende des Kaiserreiches für die Mehrheit der Deutschen das nationale Selbstverständnis verändert. Dem zufriedenen Stolz, Angehöriger einer Weltmacht zu sein, deren Größe und Stärke als logische Folge ihrer ruhmreichen Geschichte begriffen wurde, war die Basis entzogen worden. An seine Stelle trat eine schmerzhafte Ernüchterung. Zwar sah man die Geschichte des deutschen Volkes, insbesondere auch die germanische Epoche und die Taten des Arminius, weiterhin unverändert positiv, aber die persönliche Identifizierung mit diesen Ruhmestaten, wie dies zuvor insbesondere während der Kaiserzeit der Fall gewesen war, fand bei der Mehrheit der Deutschen nicht mehr statt. Offenbar bedurfte es dazu einer naiven Selbstzufriedenheit, zu der man jetzt keine Veranlassung mehr hatte.

Allerdings rief das Unrecht des Versailler Friedensvertrages und der These von der alleinigen Kriegsschuld der Deutschen eine Trotzreaktion hervor, die verbunden mit der Dolchstoßlegende nicht nur den Rechten Zulauf verschaffte, sondern auch die Tendenz förderte, auf alten Positionen zu beharren. Liest man die Publikationen, die 1925 aus Anlaß des 50. Jahrestages der Einweihung des Hermannsdenkmals erschienen,[1] dann gewinnt man den Eindruck, daß sich an der Beurteilung und Wertschätzung des Arminius und seiner Taten nichts geändert hat. Schon die offiziellen Grußworte, die der Festschrift vorangestellt sind, zwanzig an der Zahl, bestätigen dies. So schreibt der Reichspräsident von Hindenburg:

„Ein einiges und freies deutsches Volk konnte am 16. August 1875 die Weihe des Denkmals begehen, das Ernst von Bandel in jahrzehntelanger, harter und schwerer Arbeit dem Manne geschaffen hatte, dessen ganzes Sinnen und Trachten der Befreiung seines Vaterlandes galt. Das Denkmal des Cheruskers auf der Grotenburg ist ein Nationalgut des deutschen Volkes geworden. Möge es eine Mahnung sein für jeden Deutschen, seine ganze Kraft einzusetzen zum Wiederaufbau unseres schwer geprüften Vaterlandes; und möge es uns auch daran erinnern, daß wir dieses Ziel nur durch Einigkeit erreichen können!"

Und der Reichskanzler Dr. Luther schreibt:

„Mit Freude gedenken wir des Tages, an dem vor 50 Jahren das Denkmal Hermann des Befreiers seine Weihe empfing. Von Ernst von Bandel in der aufopferungsvollen Arbeit eines Menschenalters geschaffen, ist es zum Wahrzeichen deutscher Einheit und deutscher Freiheit geworden – eine stolze Erinnerung an Deutschlands Vergangenheit, eine stete Mahnung an das lebende Geschlecht und seine Nachfahren."

Besonders deutlich äußert sich der Reichswirtschaftsminister Neuhaus:

„In Zeiten der Not und der Bedrückung schaut ein Volk zurück in die Geschichte, um Mut zu schöpfen an den Vorbildern vergangener Zeiten. Die großen deutschen Führer steigen wieder aus dem Grabe. Hermann, der Cherusker, wird uns zum Ideal – als Führer der Idee, daß Einigkeit Stärke bringt –. Nur die Idee des Staates, der Einheit des Reiches wird auch uns die Kraft verleihen, die drückenden Aufgaben zu erfüllen und die Notzeit zu überwinden."

Ähnlich lauten die übrigen Grußworte. Und auch der Inhalt der wissenschaftlichen Beiträge, die sich etwa zur Hälfte mit Arminius, der Varusschlacht und seiner Epoche und zur anderen Hälfte mit der Geschichte des Denkmals befassen, unterscheiden sich wenig von ähnlichen Beiträgen zur Kaiserzeit. Das Geschichtsbild ist identisch. Zwar fehlt der unschuldige Enthusiasmus, aber Stolz klingt überall durch. Auffallend ist, daß alle Beiträge und alle Grußworte die Einigkeit der Deutschen beschwören, so daß man den Eindruck gewinnt, als bestünde die Hauptursache der deutschen Misere in der deutschen Zwietracht. Angesichts dieser

Appelle verwundert und befremdet es, daß sich die Arminiusverehrer nicht einmal zu einer gemeinsamen Feier aufraffen konnten. So
zerfiel die Jubiläumsfeier in drei Teile: Vom 1.-3. August feierten
die Sängerbünde, am 8. u. 9. August die Vaterländischen Verbände –
das waren Stahlhelm und Jungdeutscher Orden – und vom 16.-18.
August die Deutsche Turnerschaft. Letztere wollte mit ihrem
„Hermannslauf" erneut den Willen des deutschen Volkes zur Einheit demonstrieren. Von allen Grenzen des Reiches, von Ostpreußen bis zum Saarland und von Flensburg bis Füssen, starteten
Läuferstaffeln, an denen sich insgesamt 120.000 Turner beteiligten
und deren Schlußläufer alle am 16. August 1925 am Hermannsdenkmal zusammentrafen.

Zweimal, nämlich am 9. und 16. August wurde die „Hermannsschlacht" von Heinrich von Kleist aufgeführt.

Das Geschichtsbild, das diese Festbeiträge widerspiegeln, ist das
gleiche, das an den Universitäten und Gymnasien der Jugend vermittelt wurde und bis 1945 unverändert blieb, jedenfalls soweit es
Arminius betrifft. Was das allgemeine Germanenbild nach 1933
entscheidend veränderte, war die Verbindung der Germanen mit
dem nationalsozialistischen Rassismus. Kern des nationalsozialistischen Rassismus war der Antisemitismus. Hitler hatte bereits in
seiner 1924 verfaßten Programmschrift „Mein Kampf" die Juden
für alles Unglück dieser Welt verantwortlich gemacht, und ihre
Entmachtung, dann Isolierung und Brandmarkung und schließlich
ab 1941 ihre Vernichtung war eines der Hauptziele seiner Politik.
So richteten sich die Nürnberger Rassengesetze von 1935 vor allem
gegen die Juden. Durch diese Gesetze wurden die sog. Nichtarier
ausgegrenzt und entrechtet. Der ursprünglich ethnologisch-
sprachwissenschaftliche Begriff des Ariers war in der 2. Hälfte des
19. Jahrhunderts in die politische Diskussion eingeführt worden
und bezeichnete die nichtjüdische weiße Rasse. Nach der damals
von J. A. Comte de Gobineau und H. S. Chamberlain entwickelten
Rassenideologie galten die Arier, basierend auf dem Überlegen-
heitsbewußtsein der Europäer bei ihrer kolonialen Ausbreitung
über die ganze Welt, als die höherstehende Rasse.

Der Rassismus der Nationalsozialisten war aber noch weiterge-
hend. Himmler und seine SS wollten nicht nur die Juden vernichten,

sie wollten gleichzeitig das deutsche Volk – jedenfalls auf längere Sicht – reinrassig züchten – siehe u. a. Lebensborn e.V. und Nationalpolitische Erziehungsanstalten – entsprechend dem von ihr propagierten nordischen Menschentyp. Darunter verstanden sie den idealen Germanen: äußerlich groß, stark, blond und blauäugig, und charakterlich treu, aufrichtig, gehorsam und opferbereit. Vor allem sollte er ein unerschrockener, todesmutiger Kämpfer sein, der sich bereitwillig für Volk und Vaterland opferte. Der heldische Mensch wurde der Jugend des 3. Reiches als Ideal gepriesen, und die Germanen, von den Kimbern und Teutonen bis zu den Sachsen unter ihrem Herzog Widukind, wurden als große Helden dargestellt.

Es wäre daher nur konsequent gewesen, wenn Arminius als *der* deutsche Nationalheld im Mittelpunkt dieser Germanenverehrung gestanden hätte. Daß dies nicht der Fall war, lag an Hitler persönlich. Hitler waren Freiheitskämpfer suspekt. Seine Idole waren Machtmenschen, die mit unerbittlicher Härte ihr Reich schmiedeten und die er um so mehr bewunderte, je rücksichtsloser sie handelten. Seine größte Bewunderung galt Karl dem Großen,[2] aber auch von den mittelalterlichen deutschen Königen und Kaisern, von Heinrich I. bis Friedrich Barbarossa sprach er mit größter Hochachtung. So erklärte er in seinen Tischgesprächen: „Die Kaisergeschichte ist das gewaltigste Epos, das – neben dem alten Rom – die Welt je gesehen hat."[3] In diesem Zusammenhang äußerte er sich auch über den Schweizer Freiheitshelden Wilhelm Tell verächtlich. Er meinte, Schiller hätte sich lieber der deutschen Kaisergeschichte annehmen sollen, statt „diesen Schweizer Heckenschützen" zu verherrlichen.

Im übrigen teilte Hitler nicht die Germaneneuphorie seiner Trabanten, sondern bewunderte die Größe der antiken Kultur und die staatsmännische Leistung der Römer: „Die eigentlichen Kulturträger nicht nur in den letzten Jahrtausenden vor Christus, sondern auch im 1. Jahrtausend nach Christi Geburt sind die Mittelmeerländer gewesen."[4] Dennoch war er überzeugt, daß die germanische Rasse allen anderen Rassen überlegen sei.

Aufgrund des für ihn typischen Halbwissens hatte Hitler nur ein verschwommenes Bild von Arminius. In seinen Tischgesprächen kommt er nur zweimal kurz auf ihn zu sprechen. Beim ersten Mal behauptet er,[5] Arminius sei Kommandeur der 3. Römischen Legion gewesen – was natürlich falsch ist – und nur aufgrund dieser soldatischen Ausbildung und Erfahrung habe er die Römer schlagen können. Hätten die Römer die Germanen nie in ihr Heer geholt, wären diese auch nie in der Lage gewesen, die Römer zu schlagen. Dabei übersieht er oder weiß es vielleicht auch nicht, daß bereits 120 Jahre vorher die germanischen Kimbern und Teutonen, ohne jemals römische Soldaten gewesen zu sein, römische Heere vernichtend geschlagen haben.

Das zweite Mal[6] bezeichnet er Arminius als den ersten deutschen Einiger und lobt an ihm die Härte, mit der er hierbei nach seiner Meinung vorgegangen sei.

Auch über die Schlacht im Teutoburger Wald hatte er eine eigenartige Vorstellung. So erklärte er seinen Tischgenossen:[7]

„Es hat in der Weltgeschichte bislang nur drei Vernichtungsschlachten gegeben: Cannae, Sedan und Tannenberg. Wir können stolz darauf sein, daß zwei davon von deutschen Heeren erfochten wurden. Dazu kommen jetzt unsere Schlachten in Polen, im Westen und heute im Osten. Alles andere sind Verfolgungsschlachten, auch Waterloo. Von der Schlacht im Teutoburger Wald machen wir uns falsche Vorstellungen; Schuld daran ist die Romantik unserer Geschichtsprofessoren: Im Wald konnte man damals so wenig wie heute Kämpfe führen."

Gleichwohl wollte er diese Schlacht zur Demonstration deutscher Überlegenheit mit heranziehen. 1940 gab er für die Ausschmückung der Marmorgalerie der neuen Reichskanzlei acht riesige Gobelins in den Maßen 5,40 x 10 m in Auftrag, auf denen acht siegreiche Schlachten der deutschen Geschichte dargestellt werden sollten, beginnend mit der Hermannsschlacht. Hier sollte der Krieg als „geistiges Prinzip" verherrlicht werden. „In diesem Kontext haben die beiden bis in die Weimarer Republik wirksamen Grundsätze politischer Ethik, nämlich Einheit und Freiheit, für die die Arminiusgeschichte seit nahezu einem halben Jahrtausend das historische Modell abgegeben hatte, keinen Raum."[8] Der Entwurf von Werner Preiner zu dem Gobelin „Die Hermannsschlacht" zeigt vor dem Hintergrund eines dichten Eichenwaldes ein chaotisches, dichtes Schlachtgetümmel mit einem Massenaufgebot dichtgedrängter, aufeinander einschlagender Krieger, umstürzenden römischen Wagen und zahlreichen Toten. Der untere Bildrand ist mit dem NS-Symbol versehen, dem Reichsadler mit dem eichenumkränzten Hakenkreuz in den Fängen.[9]

Zu Hitlers distanzierter Haltung zu Arminius hat vermutlich auch beigetragen, daß Arminius seine Gefolgschaftstreue gegenüber den Römern gebrochen hat, denn für Hitler hatte der Soldat blind zu gehorchen, ganz gleich was von ihm verlangt wurde.

Auch einem anderen germanischen Freiheitskämpfer versagte Hitler seine Gunst, nämlich dem Sachsenherzog Widukind, der sich dreizehn Jahre lang mit wechselndem Erfolg gegen die Unterwerfung und Christianisierung seines Stammes durch die Franken unter Karl dem Großen gewehrt hatte. Erst als Letzterer als Vergeltung für die Niederlage in der Schlacht am Süntel im Jahre 782 in Verden an der Aller 4500 Sachsen hinrichten ließ und Widukind fürchtete, daß eine Fortsetzung des Krieges zur völligen Vernichtung seines Stammes führen könnte, gab er den Kampf auf und ließ sich christlich taufen.

Da die Sachsen nicht nur um ihre Freiheit, sondern auch um den Erhalt ihres alten Glaubens gekämpft hatten, wollten nach 1933 NS-Größen, die zu den Anhängern eines germanisch-deutschen Neuheidentums zählten, Widukind in Verden ein großes Denkmal errichten. Die bereits Ende des 19. Jahrhunderts entstandene Bewegung des „Neuheidentums", die im Rückgriff auf die vorchristliche germanische Religion eine für alle Deutschen verbindliche Naturreligion einführen wollte, hatte in dem „Reichsführer SS" Heinrich Himmler, dem „Weltanschauungsbeauftragten" Alfred Rosenberg und dem NS-Landwirtschaftsminister Richard Walter Darrè einflußreiche Anhänger. Der zunächst mit Unterstützung des Münchener Verlegers Julius Friedrich Lehmann verfolgte Plan, am Ufer der Aller ein gigantisches Widukind-Denkmal zu errichten, das in seinen Ausmaßen Bandels Hermannsdenkmal durchaus gleichgekommen wäre, wurde nach dem Tode Lehmanns aufgegeben. Statt dessen wurde am nördlichen Stadtrand Verdens der „Sachsenhain" geschaffen als Gedenkstätte für die 4500 hingerichteten Sachsen. In weitem Umkreis wurden die Bauern verpflichtet, insgesamt 4500 Findlinge heranzuschaffen, die dann von der SS als Wegbegrenzungen rings um einen zentralen Versammlungsplatz aufgestellt wurden. Hier sollten alljährlich unter der Regie der SS neuheidnische Weihefeiern stattfinden. Doch mit der Einweihung dieses „Sachsenhains" im Juni 1935, zu der Himmler und Rosenberg als Festredner auftraten, war seine heidnische und nationalsozialistische Prägung auch schon wieder beendet, weil Hitler seine Trabanten zurückgepfiffen hatte.

Hitler hatte sich auf dem Reichsparteitag in Nürnberg öffentlich zum legitimen Nachfolger Karls des Großen stilisiert und warnte daher Himmler und Rosenberg, den großen Frankenkönig weiterhin als „Sachsenschlächter" zu bezeichnen.[10] Daß dieser 4500 Sachsen hingerichtet hatte, war für Hitler kein Makel, sondern im Gegenteil Ausdruck des von ihm bewunderten harten Durchgreifens. Und daß Widukind und seine Sachsen um ihre Freiheit gekämpft hatten, war für ihn belanglos.

Der Verdener Sachsenhain war damit verwaist. Er wurde nach dem Kriege von der Evangelischen Landeskirche Hannover übernommen, also gewissermaßen christianisiert, und dient seitdem als Naherholungsgebiet.

Bezeichnend für das fehlende Interesse an einer Herausstellung des Freiheitshelden Arminius ist die Tatsache, daß während der NS-Zeit keine einzige Wehrmachts- oder SS-Einheit, kein Feldzugsplan, kein Kommandounternehmen, kein Schiff den Namen Arminius trug,[11] während die Namen vieler anderer großer Gestalten der deutschen und germanischen Geschichte hierfür herangezogen wurden.

Bezeichnend ist ferner, daß der 1933 vom Detmolder Bürgermeister gestellte Antrag, das Hermannsdenkmal zur „nationalen Wallfahrtsstätte" zu bestimmen, von Goebbels abgelehnt wurde.[12] Es gab während der NS-Zeit auch keine spektakulären Großveranstaltungen am Hermannsdenkmal. Ja, 1936 wurde das Hermannsdenkmal auf Anweisung der Reichskanzlei aus dem Programm für Mussolinis Staatsbesuch gestrichen, weil das Denkmal die Gefühle des Duce, der sich als Nachfolger der römischen Cäsaren sah, vielleicht hätte verletzen können.

Daß die Dramen „Hermannsschlacht" von Kleist und Grabbe sich während dieser Zeit besonderer Wertschätzung erfreuten, hatte – wie bereits erwähnt – nur sekundär etwas mit Arminius zu tun. Vielmehr ging es um die Herausstellung besonderer Aspekte, die für die NS-Ideologie nützlich waren und von denen man glaubte, daß sie in diesen Dramen zum Ausdruck kommen. Bei Kleist war es das Muster einer erbarmungslosen Kriegführung, die vor allem während des Krieges im Osten gefordert wurde, und bei Grabbe war es die Einheit von Führer und Volk, obwohl die Einheit, die Hitler verlangte, nämlich Kadavergehorsam entsprechend dem Refrain des Rußlandliedes „Führer befiehl, wir folgen dir", in Grabbes Drama gerade nicht demonstriert wird. Vielmehr sind bei ihm die germanischen Krieger eigenwillige westfälische Bauern, die gerade nicht jedem Wunsch ihres Führers entsprechen.

Insgesamt gesehen hatten die NS-Machthaber ein eher distanziertes Verhältnis zu Arminius,[13] so daß er eine der wenigen großen Gestalten aus der germanisch-deutschen Geschichte ist, die unbelastet durch NS-Verherrlichung diese Epoche überstand.

# Arminius und wir Deutschen von heute

Hitler stürzte mit dem vorsätzlich begonnenen 2. Weltkrieg das deutsche Volk in die größte Katastrophe seiner Geschichte. Am Ende dieses Krieges waren fast zehn Millionen deutsche Soldaten und Zivilisten getötet, ein Vielfaches dieser Zahl verwundet oder verkrüppelt, ganze Familien ausgelöscht, zwanzig Millionen Deutsche unter unsäglichen Leiden aus ihrer Heimat vertrieben, die deutschen Städte lagen in Trümmern, Schutt und Asche, das Deutsche Reich hatte aufgehört zu existieren, sein Staatsgebiet war – soweit es nicht von Polen und der Sowjetunion annektiert worden war – in vier Besatzungszonen aufgeteilt, alle öffentliche Gewalt wurde von den Besatzungstruppen ausgeübt.

„Neben dem unübersehbaren Heer der Toten erhebt sich ein Gebirge menschlichen Leids,

Leid um die Toten,

Leid durch Verwundung und Verkrüppelung,

Leid durch unmenschliche Zwangssterilisierung,

Leid in Bombennächten,

Leid durch Flucht und Vertreibung, durch Vergewaltigung und Plünderung, durch Zwangsarbeit, durch Unrecht und Folter, durch Hunger und Not,

Leid durch Angst vor Verhaftung und Tod,

Leid durch Verlust all dessen, woran man irrend geglaubt und wofür man gearbeitet hatte."[1]

Dieser Diktator mißachtete nicht nur das Lebensrecht anderer Völker, sondern auch das des eigenen Volkes. In der Schlußphase des Krieges erklärte er wiederholt: Wenn das deutsche Volk schon nicht fähig sei, in diesem Krieg zu siegen, dann solle es eben untergehen. Die Jugend, die er dafür begeistert hatte, ihr Leben voll und ganz in den Dienst für Volk und Vaterland zu stellen, verheizte er in sinnlosen Einsätzen. Dreizehn- und Vierzehnjährige verbluteten jämmerlich im Geschoßhagel der alliierten Truppen. Wohl nie zuvor ist so viel Idealismus so schändlich mißbraucht worden.

Aber das war noch nicht alles. „Die meisten Deutschen hatten geglaubt, für die gute Sache des eigenen Landes zu kämpfen und zu leiden. Und nun sollte sich herausstellen: Das alles war nicht nur vergeblich und sinnlos, sondern es hatte den unmenschlichen Zielen einer verbrecherischen Führung gedient."[2] Diese Erkenntnis tötete den letzten Rest von Vaterlandsliebe. Der deutsche Name war für alle Zeiten besudelt. Deutsch war zu einem Schimpfwort geworden, wie Heinrich Böll feststellte.

Diese Generation, die all das erlebt und erlitten hatte, wurde jetzt zur sog. Ohne-mich-Generation. Sie würde nie mehr eine Uniform anziehen, nie mehr in eine Partei eintreten, sich nie mehr für die Allgemeinheit engagieren. Sie zog sich ganz ins Private zurück. Wohl keine Nation hat so abrupt und so gründlich jedem Nationalismus abgeschworen wie die deutsche.

Was sollte, was konnte Arminius diesen Deutschen noch bedeuten? Nichts.

Im übrigen war das ganze Germanenthema infolge seiner Überstrapazierung durch das NS-Regime für Jahrzehnte tabu. Niemand wollte sich ohne Not dem Vorwurf aussetzen, er wärme die NS-Ideologie wieder auf. Auch im Geschichtsunterricht der Schulen wurde dieses Thema bewußt ausgespart. Während man dort in den ersten Jahren nach dem Kriege an demokratische Ansätze in der deutschen Geschichte – 1848 und 1919 – anzuknüpfen versuchte, beschränkte sich der Unterricht später im wesentlichen auf die 12 Jahre NS-Diktatur und da vor allem auf den Holocaust. So wuchs eine ganze Generation Deutscher ohne Kenntnis von den Germanen auf. Würde es das Hermannsdenkmal auf der Grotenburg nicht geben, wäre Arminius von der deutschen Öffentlichkeit völlig vergessen worden. Er wäre dann heute nur noch für einige wenige Geschichtsprofessoren von Interesse.

Als sich 1950 die Einweihung des Hermannsdenkmals zum 75.mal jährte, stand die Hermannsdenkmal-Stiftung daher vor der Frage, ob dieses Jubiläum überhaupt gefeiert werden solle und wenn ja, in welcher Form. Im Interesse des Fremdenverkehrs – das Hermannsdenkmal war seit 75 Jahren das Ausflugsziel der Region – entschloß man sich, einige größere Veranstaltungen durchzuführen, die aber keinesfalls einen politischen Charakter haben sollten. So wurden in der Zeit vom 6. Juli – 20. August 1950 zahlreiche Sportveranstaltungen durchgeführt, Moden- und andere Schauen abgehalten und ein Volksfest gefeiert. Die einzige Veranstaltung, die dann doch einen politischen Charakter annahm, war die Großkundgebung der Vertriebenen. Am 16. Juli 1950 versammelten sich 20.000 Vertriebene am Fuße des Denkmals und demonstrierten für ihre angestammte Heimat und damit zugleich für die Einheit Deutschlands. Während der Regierungspräsident Drake in seinem Grußwort lediglich sein Mitgefühl mit dem Schicksal der Vertriebenen zum Ausdruck brachte, führte der Vorsitzende der Sudetendeutschen Landsmannschaft, Dievock, eine klare Sprache:

„Wir haben keine Rachegefühle oder Rachegelüste! Worauf wir aber nie und nimmer verzichten wollen, werden und können, ist die Wiedergutmachung des an uns begangenen schreienden Unrechts, für das es in der Geschichte kein Gleichnis gibt! Die einzige Wiedergutmachung, die der Vernunft, dem Christentum, der sozialen Gerechtigkeit und vor allem dem Wirtschaftsgedanken entspricht, ist die Rückkehr in die Heimat. Wie diese Rückkehr ermöglicht werden kann, darüber müssen sich jene Herren den Kopf zerbrechen, die das Potsdamer Diktat unterzeichnet haben."

Die Hermannsdenkmal-Stiftung bemühte sich jedoch weiterhin, das Denkmal aus dem politischen Meinungsstreit herauszuhalten. So wurden nationalistische Kundgebungen am Denkmal untersagt,[3] und es wurde ein Passus in die Satzung aufgenommen, wonach das Denkmal auch „im Gedenken an die furchtbaren Weltkriege als Friedensmahnzeichen zu erhalten" sei. Ganz in diesem Sinne entwickelte sich das Denkmal in der Folgezeit zu einer reinen Touristenattraktion. Allerdings war der 2. Weltkrieg auch am Hermannsdenkmal nicht spurlos vorübergegangen. Amerikanische Soldaten hatten im Frühjahr 1945 den Hermann mit Gewehren, Maschinenpistolen und Handgranaten unter Beschuß genommen, so daß die Figur rund 300 Einschüsse aufwies.[4] Besonders das Schwert hatte stark gelitten. Die notwendigen Reparaturen wurden in den Jahren 1952 und 1962/63 durchgeführt. Da diese Arbeiten nur am Boden ausgeführt werden konnten, wurde das 7 m lange Schwert abgenommen, Schwertarm und Schild abgebaut, ebenso der Standfuß und die Standplatten. Die Besucher, die zu dieser Zeit das Hermannsdenkmal aufsuchten, erhielten einen Eindruck von der gewaltigen, schweren Arbeit, die einst beim Bau des Denkmals geleistet worden war.

Während vor dem Kriege jährlich etwa 100.000 Menschen das Hermannsdenkmal besuchten, hatte sich diese Zahl bereits in der 60er Jahren vervierfacht und überschritt zu Beginn der 80er Jahre die Millionengrenze. Nach der Wende und der Wiedererlangung der deutschen Einheit 1989/90 stieg die Zahl sogar auf 1,2 Millionen, hat sich inzwischen aber auf rund eine Million eingependelt.[5] Die Besucher kommen aus allen Ländern der Erde. Um diesen enormen Andrang zu bewältigen, sind in kurzer Entfernung rund um das Denkmal große Parkplätze, Gastronomiebetriebe und Andenkenläden entstanden.

Soweit man sich in den Nachkriegsjahren mit der Person des Arminius, seinen Taten und seiner Epoche beschäftigte, geschah dies auf rein wissenschaftlicher Ebene. Dabei blieb die Sicht der Wissenschaft zunächst unverändert. Die Beiträge von Ernst Bickel, Otto Höfler, Ernst Hohl, W. John, Ulrich von Motz, Harald von Petrikovits, Emil Ploss, Erich Sander, Hans Erich Stier und Karl Weerth bestätigten im wesentlichen das Bild, das seit 500 Jahren von Arminius vermittelt wird. Eine entscheidende Wende trat mit den 1970 veröffentlichten „Arminius-Studien" von Dieter Timpe ein, die zwar keine grundlegend neuen Erkenntnisse brachten, wohl aber eine völlig neue Bewertung der Person des Arminius und seiner Handlungen.

Timpe versucht darin nachzuweisen, daß Arminius in den Jahren vor der Varusschlacht nicht lediglich der Anführer eines bundesgenössischen Aufgebots gewesen sei, sondern der Präfekt einer ständigen cheruskischen Auxiliareinheit, also römischer Offizier. Zwar sagt er selbst, daß dieser Nachweis nicht vollständig zu führen sei, meint jedoch, daß eine hohe Wahrscheinlichkeit für die Richtigkeit seiner Annahme spreche.

Aus seiner Hypothese zieht Timpe nun folgenden Schluß: „Die entscheidende Konsequenz daraus wiederum liegt nun darin, daß der Cherusker dann auch die Erhebung gegen Varus als römischer Offizier und nicht als Stammeshäuptling begangen haben müßte und daß die Varuskatastrophe mithin nicht die Folge eines germanischen Stammesaufstandes gegen die römische Okkupationsmacht, sondern die einer Meuterei der germanischen Auxilien gegen die Legionen des Rheinheeres gewesen wäre. Nicht ein auf breiter Basis geführter Volkskampf gegen die aufgezwungene Fremdherrschaft, sondern eine interne militärische Revolte wäre die Ursache einer der berühmtesten und geschichtlich folgenreichsten Schlachten der Antike gewesen. Es liegt auf der Hand, daß damit das so unendlich oft ventilierte und namentlich für das nationale deutsche Geschichtsbild so ungemein konstitutive Ereignis der clades Variana in einen völlig anderen Verständnishorizont rückt."[6]

Was Timpe mit diesem anderen Verständnishorizont meint, folgt auf den folgenden Seiten. Dort spricht er von „barbarischem Verrat, bodenlosem Verrat und barbarischer Verschlagenheit"[7] des Arminius und von „einem großen politischen Verbrecher". „Er schien bemerkenswert durch seine Verschlagenheit und die Größe seines Verrats, er galt als ein großer, erfolgreicher Verbrecher."[8]

Das Echo auf diese Thesen und die neue Bewertung des Arminius und seiner Taten war sehr unterschiedlich. Während einige Fachkollegen zustimmend reagierten,[9] widersprachen andere entschieden. Reinhard Wolters bezeichnete Timpes Argumente als wenig stichhaltig.[10] U.a. wies er darauf hin, daß Dio berichtet, „die germanischen Begleiter seien von Varus entlassen worden, um ihre Hilfstruppen zu mobilisieren. Allein aus dieser Tatsache geht hinreichend deutlich hervor, daß es sich bei diesen germanischen Truppen nur um fallweise aufgebotene Stammeskontingente gehandelt haben kann, die keineswegs stehend bzw. unter römischem Oberbefehl kaserniert waren."[11]

Zu dem gleichen Ergebnis kamen Horst Callies[12] und Harald von Petrikovits.[13] Letzterer wies darauf hin, daß es keinerlei Belege oder Indizien für Timpes Behauptung gebe, Arminius habe eine reguläre Auxiliareinheit geführt. Sein Titel als römischer Ritter gebe für diese These nichts her. Gustav Adolf Lehmann widerlegte insbesondere die These von der Meuterei, der „internen militärischen Revolte", die lt. Timpe die Ursache für die Varusschlacht gewesen sein soll. In den Berichten von Dio[14] und Tacitus[15] werde „bereits die Verschwörung und Vorbereitung der antirömischen Erhebung ausdrücklich als gemeinsame Sache von proceres/principes (d. h. Stammesadel) und plebs (Volksmasse) des Cheruskerstammes cha-

259

rakterisiert; darüber hinaus wird hier im Hinblick auf das Verhalten des Segestes (im unmittelbaren Anschluß an das „letzte Gastmahl" – supremum convivium – an der Festtafel des Statthalters vor dem Aufbruch zum fatalen Rückmarsch) sogar ein regelrechter Kriegsbeschluß des cheruskischen Stammesstaates angedeutet."[16]

P. Glüsing[17] wies darauf hin, daß an der Varusschlacht außer den Cheruskern mit Sicherheit die Chatten, Marser und Brukterer, möglicherweise auch die Usipeter und Tubanten beteiligt waren, nach Harald von Petrikovits[18] außerdem die Chauken und Angrivarier. Hans Erich Stier[19] erinnerte daran, daß keine einzige der antiken Quellen die Rebellion einer Auxiliareinheit gegen die Legionen erwähnt, obwohl dies ein sehr schwerwiegender Vorfall gewesen wäre. Aber vor allem machte er deutlich, daß es nicht angehe, die übereinstimmenden Angaben aller antiken Quellen über das unmenschliche Regime des Varus, das „den Empörern die sittliche Rechtfertigung für ihr Tun gab", einfach unbeachtet zu lassen.

Als sich 1975 die Einweihung des Hermannsdenkmals zum 100.mal jährte, fanden die Thesen Timpes, obwohl sie in der Fachwelt bereits heftig diskutiert wurden, in den Beiträgen zur Hundertjahrfeier keinen Niederschlag. Im Vorwort zur Festschrift „Ein Jahrhundert Hermannsdenkmal 1875-1975" schrieb Günther Engelbert: „Der Naturwissenschaftliche und Historische Verein für das Land Lippe e.V. ist der Bitte des Kuratoriums der Hermannsdenkmal-Stiftung, eine Festschrift anläßlich der hundertjährigen Wiederkehr der Einweihung des Hermannsdenkmals vorzubereiten, gern nachgekommen. Freilich – seien wir ehrlich -, ein solcher Band ist nicht unproblematisch. Die Zeit einer Hermann-Begeisterung früherer Jahre ist vorbei. ... Der vorliegende Band versucht daher, das rechte Verständnis für die Gestalt des Hermann und seines Denkmals zu finden, und das kann nur heißen, ihn nicht mit modernen Maßstäben zu messen, sondern ihn historisch und aus seiner Zeit zu verstehen. Nüchterne und emotionsfreie Behandlung eines möglichst breitgestreuten Themenkataloges um die Hermannsgestalt und sein Denkmal soll hierzu verhelfen."

Dieser Aufgabe wurden die Autoren voll gerecht. Das gleiche gilt für eine Fernsehsendung, die der WDR aus diesem Anlaß ausstrahlte und in der ein Moderator mit Historikern sachlich und

emotionsfrei die Vorgänge des Jahres 9 und die Geschichte des Hermannsdenkmals diskutierte.

Doch obwohl die unterschiedliche Beurteilung des Arminius
und der Varusschlacht in der Fachwissenschaft bis heute andauert,
hat sich in der Öffentlichkeit die Sichtweise Timpes eindeutig
durchgesetzt, wobei das, was Timpe lediglich als Hypothese in die
wissenschaftliche Diskussion einbrachte, heute als bewiesene geschichtliche Tatsache behandelt wird. So heißt es im neuesten Ge-
schichtsbuch für die gymnasiale Oberstufe: „In Germanien vernichteten 9 n. Chr. meuternde germanische Auxiliarkohorten, die
gemeinsame Sache mit aufständischen Stämmen machten, drei
Legionen unter Quintilius Varus. Ihr Kommandeur, der Cherusker
Arminius, einst hoch dekorierter Offizier im römischen Heer,
übernahm die Führung des Krieges, an dem sich bald die Mehrzahl
der germanischen Völker beteiligte."[20] Ja selbst im Großen Brockhaus steht unter dem Stichwort Arminius: „Der germanische Aufstand begann wohl als Truppenrevolte", und als Quelle wird einzig
und allein angegeben: „D. Timpe: Arminius-Studien (1970)".

Als in den 80er Jahren im Zuge der Nostalgiewelle erneut ein
Interesse an den Germanen erwachte, erschienen erstmals wieder
seit Jahrzehnten populärwissenschaftliche Bücher über Arminius,
so 1984 „Als die Adler sanken" von Walter Böckmann und 1988
„Der Cherusker" von Heinz Ritter-Schaumburg. Beide Autoren
kannten Timpes Thesen entweder nicht oder ignorierten sie. Sie
zeichneten das Arminiusbild im wesentlichen so, wie es seit 500
Jahren bekannt ist, allerdings ohne nationales Pathos. Ritter-
Schaumburg stellte in den Mittelpunkt seiner Darstellung eine neue
These über den Ort der Varusschlacht. Entgegen der einhelligen
Meinung der Wissenschaftler behauptete er, daß allein der Bericht
des Florus Glaubwürdigkeit verdiene. Die Varusschlacht habe also
innerhalb des römischen Sommerlagers stattgefunden, und dieses
Lager habe dort gestanden, wo sich heute die Stadt Horn befindet.
Es dürfte eine der letzten Thesen zum Ort der Varusschlacht gewe-
sen sein, denn fast zur gleichen Zeit, als sein Buch erschien, wurde
bei Kalkriese der wahre Ort der Varusschlacht entdeckt.

Man kann verstehen, daß die Verantwortlichen bei der Archäologischen Denkmalpflege in Osnabrück in Anbetracht der fünf-

261

hundertjährigen Verehrung des Arminius als Nationalheld und der jetzt völlig anderen Sichtweise sich zunächst zurückhielten, die Stätte dieser berühmten Schlacht überhaupt auszugraben, um sich nicht dem Verdacht auszusetzen, sie hingen nationalistischen Träumen nach. Als der englische Captain und Hobbyarchäologe Tony Clunn im Sommer 1987 mit Genehmigung der Archäologischen Denkmalpflege mit einem Metalldetektor über die Äcker und Wiesen des Gutes Barenaue nördlich des Kalkrieser Berges ging und dabei zahlreiche römische Münzen aus augusteischer Zeit entdeckte, war dies für den Archäologen und späteren Ausgräber Wolfgang Schlüter daher noch kein Grund, mit einer Grabung zu beginnen, obwohl bereits der Althistoriker Theodor Mommsen hundert Jahre zuvor auf Grund zahlreicher Münzfunde an dieser Stelle die Ansicht vertreten hatte, hier habe die Varusschlacht stattgefunden. Erst als Tony Clunn ein Jahr später auch Militaria, nämlich drei Schleuderbleie, zutage förderte, konnte nicht länger bezweifelt werden, daß er hier auf einen Kampfplatz aus römischer Zeit gestoßen war, und so begannen im Herbst 1989 die bis heute andauernden Ausgrabungen, die es inzwischen zur Gewißheit gemacht haben, daß hier die Varusschlacht, zumindest ihre letzte Phase, stattgefunden hat.

Dabei ist es den Verantwortlichen der Grabung von Anfang an gelungen, ihre Arbeit und die Vermarktung der Ergebnisse frei von nationalen Emotionen zu halten. Daß der Ort ihrer Grabung auch nicht ansatzweise zu einer nationalen Wallfahrtsstätte wurde, zeigt zugleich, wie tiefgreifend sich das nationale Selbstverständnis der Deutschen seit 1945 verändert hat.

Unser Hang zum Extrem hat allerdings dazu geführt, daß neuerdings Arminius verspottet und nur noch als lächerliche Figur dargestellt wird, so z.B. in der Sendung des WDR „Mensch, Hermann, … Sag mir wo die Helden sind", einem 45-Minuten-Film, der am 15. August 2000 aus Anlaß des 125jährigen Jubiläums des Hermannsdenkmals ausgestrahlt wurde. Dieser im Stil der Spaßgesellschaft mit viel Klamauk angereicherte Film war nicht nur eine komplette Veralberung jeglicher Heldenverehrung, sondern zeichnete auch den Helden selbst als lächerliche Figur, als ein nicht mehr zeitgemäßes Fossil. Dafür diente Hermann der Cherusker als typisches Beispiel.

Die gleiche Tendenz verfolgte eine Aufführung von Kleists Hermannsschlacht im Schauspielhaus Hannover im September 2001. Hermann war darin der absolute Antiheld, ein Null-Bock-Prolet, der krummbuckelig über die Bühne schlurfte und seine Thusnelda anbrüllte, an den Haaren riß und zu Boden schleuderte. Die überdimensionalen Schwerter, die er und seine Mitstreiter hinter sich herschleiften, machten sie vollends zu lächerlichen Figuren. Der Inhalt des Stückes paßte zwar nicht zu dieser Darbietung, aber das fiel nicht besonders auf, weil die Texte zum größten Teil genuschelt oder gebrüllt wurden und dadurch ohnehin nur bruchstückhaft zu verstehen waren.

Abwegig und unhistorisch ist es auch, wenn heute Möser und Klopstock indirekt der Vorwurf gemacht wird, sie hätten nicht vorausgesehen, daß ihr Arminius-Enthusiasmus direkt zu Hitlers rassistischen Verbrechen führen mußte, so wenn Rolf Christian Zimmermann auf einem Symposium zur Literatur der Goethezeit referierte,[21] Mösers und Klopstocks „deutschtümelnde Arminius-Schwärmerei ... ohne viel historische Besonnenheit und vorausschauende Verantwortlichkeit" habe zu Entwicklungen geführt, „die zuletzt auf fatale Weise für die Katastrophe von 1933 mitverantwortlich waren". Die Katastrophen des 20. Jahrhunderts waren in der Goethezeit für niemanden vorstellbar.

In Detmold feierten Stadt, Landkreis, Landesverband Lippe und Lippischer Heimatbund aus Anlaß des 125jährigen Jubiläums des Hermannsdenkmals vom 13.-20. August 2000 gemeinsam die Lippischen Heimattage mit den verschiedenartigsten Veranstaltungen, um „das Hermannsdenkmal langfristig und nachhaltig als Ausflugsziel bundesweit darzustellen und zu vermarkten."[22] Darüber hinaus sollte auch international Aufgeschlossenheit und Freundschaft demonstriert werden. So wurde ein Internationaler Karikaturenwettbewerb veranstaltet und kamen u. a. 70 Gäste aus New Ulm/USA, wo der kleine Bruder des Hermannsdenkmals steht. Sie brachten ihre New Ulm Municipal Band mit, die mit ihren Darbietungen die Festwoche nicht unwesentlich bereicherte.

Zeitgleich erschien in der Jubiläumsausgabe der Zeitschrift des Lippischen Heimatbundes und des Landesverbandes Lippe ein Artikel mit der Überschrift „Ein Römer namens Arminius",[23] der

263

alle Stereotype enthält, die heute das öffentliche Arminius- und Germanenbild bestimmen: Arminius sei römischer Offizier und die Varusschlacht lediglich eine Truppenmeuterei gewesen. Arminius sei im übrigen nur „eine literarische Gestalt"; alles, was die antiken Autoren über ihn, die Varusschlacht und die Germanen geschrieben haben, sei „weitgehend fiktiv, als dichterische Schöpfung zu bezeichnen", denn „Geschichtsschreibung war in Rom kein wissenschaftliches, sondern ein künstlerisches Sujet, das den Leser unterhalten und belehren sollte." Daß dann aber auch die antiken Texte, aus denen Timpe seine Hypothese vom römischen Offizier Arminius herleitet, lediglich als dichterische Schöpfung gelten können, ist dem Autor offensichtlich nicht bewußt geworden.

Zum Jubiläum wurde auch wieder ein Symposium veranstaltet,[24] auf dem aber nicht über Arminius gesprochen wurde, sondern nur allgemein über Nationaldenkmäler. Das Thema „Nationaldenkmale im historischen und politischen Kontext" wurde aus den verschiedensten Blickwinkeln betrachtet und diskutiert.

Nach alledem darf man gespannt sein, ob und wie des Arminius gedacht werden wird, wenn sich die Schlacht im Teutoburger Wald zum 2000.mal jährt. Wird es überhaupt ein ernsthaftes Gedenken geben? Oder nur wieder eine Klamauksendung? Die Antwort auf diese Frage hängt davon ab, ob die Deutschen überhaupt noch bereit sind, ihre Geschichte in ihrer Gesamtheit zu akzeptieren, einer Geschichte mit leuchtenden und düsteren Kapiteln, die aber alle zu dem geführt haben, was heute ist. Und zu dieser Geschichte gehört ganz sicher auch Arminius, schon allein durch seine Allgegenwart in den letzten fünfhundert Jahren.

Der Wandel des Arminiusbildes im Laufe vieler Jahrhunderte hat gezeigt, daß die vorherrschende geistige Strömung einer jeden Epoche auch die Sicht auf Arminius und seine Taten bestimmte. Es soll hier aber nicht der Versuch unternommen werden, die Frage zu beantworten, ob und inwieweit auch unser heutiges Arminiusbild durch den heutigen Zeitgeist geprägt wird, denn diese Frage läßt sich besser von einer künftigen Generation aus einem größeren zeitlichen Abstand beantworten, wenn der heutige Zeitgeist bereits der Vergangenheit angehört.

# Anmerkungen

**Einleitung**
1 Demandt, S. 79 ff.

**Die Welt der Römer**
1 Grant, S. 71, 80
2 Berger, KROL, S. 211
3 Berger, KROL, S. 212
4 Junkelmann, S. 128
5 Junkelmann, S. 199
6 Norkus, S. 16
7 Livius, Periocha 67
8 Junkelmann, S.165
9 Junkelmann, S. 176
10 Junkelmann, S. 191
11 Junkelmann, S. 214
12 Junkelmann, S. 224
13 Junkelmann, S. 92

**Die Welt der Germanen**
1 Timpe, RGA, S. 13
2 Norden, S. 5
3 Pohl, S. 46
4 Pohl, S. 47
5 Pohl, S. 48 ff.
6 Siehe Mühlmann
7 Tacitus, Germania, Kap.2
8 Tacitus, Germania, Kap. 4
9 Pohl, S. 8
10 von See, S. 32
11 Vgl. Wolfram, S. 75 ff.
12 Wenn demgegenüber Mühlmann (S. 80) erklärt, die Genealogie sei zur Erklärung der Rassen ungeeignet, weil sich der Genbestand „durch Mutationen, Gen-Drift und Selektion" laufend verändere und folglich „ein Mensch bereits mit einem vor 10 Generationen lebenden Vorfahren an Erbanlagen im Durchschnitt nicht mehr gemeinsam hat als mit

irgendeinem beliebigen anderen Menschen", so stellt er damit die Dinge auf den Kopf; denn die Frage muß doch lauten, ob er mit den 1024 Personen seiner 10. Ahnengeneration mehr gemeinsam hat als mit 1024 anderen Personen derselben Epoche, die aber mit seinen Ahnen nicht verwandt sind. Da seine sämtlichen Gene von diesen 1024 Ahnen stammen, unterscheidet er sich selbstverständlich deutlich von jemandem, der in seiner 10. Ahnengeneration völlig andere Vorfahren hat, trotz möglicher Mutationen, deren Umfang erwiesenermaßen sehr gering ist.

13 Seebold, RGA, S. 117 ff; Beck RGA, S. 240; Neumann, RGA, S. 83
14 Pohl, S. 54 ff.
15 Tacitus, Germania, Kap. 2
16 Wenskus, S. 245
17 Wenskus, S. 227; Pohl, S.50
18 Wenskus, S. 228; Pohl, S. 50
19 Wenskus, S. 66
20 Steuer, RGA, S. 164
21 Steuer, RGA, S. 165
22 Steuer, RGA, 164
23 Grönbech, S. 24
24 De Vries, I S. 178
25 Grönbech, S. 218
26 Pohl, S. 73 f.
27 Grönbech, S. 286 u. 306
28 Grönbech, S. 33
29 Grönbech, S. 227
30 Pohl, S. 73
31 Grönbech, S. 78; Wolfram, S. 20 ff.
32 Grönbech, S. 59
33 De Vries, I S. 199
34 De Vries, I S. 394
35 Wolfram, S. 21 f.
36 Grönbech, S. 231
37 Pohl, S. 62 f.
38 Wenskus, S. 429 ff.
39 Tacitus, Germania, Kap. 7
40 Tacitus, Germania, Kap. 13 u. 14
41 Pohl, S. 72
42 Tacitus, Annalen 13, 54
43 Tacitus, Germania, Kap. 7 u. 8

44 Tacitus, Germania, Kap. 6
45 Ausführlich dazu Bemmann, Die Religion der Germanen
46 De Vries, II S. 1
47 De Vries, I S. 304 ; Derolez, S. 234

## Die Eroberung Germaniens

 1 Orosius, V 16, 14-21; Plutarch, 11-27
 2 Orosius, V 16, 1-7
 3 Tacitus, Annalen XIII, 57
 4 Vgl. Plutarch, 25-27
 5 Orosius, V 16, 9-13 berichtet, daß in der Schlacht von Aquae Sextiae knapp 3000 überlebende Germanen entronnen seien. Reste der Kimbern waren auch die Aduatuker an der mittleren Maas, vgl. Caesar, II 29, 4; Strabo, IV 196 u. Cassius Dio, XXXIX, 4, 1
 6 So Plutarch, Caesar 22
 7 Wolfram, S. 29
 8 Vgl. Tacitus, Germania 38-43
 9 So Glüsing, S. 72
10 Mommsen, S. 25; Glüsing, S. 72; Wolfram, S. 35; Wolters, RGAK, S. 595f; zweifelnd Kühlborn, S. 10
11 So vor allem Mommsen
12 Tacitus, Historien IV 12
13 Mommsen, S. 25
14 Sowohl Orosius, VI 21, 12-17 als auch Florus, II 30, 21-28 berichten allerdings, daß zuvor Drusus die Markomannen vernichtend geschlagen habe.
15 Cassius Dio, 55 I, 1-2,3
16 Wolters, RGAK, S. 595
17 Kühlborn, S. 13
18 Vgl. zu diesem politischen Germania-Begriff Wolters, Die Römer in Germanien, S. 41
19 Velleius Paterculus, II, 104, 2 ff.
20 Die jüngst ausgegrabene „zivile Stadt" Lahnau-Waldgirmes bei Wetzlar belegt auch archäologisch diese Absicht der Römer. So von Schnurbein, S. 37

## Die Varusschlacht

 1 Annalen II 88
 2 So Hohl, S. 167; Bickel, S. 44, 51; Much, S. 319

3 Dazu ausführlich Sander, S. 83-86
4 Velleius Paterculus, II 117 ff.
5 Siehe Seite 36
6 Vgl. Tacitus, Annalen I 71
7 Dio, 56, 18-23
8 Siehe Velleius Paterculus, II, 117 ff.
9 Velleius Paterculus, a.a.O.
10 So auch Petrikovits, S. 177 f., Lehmann, RIW, S. 89, Callies, EJH, S. 35
11 Arminius-Studien, S. 49
12 So Wolters, S. 212 ff; Callies, RGA 1, S. 417; Petrikovits, S. 178; Stier, Lippische Mitteilungen, 41, S. 391 ff.
13 Dio, 56, 18-23
14 Velleius Paterculus, II 117 ff.
15 Florus, II 30, 29 ff.
16 Velleius Paterculus, a.a.O.
17 Petrikovits, S. 178; Wiegels, RGAK, S. 644
18 Vgl. Tacitus, Annalen I 58; Dio, a.a.O.; Velleius Paterculus. a.a.O.
19 Velleius Paterculus, a.a.O.
20 Eine Übersicht gibt Petrikovits, S. 190 in seiner Anm.19
21 Vgl. John, S. 958 ff; Stier, S. 498; Callies, AV, S. 177; Lehmann, RIW S. 91;
22 Tacitus, Annalen I 61; Dio, c 21
23 Florus, II 30, 29 ff.
24 Petrikovits, S. 178; ähnlich Lehmann, RIW, S. 91; Callies, AV, S. 176; John, S. 930 ff.; Wiegels, RGAK, S. 649
25 Wiegels, RGAK, S. 652f; Berger, RGAK, S. 275
26 So Petrikovits, S. 178; Lehmann, RIW, S. 91;Wiegels, RGAK, S. 649; ebenso W. Judeich, W. Kolbe u. H.E. Stier.
27 Dio, 56, 18-23
28 Tacitus, Annalen XIII 55
29 Junkelmann, S. 234
30 Strabo, Geogr. I, I, 17 u. 7, I, 4
31 Vgl. Seite 19
32 Annalen I, 61
33 Tacitus, Annalen II, 21
34 Wiegels, RGAK, S. 663; Berger, RGAK, S. 275
35 Velleius Paterculus, II 117 ff.
36 Zonaras, X, 37
37 Vgl. Stuppich, AV, S. 97 ff.

38 Tacitus, Annalen I, 61
39 Tacitus, Annalen II, 7
40 Den sehr spannenden Verlauf seiner Entdeckungen schildert er in seinem Buch „Auf der Suche nach den verlorenen Legionen", 2. Aufl., 1998
41 Seit dem frühen 18. Jahrhundert waren dort wiederholt römische Münzen gefunden worden, so daß schon der Althistoriker Theodor Mommsen die Kalkrieser Senke für den wahrscheinlichen Ort der Varusschlacht hielt.
42 Schlüter, AV, S. 73
43 Vgl. Velleius Paterculus, II 117 ff.
44 Berger, RGAK, S. 275
45 Schlüter, AV, , S. 78
46 Wilbers-Rost, RGAK, S. 87
47 Wiegels, RGAK, S. 653
48 Sueton, Augustus 49
49 Sueton, Augustus 23
50 Tacitus, Annalen I 59
51 Tacitus, Annalen II 10

## Der Befreiungskampf gegen Germanicus

1 Vgl. Seite 53
2 Lehmann, AV, S. 123 ff.
3 Vgl. Sueton, Tiberius 16 f.
4 Velleius Paterculus II 129, 2
5 Vgl. Lehmann, AV, S. 127; Timpe, Germanicus, S. 77
6 Tacitus, Annalen I 50,51
7 Tacitus, Annalen I 51
8 Vgl. Tacitus, Annalen I 58
9 Der Augustusaltar in Köln
10 Tacitus, Annalen I 57
11 Tacitus, Annalen I 57
12 Vgl. Dazu Wolfram, S. 22
13 Tacitus, Annalen I 59
14 Tacitus, Annalen I 63
15 Tacitus, Annalen I 64
16 Tacitus, Annalen I 65
17 Tacitus, Annalen I 65
18 Tacitus, Annalen I 68

19  So Timpe, Germanicus, S. 56
20  Tacitus, Annalen II 9,10
21  Tacitus, Historien IV 12
22  Tacitus, Annalen II 17
23  Diese Annahme ist allerdings nicht unumstritten, vgl. Petrikovits Anm. 37
24  Tacitus, Annalen II 21
25  Tacitus, Annalen II 23
26  Capelle, S. 479, Anm. 62a
27  So auch Lehmann, AV, S. 135 f.
28  Ebenso Lehmann, AV, S. 133
29  Tacitus, Annalen II 44,45
30  Tacitus, Annalen II 46
31  Tacitus, Annalen XI 16
32  Tacitus, Annalen II 88
33  von Petrikovits, S. 187
34  Koestermann, S. 445 u. 469
35  von Petrikovits, S. 187
36  Florus II 30, 29 ff.
37  Timpe, Arminius-Studien, S. 49, 127, 132
38  Weerth, S. 43
39  Tacitus, Annalen I 59
40  So Sander, S. 97 f.
41  Tacitus, Annalen I 59
42  Wolfram, S. 39 f.
43  von Petrikovits, S. 187

## Der Nachruhm, Arminius = Siegfried?

1  von Petrikovits, S. 189 Anm. 4. Näheres dazu auf S. 116 f. dieses Buches.
2  Höfler, S. 23; v.Petrikovits, S. 176
3  Hohl, S. 470
4  Bickel, S. 53 u. die dort zitierte Literatur
5  Hohl, S. 469
6  Callies, EJH, S. 35
7  Bickel, S. 55 f. unter Berufung auf Mommsen
8  Unverfehrt in Kunstverwaltung, S. 334
9  So Bickel, Höfler, Weerth
10  Siehe S. 33
11  Tacitus, Germania, Kap. 2
12  Besungen in der Heimskringla von Snorri Sturlasohn

13 Bickel, S. 100

14 Höfler, S. 60 f.

15 Vgl. S. 52. Die Sugambrer gingen später im Stamm der Franken auf. Aus ihnen ging offensichtlich das Geschlecht der Merowinger hervor, denn als Chlodwig 496 in Reims christlich getauft wurde, sprach der Bischof Remigius zu ihm: „Beuge dein Haupt in Demut, du stolzer Sugambrer."

16 So Bickel, S. 102

17 Höfler, S. 13

18 Höfler, S. 16 ff. u. 102 ff.

19 Höfler, S. 97

20 Vgl. Nylen-Lamm, S. 30 f.

21 Höfler, S. 107

22 Höfler, S. 100 f.

23 Vgl. Ploss, S. 75 f.

24 Timpe, Arminius-Studien, S. 16: „Niemand wird bestreiten, daß sehr beachtliche Indizien für die Gleichung Arminius-Siegfried sprechen."

## Die Wiederentdeckung – Ulrich von Hutten und die deutschen Humanisten

1 Daß die Germania des Tacitus innerhalb des Klosters Fulda bekannt war und gelesen wurde, zeigt die von einem Mönch dieses Klosters, dem sog. Rudolf von Fulda, um das Jahr 863 verfaßte „Translatio S. Alexandri", in der Teile der Germania wörtlich wiedergegeben sind. Vgl. Krusch, S. 411 f.

2 Langosch, S. 11

3 Kloft, AV, S. 206

4 Zur Problematik von Kulturnation und Staatsnation siehe insbesondere Meinecke, S. 11 ff.

5 Sandow, EJH, S. 107

6 Ridè, AV, S. 240

7 Ridè, AV, S. 242. Spalatin war übrigens der erste, der die Irminsul für ein Arminius-Denkmal hielt (Sandow, EJH, S. 108). In dem Krieg der Franken gegen die Sachsen zerstörte bekanntlich Karl der Große im Jahre 772 die Irminsul, ein Heiligtum der Sachsen, das sich sehr wahrscheinlich in der Nähe von Altenbeken ca. 20 km südlich von Detmold befand und das der zeitgenössische Geschichtsschreiber Rudolf von Fulda wie folgt beschrieb: „Einen Holzbock von ansehnlicher Größe, senkrecht aufgerichtet, verehrten sie auch im Freien. In ihrer Muttersprache nannten sie ihn Irminsul, was lateinisch Weltsäule heißt, als ob

er das All trüge." Diese mächtige heilige Säule war also mit hoher Wahrscheinlichkeit Sinnbild der Weltesche und Mittelpunkt eines heiligen Hains, in dem die heidnischen Sachsen ihre Götter verehrten (ausführlich dazu Bemmann, S. 89 ff.). Die allgemeine Arminiusbegeisterung bewirkte indessen, daß sich bis ins 20. Jahrhundert immer wieder Autoren fanden, die erklärten, die Irminsul sei ein Arminius-Denkmal gewesen (im einzelnen dazu Sander, EJH, S. 108 ff.).

8 Roloff, AV, S. 219

9 In der von Roloff AV, S. 223-238 zitierten Fassung.

10 Wörtliche Wiedergabe der Annalen II,88

11 Bezugnahme auf Velleius Peterculus II,117 ff.

12 Vergil, Aeneis I,282

13 Bezugnahme auf Sueton, Augustus 23

14 Bezugnahme auf Tacitus, Annalen I,59

15 Hier irrt Hutten. Drusus starb bereits 9 v.Chr.

16 Bezugnahme auf Tacitus, Annalen I,59

17 Ausgeschmückte Wiedergabe des Tacitus-Urteils in Annalen II,88

18 Bezugnahme auf Velleius Paterculus, II,117 ff.

19 Ausführliche Begründung des Rechts auf Widerstand, das die Humanisten im Gegensatz zu den Reformatoren anerkannten und darin weder Verrat noch etwas anderes Unwürdiges erkennen konnten.

20 Bezugnahme auf die Schilderungen des Florus II,30,29ff.

21 Unverfehrt in Kunstverwaltung, S. 316

22 Wie Anmerkung 21

## Arminius, ein Opern-, Bühnen- und Romanheld des Barock

1 Nach der chronologischen Übersicht bei Barbon/Plachta, AV, S. 288f.

2 Inhaltswiedergabe nach Barbon/Plachta, AV, S. 273f.

3 Barbon/Plachta, AV, S. 273

4 Barbon/Plachta, AV, S. 278

5 So Forchert, S. 57

6 Gottsched, S. 757

7 Siehe dazu Barbon/Plachta, AV, S. 281ff.

8 Vgl. Krebs, AV, S. 292f.

9 Im einzelnen dazu Spellerberg, AV, S. 249ff.

10 Zitate bei Spellerberg, AV, S. 251, Anm. 7

11 Außer den im Literaturverzeichnis aufgeführten Abhandlungen auch in „Verhängnis und Geschichte", Berlin-Zürich 1970

12 Spellerberg, AV, S. 253

13  Vgl. Spellerberg, Höfischer Roman, S. 310ff.
14  Inhaltsangabe nach Spellerberg, AV, S. 254f.
15  Spellerberg, AV, S. 256
16  So Spellerberg, AV, S. 256f.
17  Spellerberg, Höfischer Roman, S. 332
18  Wolf, S. 68
19  Holl, S. 209
20  Wolf, S. 91
21  Vgl. Schulz, Georg-Michael, S. 73
22  Tiegel, S. 1
23  Unverfehrt in Kunstverwaltung, S. 317, wo sich auch eine Abbildung dieses Kupferstichs befindet.
24  So auch Gössmann, S. 80

## Möser, Klopstock und der Germanenmythos der deutsche Klassik

 1  Vgl. Stauf, AV, S. 311
 2  Wiedemann, S 93
 3  Stauf, AV, S. 314
 4  Stauf, Nationalidentität, S. 373 ff.
 5  Stauf, Nationalidentität, S. 353 ff.
 6  Stauf, Nationalidentität, S.377
 7  Stauf, Nationalidentität, S. 361
 8  Zitiert bei Stauf, Nationalidentität, S. 364
 9  Dazu im einzelnen Merseburger, S. 151 ff.
10  Vgl. Wiedemann, S.94
11  Stauf, AV, S.310
12  Wiedemann, S. 94
13  Wiedemann, S. 92 f.
14  Wiedemann, S. 94 ff.
15  Vater des bekannten nationalen Dichters und Lützower Jägers Theodor Körner
16  Wiedemann, S. 97
17  Wiedemann, S. 99
18  Möser II, S. 122
19  Stauf, AV, S. 320
20  Stauf, AV, S. 319
21  H. Zimmermann, S. 127
22  H. Zimmermann, S. 116
23  Caesar, De bello Gallico, VI, 13

24 Strabo, IV 4, 4
25 H. Zimmermann, S. 132 ff.
26 Zitiert bei H. Zimmermann, S. 237
27 Hamel, S. 39
28 Zitiert bei H. Zimmermann, S. 145
29 Sandow, EJH, S. 113
30 Sandow, EJH, S. 112f.
31 Schreiben des Landgrafen, zitiert bei Unverfehrt EJH, S.130
32 Wie Anm. 31
33 Abgebildet bei „Angelika Kauffmann und ihre Zeitgenossen", Ausstellungskatalog Bregenz 1968, Nr. 58
34 Abgebildet bei Unverfehrt in Kunstverwaltung, S. 336

## Arminius als Vorbild im Befreiungskampf gegen Napoleon

 1 Schulz, Siegfried, S. 79
 2 Sichelschmidt, S. 65
 3 Sichelschmidt, S. 56f.
 4 Sichelschmidt, S. 58
 5 Sichelschmidt, S. 53
 6 Sichelschmidt, S. 10
 7 So Börsch-Supan, S. 96
 8 Unverfehrt, EJH, S. 131f.
 9 Joachimsen, S. 49
10 Jahn, S. 35
11 Euler, S. 210
12 Jahn, S. 33f.
13 Zolling, S. 142
14 Zolling, S. 252
15 Schulz, Siegfried, S. 43
16 Schulz, Siegfried, S. 65
17 Schulz, Siegfried, S. 95
18 Schulz, Siegfried, S.96
19 Schulz, Siegfried, S. 136
20 Wittkowski, S. 367
21 Wittkowski, S. 369
22 Wittkowski, S. 378
23 Ebenso Schulz, Siegfried, S. 114f.
24 Peymann, S. 77f.
25 Peymann, S. 79

26 Sichelschmidt, S. 65
27 Sichelschmidt, S. 69
28 Euler, S. 264
29 Euler, S. 265
30 Jahn, S. 39
31 Sichelschmidt, S. 77f.
32 Euler, S. 522
33 Jahn, S. 36
34 Jahn, S. 37
35 Barbon/Plachta, AV, S. 289f.
36 Sichelschmidt, S. 49
37 Sichelschmidt, S. 48f.
38 Sichelschmidt, S. 50
39 Sichelschmidt, S. 83
40 Jahn S. 60
41 Jahn, S. 64
42 Sichelschmidt, S. 100
43 Sichelschmidt, S. 103
44 Nipperdey, EJH, S. 25
45 Nipperdey, EJH, S. 24

## Arminius, Schwarm der deutschen Romantik

1 Im einzelnen dazu Nipperdey, EJH, S. 15f.
2 Ein Überblick findet sich bei Holl, S. 200f.
3 Vgl. Hellfaier, S. 235ff.
4 Die folgende Darstellung seines Lebens ist im wesentlichen der Grabbe-Biographie von Karl Ziegler entnommen.
5 Ziegler, S. 156
6 Brief vom 8.1.1835
7 Bergmann, S. 346
8 Wie Anmerkung 7
9 Bergmann, S. 367
10 Bergmann, S. 370
11 Bergmann, S. 376f.
12 Bergmann, S. 380
13 Gössmann, S. 85
14 Vgl. Ehrlich, S. 396f.
15 Gössmann, S. 86
16 Woesler, S. 401

275

17 Heine, S. 62 ff.
18 Gössmann, S. 74
19 Woesler, S. 400, ebenso Hans Schmidt, S. 12
20 Ziegler, S. 54
21 Sandow, EJH, S. 114
22 So Sandow, EJH, S. 124
23 Bandel/Gregorius, S. 22 ff.
24 Motz, S. 12
25 Meier, S. 18
26 Unverfehrt, Beiheft, S. 12
27 Meier, S. 40
28 Meier, S. 44
29 Meier, S. 51
30 Bandel/Gregorius, S. 9
31 Meier, S. 51
32 Schmidt, Heinz, EJH, S. 155
33 Nipperdey, EJH, S. 14
34 Nipperdey, EJH, S. 15
35 Hans Schmidt, S. 15f.
36 Nipperdey, EJH, S. 17f.
37 Meier, S. 91
38 Bandel/Gregorius, S. 280
39 Bandel/Gregorius, S. 276
40 Bandel/Gregorius, S. 292f.
41 Unverfehrt, Beiheft, S. 13f.
42 Vgl. Unverfehrt, Beiheft, S. 14
43 Unverfehrt, EJH, S. 136
44 Kiewning, Lipp. Mitt., 12, S. 10
45 Kiewning, Lipp. Mitt., 12, S. 20 ff.
46 Kiewning, Lipp. Mitt., 12, S. 29 ff.
47 Vgl. Unverfehrt in Kunstverwaltung, S. 320
48 Kiewning, Lipp. Mitt., 12, S. 55 ff.
49 Unverfehrt, EJH, S. 134 f.
50 Meier, S. 67
51 Abgedruckt in „Hermann der Cherusker und sein Denkmal", Detmold 1925, S. 271 ff.
52 Nipperdey, EJH, S. 19
53 Wie Anm 51, S. 272
54 Bandel/Gregorius, S. 297

## Arminius, Nationalheld einer Weltmacht

1 Der Text des Gutachtens ist bei Meier, S. 91ff. abgedruckt.
2 Vgl. Motz S. 18
3 Vgl. Veddeler, EJH, S. 168 u. Nipperdey EJH, S. 26
4 Bandel/Gregorius, S. 266
5 Veddeler, EJH, S. 170
6 Veddeler, EJH, S. 171; Hans Schmidt, S. 28
7 Eine Aufzählung der prominenten Gäste findet sich bei Kiewning in „50 Jahre Hermannsdenkmal", S. 94
8 Veddeler, EJH, S. 171f.
9 Meier, S. 100
10 Motz, S. 22f.
11 Hans Schmidt, S. 29f.
12 Schreiben des Militärgeschichtlichen Forschungsamtes in Potsdam vom 17.8.2000 an den Verfasser
13 Vgl. Unverfehrt in Kunstverwaltung, S. 322f.
14 Holl, S. 222
15 So Holl, S. 223
16 Unverfehrt in Kunstverwaltung, S. 329
17 Zitiert bei Bieber, S. 24
18 Bieber, S. 30
19 Bieber, S. 31f.
20 Schreiben des Kaiser-Wilhelm-Museums an den Verfasser vom 17.9.2001
21 Vgl. S. 69 und Stuppich, AV, S. 97ff.
22 Festschrift zur Neunzehnhundertjahr-Feier der Schlacht im Teutoburger Walde, Detmold 1909, S. 15ff.
23 Veddeler, EJH, S. 175
24 Veddeler, EJH, S. 176

## Arminius in der Ideologie des Nationalsozialismus

1 „50 Jahre Hermannsdenkmal. Amtliche Festschrift" und „Hermann der Cherusker und sein Denkmal"
2 Vgl. Picker, S. 74, 173, 228ff.
3 Picker, S. 174
4 Picker, S. 446
5 Picker, S. 349
6 Picker, S. 495
7 Picker, S. 144

8 Unverfehrt in Kunstverwaltung, S. 336
9 Eine Abbildung dieses Entwurfs bringt Unverfehrt a.a.O. Anm. 7
10 Vgl. Picker, S. 230
11 Schreiben des Militärgeschichtlichen Forschungsamtes in Potsdam vom 17.8.2000 an den Verfasser.
12 Hans Schmidt, S. 41
13 Vgl. Unverfehrt in Kunstverwaltung S. 336; Hans Schmidt, S. 41; Losemann, S. 424; von Petrikovits, S. 175

## Arminius und wir Deutschen von heute

1 Aus der Rede des Bundespräsidenten Richard von Weizsäcker im Deutschen Bundestag vom 8. Mai 1985 zum 40. Jahrestag der Beendigung des 2. Weltkrieges.
2 Wie Anmerkung 1
3 Hans Schmidt, S. 41f.
4 Hans Schmidt, S. 41
5 Auskunft des Landesverbandes Lippe vom 5.10.2001
6 Timpe, Arminius-Studien, S. 49
7 Timpe, a.a.O., S. 116f.
8 Timpe, a.a.O., S. 128
9 Wolfram, S. 38f., Junkelmann, S. 83
10 Wolters, Römische Eroberung, S. 214.
11 Wolters, Römische Eroberung, S. 213
12 Callies, RGA 1, S. 417
13 von Petrikovits, RGA 5, S. 18
14 Dio, 56,18,4
15 Tacitus, Annalen I, 55, 2f.
16 Lehmann, RiW, S. 94
17 Glüsing, RiW, S. 77
18 von Petrikovits, Arminius, S. 187
19 Stier, Lippische Miteilungen 41, S. 391 ff.
20 „Zeiten und Menschen" Ausgabe K, Band 1, Schöningh-Schroedel, S. 233
21 R.Ch. Zimmermann, S. 111
22 „Heimatland Lippe", 93. Jahrg., Sept. 2000, S. 248
23 „Heimatland Lippe", 93. Jahrg., Sept. 2000, S. 230-236
24 Siehe Symposiumbericht „125 Jahre Hermannsdenkmal. Nationaldenkmale im historischen und politischen Kontext", Lemgo 2001

# Bildquellennachweis

Johann Heinrich Tischbein d. Ä.: Triumph Hermanns nach dem Sieg über Varus. Museum im Schloss Pyrmont, Leihgabe der Stiftung Niedersachsen.

Johann Heinrich Tischbein d. Ä.: Hermann entdeckt Sigmars Leiche. Lippisches Landesmuseum Detmold.

Angelika Kauffmann: Hermann nach der Schlacht. Tiroler Landesmuseum Ferdinandeum, Innsbruck.

Wilhelm Lindenschmit d. Ä.: Hermannschlacht. Staatliche Kunsthalle Karlsruhe.

Karl Theodor von Piloty: Thusnelda im Triumphzug des Germanicus. Bayerische Staatsgemäldesammlungen, Neue Pinakothek München.

Johannes Gehrts: Armin verabschiedet sich von Thusnelda. Lippisches Landesmuseum, Detmold.

Autor und Verlag danken allen Institutionen für die Abdruckerlaubnis.

# Literaturverzeichnis

Es ist nur die in den Anmerkungen zitierte Literatur aufgeführt.

| Abkürzungen: | AV = | Arminius und die Varusschlacht, 2. Aufl., Paderborn 1999 |
| | EJH = | Ein Jahrhundert Hermannsdenkmal 1875-1975, Detmold 1975 |
| | KROL = | Kalkriese – Römer im Osnabrücker Land Bramsche 1993 |
| | RGA = | Reallexikon der Germanischen Altertumskunde, Die Germanen, Studienausgabe, Berlin 1998 |
| | RGAK = | Rom, Germanien und die Ausgrabungen von Kalkriese, 1999 |
| | RiW = | 2000 Jahre Römer in Westfalen, Ausstellungskatalog, Münster 1989 |

| Arndt, Einst Moritz | Gedichte, 1850 |
| Autorenkollektiv | Die Germanen, Ein Handbuch, Bd. I, 1978 |
| von Bandel, Ernst | Erinnerungen aus meinem Leben, hrsg. Von A. Gregorius, 1937 |
| Barbon, Paola/Plachta, Bodo | Arminius auf der Opernbühne des 18. Jahrhunderts, AV, S. 265-290 |
| Beck, H. | Germanische Altertumskunde, RGA S. 240-258 |
| Bemmann, Klaus | Die Religion der Germanen, 2. Aufl., 1998 |
| Berger, Frank | Das Geld der römischen Soldaten, KROL, S. 211-230 |
| dto. | Kalkriese, die römischen Fundmünzen, RGAK, S. 271-277 |
| Bergmann, Alfred (Hrsgb.) | Christian Dietrich Grabbe, Werke und Briefe, Historisch-kritische Gesamtausgabe in 6 Bd., 3. Band, 1961 |
| Bickel, Ernst | Arminiusbiographie und Sagensigfrid, 1949 |

dto. Römisch-germanischer Namennimbus im deutschen Mittelalter, Rheinisches Museum für Philologie, 98, 1955, S. 193 ff.

Bieber, Dietrich Peter Janssen als Historienmaler, 1979

Bösch-Supan, Helmut Caspar David Friedrich, 4. Aufl., 1987

Callies, Horst Bemerkungen zu Aussagen und Aussagehaltung antiker Quellen und neuerer Literatur zur Varusschlacht und ihrer Lokalisierung, AV, S. 175-183

Capelle, Wilhelm Das alte Germanien
Die Nachrichten der griechischen und römischen Schriftsteller, 1929

Demandt, Alexander Ungeschehene Geschichte, 2. Aufl., 1986

Derolez, R.L.M. Götter und Mythen der Germanen, 1963

Ehrlich, Lothar Christian Dietrich Grabbes Hermannsschlacht, Werk und Mythos, AV, S. 389-397

Euler, Carl Friedrich Ludwig Jahn, 1881

Forchert, Arno Arminius auf der Opernbühne, EJH, S. 43-58

Glüsing, P. Die Germanen im Spannungsfeld der römischen Okkupation, RiW, S. 70-84

Gössmann, Wilhelm Deutsche Nationalität und Freiheit, in Heine-Jahrbuch 1977, 16. Jahrg., S. 71-75

Gottsched, Johann Christoph Versuch einer Critischen Dichtkunst vor die Deutschen, 3. Aufl., 1742

Grant, Michael Die Geschichte Roms, 1967

Graus, Frantisek Lebendige Vergangenheit, 1975

Grönbech, Wilhelm Kultur und Religion der Germanen,1937

Hamel, R.(Hrsgb.) Klopstocks Werke, Vierter Teil, Deutsche National-Litteratur, Bd. 48, 1974

Hansen, Wilhelm Fieberkurven der Arminiusbegeisterung
Das Hermannsdenkmal und seine Folgen, in Das malerische und romantische Westfalen, Ausstellungskatalog, Münster 1974, S. 211-218

Heine, Heinrich Deutschland. Ein Wintermärchen, Ausgabe Kliesch/Grab, 1991

Hellfaier, Karl-Alexander    Historische und historiographische Aspekte einer Grabbe-Biographie, S. 219ff. der Neuauflage von Zieglers Grabbe-Biographie, 1981

Höfler, Otto    Siegfried, Arminius und die Symbolik, 1961

Hohl, Ernst    Zur Lebensgeschichte des Siegers im Teutoburger Wald, Hist.Zeitschr. Bd. 167, 1943, S. 457 ff.

Holl, Karl    Hermann und die Hermannsschlacht in der deutschen Dichtung, in „Hermann der Cherusker und sein Denkmal", 1925, S. 197-223

Jahn, Günther    Friedrich Ludwig Jahn, 1992

Joachimsen, Paul    Vom deutschen Volk zum deutschen Staat, 4. Aufl., 1967

John, W.    Quintilius Varus, Pauly's Realencyclopädie der classischen Altertumswissenschaft 24, 1963, S. 907 ff.

Junkelmann, Marcus    Die Legionen des Augustus, 1986

Kiewning, Hans    Bandels erstes Projekt zum Hermannsdenkmal und der Schinkelsche Entwurf, in Mitteilungen aus der lippischen Landesgeschichte und Landeskunde. Bd. 12, 1926, S. 1-74

dto.    Vor 50 Jahren, in 50 Jahre Hermannsdenkmal, Amtliche Festschrift, 1925, S. 75-96

Kloft, Hans    Die Idee einer deutschen Nation zu Beginn der frühen Neuzeit, AV, S. 197-210

Koestermann, E.    Die Feldzüge des Germanicus 14-16 n. Chr., Historia VI, 1957, S. 429 ff.

Krebs, Roland    Von der Liebestragödie zum politisch-vaterländischen Drama, AV, S. 291-308

Kroeschell, K.    Recht, RGA S. 215-228

Krusch, Bruno    Die Übertragung des H. Alexander von Rom nach Wildeshausen durch den Enkel Widukinds 851, 1933

Kühlborn, J.-S.    Zur Geschichte der augusteischen Militärlager in Westfalen, RiW, S. 9-17

Langosch, Karl — Johannes Cochlaeus, Brevis Germanie Descriptio von 1512, 1969

Lehmann, Gustav Adolf — Die Varus-Katastrophe aus der Sicht des Historikers, RiW, S. 96-110

dto. — Das Ende der römischen Herrschaft über das „westelbische" Germanien: Von der Varus-Katastrophe zur Abberufung des Germanicus Caesar 16/7 n. Chr., AV, S. 123-142

Losemann, Volker — Nationalistische Interpretationen der römisch-germanischen Auseinandersetzung, AV, S. 419-432

Meinecke, Friedrich — Weltbürgertum und Nationalstaat, 7. Aufl., 1962

Meier, Burkhard — Das Hermannsdenkmal und Ernst von Bandel, 2000

Merseburger, Peter — Mythos Weimar, 2000

Mommsen, Theodor — Das Römische Imperium der Cäsaren

Möser Justus — Sämtliche Werke, Band 2, 1991

von Motz, Ulrich — Das Hermannsdenkmal, 1964

Much, Rudolf — Die Germania des Tacitus, 1967

Mühlmann, Wilhelm E. — Rassen, Ethnien, Kulturen, 1964

Nack, Wägner — Rom, Land und Volk der alten Römer, 1976

Neumann, G. — Sprache und Dichtung, RGA, S. 79-84

Nipperdey, Thomas — Zum Jubiläum des Hermannsdenkmals, EJH, S. 11-31

Norkus, Johannes — Die Feldzüge der Römer in Nordwestdeutschland in den Jahren 9-16 n.Chr. von einem Soldaten gesehen, 1963

Nylén, Erik u. Lamm, Jan Peder — Bildsteine auf Gotland, 1981

Peymann, Claus u.
    Kreutzer, Hans Joachim — Streitgespräch über Kleists „Hermannsschlacht" in Kleist-Jahrbuch 1984, S. 77-97

von Petrikovits, Harald — Arminius, Bonner Jahrbücher 166, 1966, S. 175ff.

Picker, Henry — Hitlers Tischgespräche, 2. Aufl., 1965

Pohl, Walter — Die Germanen, 2000

| | |
|---|---|
| Ploss, Emil | Siegfried-Sigurd, der Drachenkämpfer, Beihefte der Bonner Jahrbücher, Band 17, 1966 |
| Ridé, Jacques | Arminius in der Sicht der deutschen Reformatoren, AV, 239-248 |
| Roloff, Hans-Gert | Der Arminius des Ulrich von Hutten, AV, S. 211-238 |
| Sander, Erich | Zur Arminius-Biographie, Gymnasium 62, 1955 |
| Sandow, Erich | Vorläufer des Detmolder Hermannsdenkmals, EJH, S. 105-127 |
| Schlüter, Wolfgang | Die archäologischen Untersuchungen in der Kalkrieser-Niewedder Senke, KROL, S. 13-52 |
| dto. | Neue Erkenntnisse zur Örtlichkeit der Varusschlacht? AV, S. 67-96 |
| Schmidt, Hans | Das Hermannsdenkmal im Spiegel der Welt, 1975 |
| Schmidt, Heinz | „dann müssen Andere sich der Sache annehmen", EJH, S. 151-165 |
| von Schnurbein, Siegmar | Die augusteischen Stützpunkte in Mainfranken und Hessen, in „Die Römer zwischen Alpen und Nordmeer", 2000, S. 34 ff. |
| Schulz, Georg-Michael | Die Überwindung der Barberei, 1980 |
| Schulz, Siegfried | Heinrich von Kleist als politischer Publizist, 1989 |
| von See, Klaus | Barbar, Germane, Arier, 1994 |
| Seebold, E | Sprache und Schrift, RGA, S. 95-124 |
| Sichelschmidt, Gustav | Ernst Moritz Arndt, 1981 |
| Spellerberg, Gerhard | Höfischer Roman, in Deutsche Literatur Bd. 3, 1985, S. 310-337 |
| dto. | Daniel Caspers von Lohenstein Arminius-Roman, AV, S. 249-264 |
| Stauf, Renate | Justus Mösers Konzept einer deutschen Nationalidentität, 1991 |
| dto. | Germanenmythos und Griechenmythos als nationale Identitätsmythen bei Möser und Winckelmann, AV, S. 309-322 |

| | |
|---|---|
| Steuer, H. | Wirtschafts- und Sozialgeschichte, RGA, S. 147-176 |
| Stier, Hans Erich | Zur Varusschlacht, Hist. Zeitschrift 147, 1933 |
| dto. | Buchbesprechung zu Dieter Timpes Arminius-Studien, in Lippische Mitteilungen aus Geschichte und Landeskunde, Bd. 41, 1972 S. 371 f. |
| Ström, Ake Viktor | Germanische Religion in Die Religionen der Menschheit, 1975 |
| Stuppich, Reinhard | Römische Toreutik und augusteische Feldzüge in Germanien: Der Fall Hildesheim, AV S. 97-122 |
| Tiegel, Petra | „Gewiß steht dieses Gemählde in Pyrmont an seinem rechten Orte", 1992 |
| Timpe, Dieter | Der Triumph des Germanicus, 1968 |
| dto. | Arminius-Studien, 1970 |
| dto. | Germanen, historisch, RGA, S. 2-65 |
| Unverfehrt, Gerd | Ernst von Bandels Hermannsdenkmal, EJH, S. 129-149 |
| dto. | Das Hermannsdenkmal, im Beiheft zur Ausstellung „Ernst von Bandel" im Historischen Museum Hannover, 1976 |
| dto. | Arminius als nationale Leitfigur Anmerkungen zu Entstehung und Wandel eines Reichssymbols, in Kunstverwaltung, Bau- und Denkmal-Politik im Kaiserreich, 1981, S. 315-340 |
| Veddeler, Peter | Nationale Feiern am Hermannsdenkmal in früherer Zeit, EJH, S. 167-182 |
| de Vries, Jan | Altgermanische Reliogionsgeschichte 2 Bde., 3. Aufl., 1970 |
| Weerth, Karl | Über neue Arminius- und Varus-Forschungen, Mitteilungen aus der lippischen Geschichte und Landeskunde 19, 1950, S. 7 ff. |
| dto. | Die Arminius-Sigfrid-Frage in neuer Beleuchtung, Mitteilungen aus der lippi- |

| | schen Geschichte und Landeskunde 25, 1956, S. 7 ff. |
|---|---|
| Wenskus, Reinhard | Stammesbildung und Verfassung, 1961 |
| Wiedemann, Conrad | Zwischen Nationalgeist und Kosmopolitismus, in Aufklärung, Jahrg. 1989, Heft 2, S.75 ff. |
| Wiegels, Rainer | Rom und Germanien in augusteischer und frühtiberianischer Zeit, KROL, S. 231-266 |
| dto. | Kalkriese und die literarische Überlieferung zur clades Variana, RGAK, S. 637-674 |
| Wilbers-Rost, Susanne | Die Ausgrabungen auf dem Oberesch in Kalkriese, Deponierungen von Menschen- u. Tierknochen auf dem Schlachtfeld, RGAK, S. 61-90 |
| Wittkowski, Wolfgang | Arminus aktuell: Kleists Hermannsschlacht und Goethes Hermann, AV, S. 367-388 |
| Woesler, Winfried | „Enkel Hermans und Thusneldens", AV, S. 399-409 |
| Wolf, Peter | Die Dramen des Johann Elias Schlegel, 1964 |
| Wolfram, Herwig | Die Germanen, München 1995 |
| Wolters, Reinhard | Römische Eroberung und Herrschaftsorganisation in Gallien und Germanien, 1990 |
| dto. | Die Römer in Germanien, 2. Aufl., 2001 |
| dto. | Germanien im Jahre 8 v. Chr., RGAK, S. 591-636 |
| Ziegler, Karl | Grabbe's Leben und Charakter, 1855 |
| Ziehen, Julius | Die Dichtung der Befreiungskriege |
| Zimmermann, Harro | Freiheit und Geschichte, F.G. Klopstock als historischer Dichter und Denker, 1987 |
| Zimmermann, Rolf Christian | Die kritische Replik der deutschen Spätaufklärung und Klassik auf Arminius-Enthusiasmus und Germanen-Utopie der Epoche, in Verantwortung und Utopie, 1988, S. 109-133 |

Zolling, Theophil (Hrsgb.)     Heinrich von Kleist, Hermannsschlacht, Deutsche National-Litteratur, Bd. 150, 1974